山梨県の教員採用試験過去問シリーズ❸

2025年度版

山梨県の国語科

過去問

協同教育研究会 編

協同出版

本書には，山梨県の教員採用試験の過去問題を収録しています。各問題ごとに，以下のように5段階表記で，難易度，頻出度を示しています。

難　易　度

非常に難しい　☆☆☆☆☆
やや難しい　☆☆☆☆
普通の難易度　☆☆☆
やや易しい　☆☆
非常に易しい　☆

頻　出　度

◎　ほとんど出題されない
◎◎　あまり出題されない
◎◎◎　普通の頻出度
◎◎◎◎　よく出題される
◎◎◎◎◎　非常によく出題される

※本書の過去問題における資料，法令文等の取り扱いについて

本書の過去問題で使用されている資料や法令文の表記や基準は，出題された当時の内容に準拠しているため，解答・解説も当時のものを使用しています。ご了承ください。

はじめに～「過去問」シリーズ利用に際して～

教育を取り巻く環境は変化しつつあり、日本の公教育そのものも、教員免許更新制の廃止やＧＩＧＡスクール構想の実現などの改革が進められています。また、現行の学習指導要領では「主体的・対話的で深い学び」を実現するため、指導方法や指導体制の工夫改善により、「個に応じた指導」の充実を図るとともに、コンピュータや情報通信ネットワーク等の情報手段を活用するために必要な環境を整えることが示されています。

一方で、いじめや体罰、不登校、暴力行為など、教育現場の問題もあいかわらず取り沙汰されており、教員に求められるスキルは、今後さらに高いものになっていくことが予想されます。

本書の基本構成としては、出題傾向と対策、過去5年間の出題傾向分析表、過去問題、解答および解説を掲載しています。各自治体や教科によって掲載年数をはじめ、「チェックテスト」や「問題演習」を掲載するなど、内容が異なります。

また原則的には一般受験を対象としております。特別選考等については対応していない場合があります。なお、実際に配布された問題の順番や構成を、編集の都合上、変更している場合があります。あらかじめご了承ください。

最後に、この「過去問」シリーズは、「参考書」シリーズとの併用を前提に編集されております。参考書で要点整理を行い、過去問で実力試しを行う、セットでの活用をおすすめいたします。

みなさまが、この書籍を徹底的に活用し、教員採用試験の合格を勝ち取って、教壇に立っていただければ、それはわたくしたちにとって最上の喜びです。

協同教育研究会

CONTENTS

第1部

山梨県の
国語科
出題傾向分析

山梨県の国語科　傾向と対策

中学・高校で別問題であり、二〇二四年度の出題分野は、中学では評論、随筆、古文。高校では評論、古文、漢文、学習指導法である。解答形式はともに、記述中心である。

評論は中学では、野矢茂樹『語りえぬものを語る』からの出題。①漢字の読み・書き、②本文抜き出し、③傍線部の理由説明(四十字以内)、④傍線部説明(三十五字以上四十字以内・二十五字以上三十字以内・五十五字以上六十字以内の三問)、⑤空欄補充、⑥学習指導要領(国語科の目標)などが問われている。難易度は標準。高校では、矢野雅文『科学資本のパラダイムシフト パンデミック後の世界』からの出題。①漢字の書き取り、②本文抜き出し(三問)、③空欄補充、④理由説明(六十字以内、四十五字以内)、⑤説明の正誤などが問われた。難易度は標準以上。

評論は論理中心の体系的文章である。そのため、指示語や接続詞に着目し、語と語、文と文、段落相互の関係を考え、要旨をとらえ主題に迫ることが大切である。中学の随筆は和辻哲郎「茸狩り」からの出題。①語句の意味、②傍線部の内容の抜き出し(十四字)、③理由説明(三十字以上二十五字以内)、④構造の説明(六十字以上六十五字以内)、⑤文章表現の特徴と効果などが問われている。難易度は標準。

随筆は作者の思いのままに書かれた文章で日常生活での見聞を自分の人生観や価値観および体験をあつめて表現した文芸的作品である。文や段落相互の関係を正しくとらえ、作者の主張を把握することが大切である。

二〇二三年度に中学で出題された小説は、二〇二四年度は出題されなかったが、対策を述べておく。小説は非論理的な文芸的な文章である。そのための場面のイメージをとらえる必要がある。まず(1)登場人物についての把握、(2)どういう場面かをおさえる、(3)登場人物の言動と心理の変化などに注意しストーリーの筋をとらえることが大切である。

古文は中学では、『土佐日記』からの出題。①古語の読み、②品詞と活用形、③現代語訳、④理由説明(二十五字以上二十字以内)、⑤目的の説明、⑥古典文学史などが問われている。難易度は標準。高校では、『今物語』からの出題。①表現方法、②古典文法、③古語の意味、④現代語訳、⑤理由説明、⑥和歌による心情把握、⑦傍線部の心情を表す熟語、⑧文中からの抜き出しなどが問われた。難易度は標準以上。

古文の学習では、古語の意味、文法(動詞・助動詞の意味、活用)、敬語への理解を深めることが大切となる。基礎をしっかりと固め、それを応用して過去問を解くことで、内容把握・理由把握の力も習得される。また、和歌を単体で捉えるのではなく、散文の文脈の中でその内容を捉えることが重要である。

漢文(高校のみの出題)は、『荘子』と『唐宋八大家文読本』からの出題。①漢字の読み、②返り点、③書き下し文、④現代語訳、⑤理由説明(三十五字以内)、⑥文中からの抜き出し、⑦空欄補充(十字以内)などが問われている。難易度は標準以上。

漢文の学習においても古文の学習と同様に基礎的な知識の定着が重要になる。漢字の読み・意味、句形、返り点、書き下し文、現代語訳の学習に反復的に取り組み、読解力を身につけることが大切である。

学習指導法(高校のみの出題)は、高校国語科の「古典探究」の「A　読むこと」のクの指導における授業に関する出題。難易度は標準。

学習指導法に関する問題では、〔知識及び技法〕および「思考力、判断力、表現力等」の三領域の目標や指導事項と関連させて課題が設定されることが多い。「生きる力」の知的側面「確かな学力」の育成とＧＩＧＡスクール構想によるＩＣＴを活用しての授業について、学習を深めておくことが大切である。

各分野の内容を学習し、基礎的知識を習得しその応用として、山梨県の過去問に取り組むことで、問題の傾向・形式を把握しておくことを勧める。

過去5年間の出題傾向分析

◎：中学　○：高校

分類	主な出題事項	2020年度	2021年度	2022年度	2023年度	2024年度
現代文	評論・論説	◎　○	▲◎　○	▲○　◎	○	◎　○
	小説		▲◎		◎	
	随筆	◎		◎	▲◎	▲◎
	韻文（詩・俳句・短歌）					
	近代・文学史					
古文	物語		○	◎　○		
	説話	◎	◎			
	随筆				◎	
	日記	○			○	◎
	和歌・俳句					
	俳論					
	歌論					
	能楽論					
	古典文学史		○		○	◎
漢文	思想・政治	○		○	○	○
	漢詩文					○
	漢詩					
	歴史		○			
	説話					
	中国古典文学史					
	学習指導要領					
	学習指導法	○	○	○	○	○
	その他					

▲は，学習指導要領・学習指導法に関する設問。

第2部

山梨県の
教員採用試験
実施問題

二〇二四年度 実施問題

【中学校】

【一】次の文章を読んで、一～八の問いに答えよ。(＊は注を表す。)

われわれはいろいろなことを知っている。堂々たるものとしては自然科学の知識があるが、さしあたりもっと身近な何気ない例で考えていこう。例えば、いま部屋の外で雨は降っていない。私はそのことを知っている。「知っている」と言えるためには、それは当てずっぽうではなく、根拠をもっていなければいけない。窓から外を見ると、青空であるし、道も濡れていない。誰もが傘を差さずに歩いている。これが、外ではいま雨が降っていないということを私が知っていると言える理由である。

このあたりまえのことからひとつの重要な確認が為される。知識であるためには、どういうルートでそれを知るようになったのかということが決定的に重要だ、ということである。例えば、私が部屋の中で水晶玉を覗き込みながらa不可解な呪文をつぶやき、やがておもむろに顔をあげ、「外では雨は降っておらん」とか言ったとしても、それは①何ごとかを知る適切なルートとはみなされず、それゆえ私はそれを「知っている」とは言われないだろう。

知識を獲得するルートは、人から教えてもらったり、本からであったり、インターネットからであったりする。しかし、そうした知識も元をたどれば、誰かが実際にその目で見て(あるいはその耳で聞き、その手で触れて)、観察したことに基づくと考えられる。より一般的な言い方をすれば、知識は経験に基づくとされるのである。

私は、外が青空で道も濡れていないこと、そして誰もが傘を差さずに歩いていることを窓越しに見た。だから、外では雨は降っていないと考えた。これは観察に基づいた知識であり、適切なルートと言える。ここにおいて、観察は知識を根拠づけている。そして、観察それ自身はもはや他の何ごとかを根拠にもつものではない。われわれはまず観察し、そこからさまざまな知識を得ていく。観察は、知識の出発点として、われわれに直接与えられたものと考えられる。その意味で、観察は「所与《データ》」と呼ばれるのである。

そして、知識がそこから出発すべき最初の地点として、かつて「感覚所与《センスデータ》」と呼ばれるものが考えられた。知識を獲得する本当の出発点にある所与は、何一つ知識をもっていない完璧に無知の人間にも観察できるものでなければならない。だとすれば、②「道が濡れていない」などという観察はまだ真のスタート地点とは言えないだろう。「道」も知らない、「濡れる」も知らない、そんな人間にも可能な観察。何も知らなくったって、何かは見たり聞いたりしているはずだ。それが、センスデータにほかならない。つまり、それはいっさいの知識を含まず、また「道」だとか「濡れる」といった概念も含まない、非概念的な経験とされる。

ページから目を上げて、あたりを見ていただきたい。そこから、机だとか棚だとか、意味をすべてbハぎ取ってしまう。それは色と形のc戯れであるが、色や形といった意味さえもbハぎ取るので、本当にもう表現しようのない非具象的な世界となる。それが、非概念的な経験である。

他方、ここで問題にされている知識は、言語的な内容をもった知識、すなわち「雨」だとか「降っていない」といった概念によって捉えられた概念的な知識にほかならない。かくして、「非概念的な経験(センスデータ)に基づいて概念的な知識が獲得される」という考え方が提唱されることになる。

だが、センスデータ論は厳しく批判された。もし観察が非概念的であり、いっさいの意味を欠いたものであったとしたならば、どうしてそれをもとに、「だから、しかじかの知識が得られた」と言えるのか。

ここにおける「だから」は、「インフルエンザウィルスに感染した。だから、高熱が出た」における「だから」ではなく、「高熱が出ている。だから、インフルエンザかもしれない」におけるような「だから」にほかならない。前者の「だから」は③（　）関係を表わしている。それに対して後者は、高熱が出たことを証拠として、インフルエンザかもしれないということを推論している。これは、③（　）関係の「だから」ではなく、推論関係の「だから」である。

では、「このような非概念的な経験をした。だから、しかじかの概念的な知識が得られた」はどうか。知識を正当化するためのデータは、その知識の証拠となるものであるから、その関係は推論的なものでなければならない。しかし、非概念的な経験と概念的な知識をつなぐ「だから」は、推論的なものではありえない。理由は単純で、推論は言語的な内容において成り立つからである。「道が濡れていない」という意味で捉えられるからこそ、「雨は降っていない」と推論できる。それに対して、非概念的な経験は言語的な分節化をもたない場のようなものにすぎない。そんなものを「かくの如し」と示されても、何も推論できはしない。

たとえて言えば、マネの「草上の昼食」のような具象画から、それに基づいてなんらかの物語を読み取り、語り出すことはできる。だが、抽象画から、それに基づいて何か物語を読み取れというのは、できない相談だろう。いっさいの意味を奪われたものは、概念的な知識の証拠にはなりえないのである。

この事情を、ウィルフリッド・セラーズは、非概念的経験は「理由の論理空間」には属さない、と表現した。概念的に捉えられていない経験は、概念的な知識を正当化する理由にはなりえないというのである。こうして、知識を根拠づける最終的な所与として非概念的経験をもちだしてくる考え方を、セラーズは「所与の神話」と呼んで批判した。

それゆえ、観察が概念的な知識の根拠となりうるためには、観察もまた概念的なものでなければならない。

つまり、私はそれを「青空」「道は濡れていない」「誰もが傘を差さずに歩いている」といった意味のもとに捉えているからこそ、その観察から「雨は降っていない」という知識を得ることができる。言い換えれば、④語られた知識を支えるのは、語られた観察だけなのである。

かくして、非概念的な経験――あるいはむしろ前回までの私自身の言い方に合わせるならば、非言語的な体験、すなわち語られないもの――は、知識にとって何の役目も果たさないと結論できるように思われる。

だが、*最初に述べたように、私はこの強い風に逆らって進みたいと考えている。

といっても、さしあたり言いたいことはあたりまえのことである。（哲学はしばしばあまりにも身近なあたりまえのことを忘れがちになる。）われわれは概念化されたものごとだけに影響を受けるわけではない。インフルエンザという概念をもっていなくとも、ウィルスに感染すれば身体はそのように反応する。暑ければ汗をかき、のどが渇き、水を飲む。道を歩いているときにも、概念的に捉えられていない多様な情報に、私は無自覚の内に反応しているだろう。例えば、足裏のdビミョウな感覚に反応して歩き方を変化させ、目の端で捉えた何かに反応してそちらを向く。あるいは、こう言ってもよい。言語をもたない動物たちでも、さまざまな仕方で状況に反応する。人間である私もまた、一匹の動物として、非言語的・非概念的なレベルで状況に反応しているのである。こうした動物的な生を適切に導くのでなければ、概念的な知識も適切なものとは言えないだろう。知識の最終的な審級は概念的な観察ではない。それは、⑤非概念的な動物的生なのである。

野矢茂樹『語りえぬものを語る』より（作問の関係上、一部を省略した。）

注

＊最初に述べたように…筆者はこの章の最初に、「語られないものが語られたことを真にする」という主張を前提に「語られたことだけが語られたことを真にする」という主張を見ていこうとしている。

一　「a不可解」、「c戯れ」の読み方をひらがなで記せ。
二　「bハぎ」、「dビミョウ」を漢字に直して記せ。(楷書で正確に書くこと)
三　「①何ごとかを知る適切なルート」とあるが、どのようなものか、二十五字以上三十字以内で具体的に記せ。
四　「②「道が濡れていない」などという観察はまだ真のスタート地点とは言えないだろう」とあるが、このことを説明した文として、最も適当なものを次のア～エから一つ選び、記号で記せ。
ア　観察は、知識の出発点として、われわれに直接与えられたものではないと考えられるため、「道」や「濡れる」という概念をもっている人間であっても観察することができず、根拠にならないということ。
イ　知識がそこから出発すべき最初の地点として、「感覚所与《センスデータ》」が考えられたとおり、「道」だとか「濡れる」といった概念はいっさいの知識を含んでいない、非概念的な経験になっているということ。
ウ　知識の本当の出発点にある所与《データ》は、完璧に無知の人間にも観察できなければならず、「道が濡れていない」という観察には、「道」や「濡れる」という概念が含まれ、非概念的な経験になっていないということ。
エ　知識の本当の出発点には、非概念的な経験としての観察があるはずであり、「道が濡れていない」という観察は、本当にもう表現しようのない非具象的な世界となっているということ。
五　文中の(　③　)にあてはまる言葉を漢字二字で記せ。
六　「④語られた知識を支えるのは、語られた観察だけなのである」とあるが、どのような意味か。「語られた」という言葉を明らかにし、「言語」、「証拠」という言葉を使って五十五字以上六十字以内で説明せよ。
七　「⑤非概念的な動物的生」とあるが、どのようなことか、三十五字以上四十字以内で説明せよ。

八　次は、中学校学習指導要領に示されている、国語科の目標である。［A］、［B］、［C］にあてはまる言葉を記せ。

言葉による見方・考え方を働かせ、［A］を通して、国語で正確に理解し適切に表現する資質・能力を次のとおり育成することを目指す。
(1)　社会生活に必要な国語について、その特質を理解し適切に使うことができるようにする。
(2)　社会生活における人との関わりの中で［B］を高め、思考力や想像力を養う。
(3)　言葉がもつ価値を認識するとともに、［C］を豊かにし、我が国の言語文化に関わり、国語を尊重してその能力の向上を図る態度を養う。

（☆☆☆☆◎◎◎）

【二】次の文章を読んで、一～五の問いに答えよ。

松茸《まつたけ》の出るころになるといつも思い出すことであるが、茸という物が自分に対して持っている価値は子供時代の生活と離し難いように思われる。トルストイの確か『戦争と平和』だったかにそういう意味で茸狩りの非常に鮮やかな描写があったと思う。
自分は山近い農村で育ったので、秋には茸狩りが最上の楽しみであった。何歳のころからそれを始めたかは全然記憶がないが、小学校へはいるよりも以前であることだけは確かである。村から二、三町で松や雑木の林が始まり、それが子供とって非常に広いと思われるほど続いて、やがて山の斜面へ移るのであるが、幼いころの茸狩りの場所はこの平地の林であり、小学校の三、四年にもなれば山腹から頂上へ、さらにその裏山へと探し回った。今ではその平地の林が開墾され、山の斜面が豊富な松茸山となっているが、そのころにはまだ松茸はきわめてまれで、松茸山として縄を張られている部分はわずかしかなかった。そこで子供たちにとっては、松茸を見いだしたということは、科学者がラディウムを見いだしたというほどの大事件であった。通例は松茸以外の茸をしか望むことができなかった。まず芝生めいた気分のところには初茸しかない。が、初茸は芝草のない灌木《かんぼく》の下でも見いだすことができる。そういうところでなるべく小さい灌木の根元を注意すると、枯れ葉の下から黄茸や白茸を見いだすこともできる。その黄色や白色は非常に鮮やかで輝いて見える。さらにまれには、しめじ茸の一群を探しあてることもある。その鈍色《にびいろ》はいかにも高貴な色調を帯びて、子供の心に満悦の情をみなぎらしてくれる。そうしてさらに一層まれに、すなわち数年の間に一度くらい、あの王者の[a]威厳と聖人の香りをもってむっくりと落ち葉を持ち上げている松茸に、出逢うこともできたのである。

　こういう茸狩りにおいて出逢う茸は、それぞれ品位と価値とを異にするように感じられた。初茸はまことに愛らしい。ことに赤みの勝った、笠を開かない、若い初茸はそうである。しかし黄茸の前ではどうも品位が落ちる。黄茸は純粋ですっきりしている。が、白茸になると純粋な上にさらに豊かさがあって、ゆったりとした感じを与える。しめじ茸に至れば清純な上に一味の神秘感を湛《たた》えているように見える。子供心にも①こういうふうな感じの区別が実際あったのである。特にこれらの茸と毒茸との区別は顕著に感ぜられた。赤茸のような鮮やかな赤色でもかつて美しさを印象したことはない。それは気味の悪い、嫌悪を催す色であった。スドウシやヌノビキなどは毒茸ではなかったが、何ら人を引きつけるところはなかった。

　子供にとって茸の担っていた価値はもっと複雑な区別を持っているのであるが右にあげただけでもそう単純なものではない。このような区別は希少性の度合からも説明し得られるであろう。しかし、希少性だけがその規定者ではなかった。どんなに珍しい種類の毒茸が見いだされたとしても、それは毒茸であるがゆえに非価値的なものであった。では何が茸の価値とその区別とを子供に知らしめたのであろうか。子供の価値感がそれを直接に感得したのであろうか。もし色の美しさがその決定者であったならば、そうも言えるであろう。しかし赤茸の美しい色は非価値であった。色の美しさではなく味のよさに着目するとしても、子供には初茸の味と毒茸の味とを直接に弁別するような価値感は存せぬのである。茸の価値を子供に知らしめたのは子供自身の価値感ではなくして、彼がその中に生きている社会であった。すなわち村落の社会、特に彼を育てる家や彼の交わる仲間たちであった。さまざまの茸の中から特に初茸や黄茸や白茸やしめじ茸などを選び出して彼に示し、彼に味わわせ、またそれらを探し求める情熱と喜びとを彼に伝えたのは、彼の親や仲間たちであった。言いかえれば、社会的に成立している茸の価値を彼は教え込まれたのである。それと同時に彼はまたいずれの茸がより多く尊重せられるかをも仲間たちから学んだ。年長の仲間たちがそれを見いだした時の喜び方で、彼は説明を待つまでもなくそれを心得たのである。

　しかしそれは茸の価値が彼の体験でないという意味ではない。②教え込まれた茸の価値はいわば彼に探求の目標を与えたのであった。すなわち彼を茸狩りに発足せしめたのであった。それから先の茸との交渉は厳密に彼自身の体験である。茸狩りを始めた子供にとっては、彼の目ざす茸がどれほどの使用価値や交換価値を持つかは、全然問題でない。彼にはただ「探求に価する物」が与えられた。そうして子供は一切を忘れて、この探求に自己を没入するのである。松林の下草の具合、土の感じ、灌木の形などは、この探求の道においてきわめて鋭敏に子供によって観察される。茸の見いだされ得るような場所の感じが、はっきりと子供の心に浮かぶようになる。彼はもはや漫然と松林の中に茸を探すのではなく、松林の中のここかしこに散在する茸の国を訪ねて歩くのである。その茸の国で知人に逢う喜びに胸をときめかせつつ、彼は次から次へと急いで行く。ある国では寂《じゃく》として人影がない。他の国ではにぎやかに落ち葉の陰からほほえみ掛ける者がある。そのたびごとに子供は強い寂しさや喜びを感じつつ、松林の外の世界を全然忘れている。そういう境地においては実際に初茸は愛らしく、黄茸は品位があり、白茸は豊かであり、しめじは貴い。こういう価値の感じは仲間に教え込まれたのではなくして彼自身が体験したのである。彼は自らこの探求に没入することによって、教えられた価値を彼自身のなかから彼自身のものとして体験した。そうしてこの体験は彼の生涯を通じて消え失せることがない。

そこで振り返って見ると、茸の価値をこの子供に教えた年長の仲間たちも、同じようにそれぞれの仕方においてこの価値を体験していたのであった。そうしてその体験の表現が、たとえば茸狩りにおける熱中や喜びの表情が、彼に茸の価値を教えたのである。だからここに茸の価値と言われるものは、この自己没入的な探求の体験の相続と繰り返しにほかならぬのであって、価値感という作用に対応する本質というごときものではない。茸の価値は茸の有り方であり、その有り方は茸を見いだす我々人間の存在の仕方にもとづくのである。

ここに問題とした茸の価値は、茸の使用価値でもなければまた交換価値でもない。が、これらの価値の間に一定の連関の存することは否み難いであろう。いわゆる「価値ある物」は何ほどか③この茸と同じき構造をもつと言ってよい。

和辻哲郎「茸狩り」(『和辻哲郎随筆集』所収)より(作問の関係上、一部を省略した。)

一　「a威厳」の意味を記せ。

二　「①こういうふうな感じの区別」とあるが、どのようなことか、二十字以上二十五字以内で記せ。

三　「②教え込まれた茸の価値」とあるが、どのような価値か、本文中から十四字で抜き出して記せ。

四　「③この茸と同じき構造をもつ」とあるが、どのような構造か、六十字以上六十五字以内で説明せよ。

五　この文章の表現の特徴とその効果について述べた文として、最も適当なものを次のア～エから一つ選び、記号で記せ。

ア　トルストイの『戦争と平和』の描写を引用することで、茸に対する価値と子供時代の生活が離し難いものであったことを具体的に伝えている。

イ　茸狩りで出逢う茸の様子を触感を用いながら描写することで、子供たちにとって茸を見つけることが大事件であったことを象徴的に伝えている。

ウ　子供時代に食卓を囲む様子を家族の会話を中心に表現することで、子供時代に家族から教わった茸の味のよさを感情豊かに伝えている。

エ　茸狩りの様子を擬人法を用いて描写することで、自分が子供時代に茸狩りに没入し、感じていた寂しさや喜びを印象深く伝えている。

（☆☆☆◎◎）

【三】次の文章を読んで、一～六の問いに答えよ。

廿三日《はつかあまりみか》。日照りて曇りぬ。「このわたり、海賊の恐《おそ》りあり」と言へば、神仏《かみほとけ》を祈る。

廿四日《はつかあまりよか》。昨日《きのふ》の同じ所なり。

廿五日《はつかあまりいつか》。楫取《かぢとり》らの、「北風悪《あ》し」と言へば、船出《い》ださず。「海賊追《お》ひ来《く》」といふこと、絶えず聞こゆ。

廿六日《はつかあまりむゆか》。まことにやあらむ、「海賊追ふ」と言へば、①夜中ばかりより船を出だして漕ぎ来る途《みち》に、*手向《たむけ》する所あり。楫取して幣《ぬさ》奉《たいまつ》らするに、幣の東《ひむがし》へ散れば、楫取のaまうして奉る言《こと》は、「この幣の散る方《かた》に、御船《みふね》すみやかに漕がしめ給へ」とaまうして奉る。これを聞きて、ある女《め》の童の詠める、

　*わたつみの道触《ちぶ》りの神に手向する幣の②追風《おひかぜ》止まず吹かなむ

とぞ詠めAる。

この間に、風のよければ、楫取いたく誇りて、船に帆上げなど喜ぶ。その音を聞きて、童も嫗《おむな》も、*いつしかとし思へばにやあらむ、いたく喜ぶ。この中に、b淡路《あはぢ》の専女《たうめ》といふ人の詠める歌、

　追風《おひかぜ》の吹きぬる時は行《ゆ》く船の*帆手《ほて》打ちてこそ③うれしかりけれ

とぞ。

天気《ていけ》のことにつけつつ祈る。

『土佐日記』（新日本古典文学大系）より（作問の関係上、一部表記等を改めた。）

＊手向《たむけ》する所…航海の安全を祈って、海の神に捧げ物をする場所。
＊わたつみの道触りの神…海の行路の安全を守る神。
＊いつしかとし思へばにやあらむ…早く都に帰りたいと思うからか。
＊帆手…「帆手」は船の左右につけた張り綱。「て」に「手」を掛けて「手打ちて」の意を導く。

一　「aまうして」、「b淡路《あはぢ》」を音読する場合、その読み方をすべてひらがなで答えよ。
二　「Aる」の品詞・活用形を記せ。
三　「①夜中ばかりより船を出だして」とあるが、その目的を説明せよ。

四　「②追風止まず吹かなむ」を現代語訳せよ。

五　「③うれしかりけれ」とあるが、何がうれしいのか、十五字以上二十字以内で記せ。

六　この作品は日記文学と呼ばれるが、その文学史的な特徴を、次の条件に従って説明せよ。

【条件】
① 作者について触れること。
② 土佐日記以前の他の作者の日記と比較すること。

（☆☆☆◎◎◎）

【高等学校】

【一】物質科学の方法論に対して問題提起をしている次の文章を読んで、以下の問いに答えよ。

物質科学として発展してきた方法論は情報の意味的側面を排除していますから、人間を含む実世界に対して様々な問題を生じさせてきました。①生体システムは無限定環境に生きており、適応するために環境とリアルタイムに調和的関係を築きながら生きています。これが生きることなのです。そのためには環境依存的に調和的関係を仮設し、それを充足するように行為をするのです。無限定環境と調和的関係を創るには、時々刻々知を創ることが必要なのです。「知の生成」が人間や生体システムの本来の「知」の意味なのです。「知」は神のものではありません。実世界で用いる技術は人間の多様性や環境の多様性に対応できて、人間の生活の質を上げるものでなくてはなりません。そのためには自らが設定した調和的関係という目標を自らが達成するという逆問題を解く技術が必要となります。逆問題は一般的に不良設定問題であり、不良設定問題を解くには必要な情報を自己言及的に自律的に創る技術が求められます。これを可能にしたり支援したりする技術がホスピタリティ科学技術です。今までは、物質科学の方法論を社会システムに応用してきました。自他分離的に用いる技術をサービス技術と呼んできました。サービスは相対価値の交換で、提供者が想定する一般的生活者に対してデザインして一方的に提供するものです。相対価値はコストで計られますので、コストを下げるために量的な拡大を目指します。量産は価格を下げる大きなファクターですから、マジョリティを対象として発達してきました。かくして貨幣価値を最大化するために、マジョリティに対してデザインし、マジョリティに対してサービスをすることになります。提供者は自己の利益のために行うのですから、生活者と乖離することになります。かくして生活者は自己を商品に合わせて使うことを強いられます。サービス経済で自他分離的に作られた商品は、使うための情報やスキルは生活者が補わなくてはなりません。必要な情報はすべて外から人間が与えることになるという意味で、主語論理的であり、中央集権的システムでもあります。

一方ホスピタリティはサービスが相対価値で計られるのに対して、「質」という絶対価値で計られます。ホスピタリティ技術は絶対価値の創造を支援する技術です。生活者は多様なので一意的なシステムではなく、個性に合わせてデザインします。また環境すなわち生活する場所も多様ですから、場所に合わせてデザインするのが特長になります。すなわち関係的で述語的なデザインになります。ホスピタリティ技術は、すべての人、あらゆる人に対して、②その人が適切に使える技術を提供するわけですから、生活者と一緒に共創するスキルをあげていくことになります。閉じた世界ではなく、無限定なものにも対応する備えがそこに入っていますから、開放性のものになります。これまでの技術が扱ってきたのは閉じた世界の技術でしたが、ホスピタリティ技術は開いた世界の技術になります。ホスピタリティ技術は自他非分離の技術であり、③述語的な技術になります。ホスピタリティ技術は生活者の満足度で計られることになります。□、質という絶対価値には上限がありませんから無限の成長が可能なのです。情報が消費されるものから生成されるものに変わっていけば、このような質という絶対価値を創ることになります。幸い情報システムは急激に進歩していますので、絶対価値を創る情報生成機能を持ったシステムを創造する準備は今や整っていると思います。サービスが中央集権的システムであったのに対して、情報生成能力を持ったシステムは自律分散システムになります。

もう一つホスピタリティ技術の特徴をあげておきます。④ホスピタリティ技術は逆問題を解く技術でもあります。この性質は絶対的価値を創造するうえで本質的になります。例えば、環境問題ですが、物質的な自然循環サイクルに入らないモノや物質は排除することになります。自然循環サイクルに入る物質とエネルギーだけで、目的を達成する技術だからです。太陽から送られてきたエネルギーを使って、我々はいのちを繋いでいるわけです。これが持続性です。つまり、太陽エネルギーで生態系の秩序が創られ、その※1動的な平衡状態を⑤イジしているわけです。ホスピタリティ技術では、炭酸ガスを過剰に排出したり、地球資源を過剰に⑥ロウヒしたりして、地球の温暖化を招いたり、生態系の秩序を壊したりすることがなくなります。つまり、地球の動的平衡を撹乱しない持続的に発展できる技術なのです。サービス技術からホスピタリティ技術へ移行して、排気ガスも、ゴミもゼロにする、「ビジョン・ゼロ」プロジェクトがその中核をなすことになります。経済統治性から言えば、⑦商品と交換とサービスの中心の世界から、資本と場所とホスピタリティの世界へパラダイムシフトすることになります。

出典は矢野《やの》雅文《まさふみ》「科学資本のパラダイムシフトパンデミック後の世界」（二〇二一年・知の新書）
なお、一部省略した箇所がある。

語注
※1　動的な平衡状態……実際は変化しているが、合成と分解が同じ速度で進んでいるため、変化が起きていないようにみえる状態。

問一　傍線部⑤「イジ」、⑥「ロウヒ」のカタカナを漢字に直せ。
問二　空欄［　　］に当てはまる言葉として最も適当なものはどれか。次のア～オの中から一つ選び、記号で答えよ。
ア　つまり　イ　むしろ　ウ　しかし　エ　なぜなら　オ　しかも
問三　傍線部①「生体システムは無限定環境に生きており、適応するために環境とリアルタイムに調和的関係を築きながら生きています」とあるが、生体システムが無限定環境と調和的関係を築くためにはどのようなことが不可欠であると筆者は述べているか。本文中から十字で抜き出して答えよ。
問四　傍線部②「その人」と対比して用いられている言葉を、本文中から六字で抜き出して答えよ。
問五　傍線部③「述語的な技術」とあるが、どのような技術か。六十字以内で説明せよ。ただし、句読点や記号は字数として数えることとする。
問六　傍線部④「ホスピタリティ技術は逆問題を解く技術でもあります」とあるが、「逆問題を解く」とはどういうことか。四十五字以内で説明せよ。ただし、句読点や記号は字数として数えることとする。
問七　傍線部⑦「商品と交換とサービスの中心の世界」について説明したものとして適当でないものを、次のア～オの中から一つ選び、記号で答えよ。
ア　社会システムが物質科学の方法論を基にしたものであるため、物事自体の価値が他の物事との比較によって決まる世界。
イ　サービスの提供者自身が利益の最大化を目指すため、大多数の人々に受け入れられるようにサービスが立案される世界。
ウ　商品の値段を下げるためには需要を増やす必要があるため、使用者個々のニーズに応じた商品開発が求められる世界。
エ　商品は生産者と消費者が分離的に作られた商品であるため、消費者の思い通りに商品を使用することができない世界。
オ　情報の意味的な側面が排除されているため、商品を使用する際に必要な情報は使用者自らが補わなければならない世界。

問八　本文の筆者は、環境問題について、資本と場所とホスピタリティの世界へのパラダイムシフトを提唱しているが、それはホスピタリティ技術にどのような特徴があるからか。「という特徴」に続くように、本文中から三十字で抜き出し、最初の五字で答えよ。ただし、句読点や記号は字数として数えることとする。
（☆☆☆◎◎）

【二】高等学校学習指導要領(平成三十年告示)では、〔思考力、判断力、表現力等〕の各領域において、学習過程が一層明確化された。特に、自分の考えを形成する学習過程が重視され、探究的な学びの要素を含む指導事項が全ての選択科目に位置づけられた。
このことを踏まえ、「古典探究」において、「読むこと」の領域の(1)のク「古典の作品や文章を多面的・多角的な視点から評価することを通して、我が国の言語文化について自分の考えを広げたり深めたりすること。」

を指導するにあたり、あなたはどのような授業を展開していくか。次の1～4について答えよ。

1 どのような単元を設定するか、単元名を答えよ。なお、単元は教材の名称ではなく、「……を……しよう」のように、中心となる言語活動の内容を表したものとして設定すること。
2 古典の作品や文章を多面的・多角的な視点から評価するためにどのような学習活動を行うか答えよ。
3 我が国の言語文化について自分の考えを広げたり深めたりするために、どのような学習活動を行うか答えよ。
4 3の学習活動において、我が国の言語文化について自分の考えを広げたり深めたりしているか、学習者一人ひとりの実現状況を、授業のどの場面でどのように見取るか答えよ。

(☆☆☆◎◎◎)

【三】次の文章を読んで、以下の問いに答えよ。

東山のかたすみに、あばれて人もかけらぬあばらやに、いとやさしく、いまだ人なれぬ女ありけり。①庭の荻原まねけども、風より外はとふ人もなく、軒ばのよもぎしげれども、杉[※1]むらならねばかひなくて、②月にながめ、嵐にかこちても、心をいたましむるたよりはおほく、花をみ、郭公[※2]をきゝても、なぐさむべきかたは、まれなる事にて、あかしくらすに、きよ水まうでのついでに、おもはぬほかのさかしらいできて、いたらぬくまなかりし御世に、ただ一夜の夢の契をむすびまゐらせてける。これもさきの世をおもへば、かたじけなかりけれども、さしあたりて、なげきに恨をそへて、心のうちはるるまもなし。かひなくありふれど、いまひとたびの、ことの葉ばかりの御なさけだにまちかねて、「よし、これゆゑそむくべき浮世なりけり」とおもひたちて、ありし御心しりのもとへつかはしける。

なかなかにとはぬも人のうれしきはうき世をいとふたよりなりけり

とばかり③心にくく、をさなびれたる手にて、はなだ※3のうすやうにかきたるを、をりをうかがひて奏しければ、「まことにさる事あり。たづねざりける心おくれこそ」と御気色ありければ、④やがてはしりむかひてたづぬるに、さらぬだにあれたるやどの、人すむけしきもなきを、ややひさしくやすらひて、老たる女ひとり尋えて、事のやうをくはしくとひければ、「何といふ事はしり侍らず。あるじは天王寺へ⑤まゐり⑥給ひぬ」といへば、やがてそれより天王寺へまゐり、てらでらをたづぬるに、亀井のあたりに⑦おとなしきあま一人女房二三人あるなかに、いとわかきあまの、ことにたどたどしげなるがあり。この心しりを見つけて、あさましとおもひげにて、ただやがてうつぶして、なくより外の事なし。かたへのものども、こゑをたてぬばかりにて、⑧おとる袖なくしぼりければ、御つかひも見すてて帰べき心ちもせず。おとなしき尼は、この人のははなりければ、事のやうこまかにたづねけれども、「もとよりこれはおもひつる事なり。⑨なにしにかは、君の御ゆゑにてさぶらふべき。かしこく」といひもあへずなきて、そののちはこたへざりければ、「よしなき御つかひをして、⑩かはゆき事を見つるよ」とかなしくて、さりとても、ここにて世をつくすべきならねば、たちかへりぬ。このよしを奏するに、「⑪はしたなの心のたてざまや。心おくれがとがになりつるよ」とて、かひなかりけり。あはれにも、やさしくも、ながき世のものがたりにぞなりぬる。

出典は「今物語・隆房集・東斎随筆」（三弥井書店）
ただし、表記を改めた箇所がある。

語注
※1　杉むら……杉木立。古歌では恋人が訪ねて来るときの目印とされている。
※2　ほかのさかしら……外からの世話、介入。
※3　はなだのうすやう……縹《はなだ》色(薄い藍色)の薄手の雁皮紙。

問一　傍線部①「庭の荻原まねけども」に用いられている表現技法を、「法」に続くように漢字二字で答えよ。
問二　傍線部②「月にながめ、嵐にかこちても」、⑨「なにしにかは、君の御ゆゑにてさぶらふべき」をそれぞれ現代語訳せよ。
　ただし、⑨については「君」が誰を指すのかを明確にして現代語訳すること。また、そのように判断した理由も答えよ。
問三　傍線部③「心にくく」、⑦「おとなしき」、⑩「かはゆき」の本文中での意味を答えよ。
問四　傍線部④「やがてはしりむかひてたづぬるに」とあるが、御心しりがこのような行動をとったのはなぜか、簡潔に答えよ。
問五　傍線部⑤「まゐり」、⑥「給ひ」について、敬意の対象を、それぞれ本文中から三字で抜き出して答えよ。
問六　傍線部⑧「おとる袖なくしぼりければ」は、かたへのものどものどのような様子を表現したものか。「様子」に続くように五字以内で答えよ。
問七　傍線部⑪「はしたなの心のたてざまや。心おくれがとがになりつるよ」とあるが、どのような心情を表したものか。次のア～オの中から最も適当なものを一つ選び、記号で答えよ。

ア　後悔　イ　軽蔑　ウ　悲哀　エ　臆病　オ　驚嘆

問八　本文中の和歌には、どういった出来事に対する、どのような心情が表現されているか、簡潔に答えよ。

（☆☆☆☆◎◎◎）

【四】次の【文章Ⅰ】【文章Ⅱ】を読んで、以下の問いに答えよ。なお、設問の都合上、訓点を省略した箇所がある。

【文章Ⅰ】

顔淵※1問仲尼※2曰、吾嘗済《わた》乎觴《しやう》深《しん》※3之淵。津《しん》人《じん》※4操舟①若神。吾問焉《これ》曰、②操舟可学邪。曰、可。善游《およ》者数《しばしば》能。若乃夫《か》没《ぼつ》人《じん》※5、則③未嘗見舟、而便操之也。吾問④焉而不吾告。⑤敢⑥問何謂《いひ》也。仲尼曰、⑦善游者数能、忘水也。若乃夫没人之未嘗見舟、而便操之也、彼視淵若陵《をか》、⑧視舟之覆猶其車却《しりぞ》也。覆《ふく》却《ぎやく》万方陳《つら》乎前、而不得入其舎※6。悪往而不暇※7。

出典は「新釈漢文大系　第八巻　荘子(下)」(明治書院)。
ただし、表記と訓点を改めた箇所がある。

語注
※1　顔淵……孔子の弟子。　※2　仲尼……孔子の字。　※3　觴深……宋国にある淵の名。
※4　津人……渡し守。　※5　没人……潜水の達人。　※6　舎……心。
※7　暇……ゆとり。余裕。

【文章Ⅱ】

南方ニ多シ二没スル人一。日ニ与レ水居ル也。七歳ニシテ而能ク渉《わたり》、十歳ニシテ而能ク浮カビ、十五ニシテ而能ク没ス矣。夫レ没スル者豈ニ苟※1モ然ラン哉。⑨必ズ将レニ有ラント下得ル二於水之道ニ一者上。日ニ与レ水居レバ、則チ十五ニシテ而得二其ノ道ヲ一、生マレテ不レバレ識ラレ水ヲ、⑩則雖壮見舟而畏之。

出典は「新釈漢文大系　第七五巻　唐宋八大家文読本　六」(明治書院)。
ただし、表記と訓点を改めた箇所がある。

語注
※1　苟然……その場限りでいい加減な様子。

問一　傍線部①「若」、⑤「敢」の読みを、送り仮名も含めてひらがなで答えよ。ただし、現代仮名遣いとする。

問二　傍線部②「操舟可学邪」、③「未嘗見舟、而便操之也」をそれぞれ書き下し文に改めよ。ただし、③はすべてひらがなで書き下し文にすること。なお、現代仮名遣いとする。

問三　傍線部④「焉」の指示するものを【文章Ⅰ】の本文中から抜き出して答えよ。

問四　傍線部⑥「問何謂也」について、次の(1)、(2)の問いに答えよ。

(1)　顔淵のこの問いに対し、孔子は「没人」の心のあり様についてどのように述べているか。次の文の空欄【　】に五字以上、十字以内で適当な言葉を補え。

> 没人は舟で淵を渡ることや舟が転覆する事に対し、【　】心のあり様である。

(2)　没人が孔子の指摘する境地に至れるのはなぜか。【文章Ⅱ】に基づいて三十五字以内で答えよ。ただし、句読点や記号は字数として数えることとする。

問五　傍線部⑦「善游者数能、忘水也」、⑨「必将有得於水之道者」を現代語訳せよ。

問六　傍線部⑧「視舟之覆猶其車却也」とあるが、何と何を同一視しているのか説明せよ。

問七　傍線部⑩「則雖壮見舟而畏之」について、「則ち壮にして舟を見ると雖も之を畏る」という書き下し文になるように返り点を施せ(送り仮名は不要)。

則　雖　壮　見　舟　而　畏　之

(☆☆☆☆◎◎◎)

解答・解説

【中学校】

【一】一　a　ふかかい　c　たわむ(れ)　二　b　剥(ぎ)　d　微妙　三　誰かが実際にその目で見て、観察したことに基づいているもの(二十八字)　四　ウ　五　因果　六　言語によって意味付けられた知識の証拠となりうるのは言語によって意味付けられることができる観察だけであるという意味(五十六字)　七　私たちは、概念的に捉えられていない多様な情報に無自覚に反応しながら生きていること(四十字)

八　A　言語活動　B　伝え合う力　C　言語感覚

〈解説〉一、二　漢字の読みでは音訓に注意し、書き取りでは同音異義語や類似の字形と混同しないこと。

三　傍線部①は後文にある「知識を獲得するルート」と同義であることを踏まえ、形式段落第三段落の内容をまとめればよい。　四　知識の出発する最初の地点(感覚所与)は、知識を持たない完璧に無知の人間にも観察できるものでなければならない。そのため、「道」や「濡れる」といいった概念は含まれない。見たり聞いたりする本能的、感覚的な非概念的な経験のみであることを踏まえて考える。　五　「因果」とは原因と結果のこと。病原を「インフルエンザ」と認識し、そのために「高熱」を発した場合、前者と後者には「因果関係」が生じるといえる。　六　語られた知識(雨は降っていない)は、語られた観察(青空・道は濡れていない・誰もが傘を差さずに歩いている)に支えられている。このことを別言すれば、「概念的な知識」(言語によって意味づけられた知識)の根拠(証拠)は「概念的観察」(言語によって意味づけられた観察だけ)である、ということになる。以上を踏まえて、まとめるとよい。　七　⑤「非概念的な動物的生」については、この段落の前半で「われわれは、概念化されたものごとだけに影響を受けるわけではない」と述べ、多様な情報に無自覚の内に反応(非言語的・非概念的反応)する本能的な動物的生について述べている。それをまとめればよい。　八　教科目標は学習指導要領関連の問題でも最頻出といってよいことから、できれば全文暗記することが望ましい。(1)~(3)は「生きる力」を育むという理念のさらなる具体化を図るため、学校教育を通じて身に付ける資質・能力を示しており、(1)は「知識・技能」の習得、(2)は「思考力・判断力・表現力等」の育成、(3)は「学びに向かう力・人間性等」の涵養、を示している。

【二】一　堂々としておごそかなこと　二　茸がもつそれぞれの品位と価値とを区別していたこと(二十四字)　三　社会的に成立している茸の価値　四　はじめは与えられた価値であっても、自己没入的な探求の体験の相続と繰り返しにより、自分自身とのかかわりのなかで価値が見いだされる構造(六十四字)　五　エ

〈解説〉一　言葉については、文中での意味を問われているのか、辞書的な意味で問われているのかを考えるが、本問の場合、特に指定はないので辞書的な意味でよいとわかる。文中での意味を問われた場合、辞書的な意味を踏まえ、文中での使われ方を考慮することになるので、若干意味が変わることがあることに注意したい。

二　傍線部①のある段落の内容をまとめればよい。赤茸の鮮やかな色にむしろ嫌悪を催すこと、スドウシ等は害はないが魅力を感じないことを踏まえて考えるとよい。　三「十四字」が大きなヒントになる。本問でのキーワードは「教え込まれた」である。自分で発見したのではなく、他人にから教わったということを踏まえて、適切な表現を探すこと。　四　傍線部③を含む段落の一段落前の内容をまとめる。「この茸と同じ構造」とは、社会から教え込まれた茸の価値を探求の目標としてこの探求に自己を没入し、出逢う茸のそれぞれの品位と価値を自ら体験の相続と繰り返しで見出す構造を指している。　五　茸狩りでのそれぞれの茸の品位と価値を擬人法を用いて表現している。例えば「愛らしい」「純粋」「清純」などの表現が用いられている。そして、

それぞれの茸の色調が、心に満悦の情を与えている。

【三】一　a　もうして　b　あわじ　二　品詞…助動詞　活用形…連体形　三　海賊に見つからないようにするため　四　追い風が止まずに吹いてくれ(吹いてほしい)　五　追い風を受けて船が順調に進んでいること(十九字)　六　男性である紀貫之が、女性に仮託して仮名を用いて記述した日記である。漢文で書かれていた事務的な記録としての日記と異なり、私的な心情が表現され、仮名で書かれている日記の先駆けとなった。

〈解説〉一　「音読」は現代語音で読むため、a「まう」は「もう」、「淡路」の「あは」は「あわ」となる。
二　A「る」は完了の助動詞「り」の連体形。強意の係助詞「ぞ」と呼応した係り結びのため、結辞は連体形になっている。　三　前文に「まことにやあらむ(本当だろうか)、『海賊追ふ』と言へば」とあることから考えるとよい。　四　「なむ」はあつらえの終助詞で「希望し、期待する意」を表し、活用語の未然形につく。
五　「うれしかりけれ」は、その前の句「追風の……帆手打ちてこそ」を受けている。「追風が吹いているときは、走っている船の帆が帆をはたはたとはたつかせるが、「私どもも手を打って、心の底から」を踏まえて、作者の「うれしく思うこと」をまとめる。「帆手」の「手(て)」を人の手に掛けている掛詞も使われている。
六　「土佐日記」以前の日記は、官庁の事務的仕事の記録や日常の備忘録まで、個人の日記もあったが、記録性中心で男性による漢文体であった。平安初期に仮名文字による和文体が発達してくると個人の内面を自由に表現することになり、記録的な日記に文学性が加味されて日記文学が誕生したのである。その先駆けとなったのが、紀貫之の「土佐日記」である。当時平仮名は「女手」と呼ばれ、男性は仮名文字で日記を書くことはないため、貫之は自らを女性に仮託して執筆した。仮名による表現の自在さは心情表現の分析・記録に適しているため、その後「蜻蛉日記」をはじめ数多くの女流日記が生まれた。

【高等学校】

【一】問一　⑤　維持　⑥　浪費　問二　オ　問三　時々刻々知を創ること　問四　一般的生活者(マジョリティ)　問五　生活者が適切に使用でき、満足感を得られるよう、個性や環境に合わせて必要な情報を生成しながらシステムをデザインする技術。(五十九字)　問六　必要な情報を自己言及的、自律的に創ることによって、自らが設定した目標を自らが達成すること。(四十五字)　問七　ウ　問八　自然循環サ

〈解説〉問一　解答参照。　問二　空欄前は、ホスピタリティ技術は生活者の満足度で計られること、空欄後はホスピタリティ技術の価値の無限性が付け加えられている。空欄前の事項に加えて空欄後の事項を付け加える形であることから考える。　問三　問題文中の「築く」「不可欠」が、文中の「創る」「必要」とほぼ同義で使われていることに気づけば理解できるだろう。　問四　ここでいう「その人」は特定の個人を指すことから、対語は不特定多数を指す語だとわかる。「マジョリティ」は多数者を意味する語であり、本問では「(生活における)マジョリティ」と考えるとわかりやすいだろう。　問五　文章から「述語的な技術」は「ホスピタリティ技術」のことであることがわかる。その内容は傍線部の前の内容をまとめればよい。ホスピタリティ技術は、絶対的価値の創造を支援する技術であることを踏まえて考えること。　問六　まず、「逆問題」とは何かを考える。筆者は形式段落第一段落で、実世界で用いる技術は人間の生活の質を上げるものでなくてはならないと述べ、そのためには「自らが設定した調和的関係という目標を自らが達成する」という逆問題を解く技術が必要になると語っており、その技術が「ホスピタリティ技術」であるとしている。つまり、逆問題(不良設定問題＝地球温暖化や生体システムの破壊などの諸問題)を解決するために、必要な情報を自己言及的に自律的に創ることにより、自らが設定した目標を自らが達成することをいう。　問七　「商品と交換とサービスの中心

の世界」とは、サービス技術の世界を指す。一般的生活者に対してデザインして一方的に提供するもので、コストを下げるために量産し、使用者個々のニーズに応じた商品開発ではなく、マジョリティに対してデザインし、商品開発してサービスする世界である。 問八 ホスピタリティ技術は、絶対価値の創造を支援し人間の生産の質的向上を図る技術であり、逆問題を解く技術である。その例として、「環境問題」を示している。この技術の特徴について述べた部分を抜き出せばよい。

【二】 1 自己や社会にとっての古典の意義や価値を探究し、古典をPRしよう。 2 グループで協働し、授業で扱う文章のもつ価値について、同じ時代の日本及び外国の他の文章や、同じテーマを持つ異なる時代の他の文章との比較を通して、判断の根拠を明確にしながら評価する活動。 3 古典の新刊書を販売する販売員に見立てた学習者が、古典の意義や価値、日本の言語文化について自らテーマを設定して探究し、得たことをもとに消費者役の級友に対してプレゼンテーションする活動。 4 学習者がプレゼンテーションするためのデジタルワークシートを作成している場面で、学習者一人ひとりの記述の内容や学習の過程を、教師用端末を用いて見取る。

〈解説〉古典の作品や文章を多面的・多角的な視点から評価することについて、学習指導要領解説では、その例として「ある作品や文章のもつ価値について、同じ時代の我が国の他の作品や文章、同じ時代の外国の作品や文章などと、共時的な観点から比較して評価したり、異なる時代の同じ題材やテーマをもつ他の作品や文章などと、通時的な観点から比較して評価したりすること」としている。問題1、3については、古典の長所や特徴をしっかり把握した上でアピールする必要があることを踏まえて設定するとよい。

【三】問一　擬人(法)　問二　②　月を見て物思いにふけり、嵐にむかって恨み嘆いても　⑨　訳…どうして、帝のせいでございましょうか　理由…この人物に対して何かを申し上げる際に、「奏す」という絶対敬語が用いられているから。　問三　③　奥ゆかしく　⑦　年配の　⑩　かわいそうな　問四　帝に女のもとを訪ねる御意向があることを、女に伝えるため。　問五　⑤　天王寺　⑥　あるじ　問六　涙を流す(様子)(四字)　問七　ア　問八　その後の訪れがないことに対して、嘆かわしく、さらに恨めしく思う気持ち。

〈解説〉問一　「まねけども」には、人の動作(仕事)をたとえた表現(擬人法)が用いられている。訳すと「庭の荻原が手招きしても」となる。　問二　②　「ながめ」は「ながむ」(他マ下二)の連用形で「物思いに沈んでぼんやりと見やる」、「かこち」は「かこつ」(他タ四)の連用形で「恨みごとや不平をいう」という意味である。⑨　「なにしにかは」は反語を表し、「どうして」という意味で、結辞の「べき」(べしの連用形)と呼応して係り結びとなっている。「さぶらふ」は「あり」の謙譲語で「どうして帝のせいでございましょうか」(帝のせいではございません)と訳す。以下の文に「このよしを奏するに」とあるが、「奏する」は「奏す」(他サ変)の連体形で、天皇や院に対する謙譲語。「君」は「帝」を指す。　問三　③の「心にくく」は「心にくし」(形・ク)の連用形で「奥ゆかしい、何となく心ひかれる」という意味。また、⑩の「かはゆき」は「かはゆし」(形・シク)の連体形で「気の毒な、かわいそうな」という意味である。　問四　「やがてはしりむかひてたづぬるに」とは、帝の「たづねざりける心おくれこそ」(女を訪ねなかったのは、うかつであった)の言葉から、「御気色(女を尋ねる意向)ありければ」を踏まえて、御心しり(帝の事情を知る人)が取った行動である。「すぐに(女の家に)向かって走り尋ねたところ」と訳す。　問五　⑤の「まゐり」は「参る」(自ラ四)の連用形で「行く」の謙譲語。⑥の「給ひ」は、尊敬の補助動詞「給ふ」(ハ四)の連用形。前者は「天王寺」、後者は「あるじ」への敬意であり、二方面への敬意表現である。　問六　「おとる袖なくしぼりければ」の主語は「かたへのものども(側にいた者たち)」であり、「(女に)劣らないほど泣いて袖を絞るので」という意味である。その前文「こゑをたてぬばかりにて」は「声を出しては泣かないものの」であり、女が出家したことに対してかたへのものどもが、同情と悲しみに暮れている様子を指す。　問七　「はしたなの心のたてざまや」は「なんというとんでもない発心(出家の仕方)か」、「心おくれがとがになりつるよ」は「私のうかつさが罪になってしまったよ」という意味で、帝の後悔の心情であることがわかる。　問八　和歌の意味は「(帝が)私をお訪ねにならないのは、かえってうれしいものです。俗世をいやになり避ける機縁になります」と解釈する。「御心しり」へ送ったこの和訳は、帝との契りのあと、女の「さしあたりて、なげきに恨をそへて、心のうちはるるまもなし」の心情を踏まえ、帝からの言葉を待つことができなくて思い立って作った歌である。以上の内容をまとめるとよい。

【四】問一　①　ごとし　⑤　あえて　問二　②　舟を操ること学ぶべきかと　③　いまだかつてふねをみずして、すなわちこれをあやつるなりと　問三　津人　問四　(1)　常に恐れを感じない　(2)　水の道理を体得しようと、心をこめて毎日水と共に生活しているから。(三十二字)　問五　⑦　泳ぎの上手なものが何回か練習して漕げるようになるのは、水を意識しなくなるからだ　⑨　必ず水の道を心得ることがあったはずである　問六　舟が転覆することと車が坂で後さがりすることを同一視している。
問七　則雖㆓壮見㆒㆑舟而畏㆑之

〈解説〉問一　①の「若」は比況を表し、⑤「敢」は「しいて」を意味する。　問二　③では再読文字の「未」(いまダ…ず)、「嘗」、「便」(すなわち)に注意すること。　問三　「焉」は「これに」と読む指示代名詞である。

問四　(1)「問何謂也」は「いったいこれはどういう意味なのかお教えください」という意味。仲尼(孔子)は、この顔淵の問いに対し、没人の心のあり様を「覆却万方陳乎前」(あらゆる危難が目前に起こっても)、「不得入其舎」(そのために心を取り乱すことはない)、「悪往而不暇」(常に恐れることなく、如何なる場合もゆとりがある)と答えている。　(2)　没人について文章Ⅱで「日与水居、則十五而得其道」とある。七歳、十歳、そして十五歳に至るまで没人は水の道を体得するため、精進の日々を過ごしていることがわかる。
問五　⑦「善游者数能、忘水也」は「善く游ぐ者がしばしばして能くするは、水を忘るればなり」と読む。「しばしば能くするは」は「何回か練習して漕げるようになるというのは」、「水を忘れればなり」は「水に慣れて水を意識しなくなるからである」と訳す。　⑨「必将有得於水之道者」(必ずまさに水の道に得る者有らんとす)は「必ず水の道理を体得することがあったはずである」という意味である。　問六「視舟之覆猶其車却也」(舟の覆るを視ること、猶其の車の却くがごとければなり)の現代語訳は「舟が転覆するのを見ても車が坂であとずさりするくらいにしか考えていないのである」である。舟の転覆と車が坂であとずさりすることが同一視されている。　問七　返読文字「雖」と「述語・目的語」関係(見舟、畏之)に注意し、レ点と一・二点をつけるとよい。

二〇二三年度　実施問題

【中学校】

【一】次の文章を読んで、一～八の問いに答えよ。

先だってエッセイ集『囓み切れない想い』(角川学芸出版)を上梓した。わたしにとって八冊目のエッセイ集にあたる。

このいささか風変わりなタイトル、詩人の佐々木幹郎さんがある夜ふと漏らした言葉、「囓んでも囓んでも囓みきれないもの」に魅かれてつけた。

「囓みきれない」とは、平たくいえば「割りきれない」ということである。わたしたちはとかく、「割りきれない」ことをネガティヴにとらえてしまい、強引に割り切ろうとしがちだ。すぐに白黒つけようとしたがる。身近な出来事であれ、社会的事件であれ、それが正しいことなのか、間違ったことなのかを単純な二分法で決めつけ、そのことによって判断は済んだとおもうのである。

①わたしは、そうした傾向に疑問を感じる。わたしたちの日々の暮しのなかには、おいそれと白黒つけられないこと、割りきれないことがたくさんある。家庭のこと、会社や学校のこと、政治の問題、社会の問題……いずれにおいても根っこにはどうしようもない割りきれなさが残る。

そして、その白黒つけられないこと、グレイゾーンにあることこそ、じつは大きな意味をもっているのではないかとおもってきた。「囓みきれない想い」を抹消しないこと、それが思考の次のステップへの火床になるのではないか、と。そのことを日常のさまざまな局面で確かめてみたかった。

わたしは子どものころから、物ごとを見るとき、表面上の意味とは反対の意味を背後に透かし見る癖があった。その癖の源となったのは、②幼少期のある体験である。

わたしは、京都の下京区という下町の生まれである。お寺が多く、そこを通り抜けると島原という花街があるという土地柄で、わたしは子どものころ、若い修行僧や芸妓《げいぎ》さんとよく道ですれ違った。

修行僧は冬でも裸足に草履履きで、服装もきわめて簡素であった。逆に、芸妓さんはきらびやかなきもので着飾っていた。子どものころのわたしは、「お坊さんは寒いのに可哀相やなあ」とおもい、「芸妓さんは優雅やなあ。おいしいもの食べて、きれいなきもの着て」とおもったものだ。

しかしその後、そうした表面的な印象とは逆の面が見えた出来事があった。一つは、祖母から「お寺さんは貧相な格好に見えるけど、わたしらが知らん『浄土』という、この世にはない幸福を知ってはるんよ」と言われたこと。もう一つは、芸妓さんがお座敷に出る前に地味な洋服姿で銭湯に行き、帰り道にお宮に参って「早《はよ》う故郷に帰れますように」と祈っている姿を見たことである。

貧相の極みに見えた修行僧の心にはこの世ならぬ幸福があり、豪奢《ごうしゃ》の極みに見えた芸妓さんの心には寂しく哀しい想いがあった。わたしはそのことを知って、「物ごとって、見た目だけやないんやなあ。わからんもんやなあ」と、世の中に対する見方が少し変わった気がした。

わたしが哲学の道に進んだのも、子どものころから身についた〝物ごとの裏側を見透かす癖〟が遠因となったのかもしれない。

わたしが哲学にのめり込むきっかけとなったパスカルの『パンセ』には、(英語で言えば)「二重性」(duplicity)、「不均衡」(disproportion)、「矛盾」(contradiction)などが重要な鍵概念として登場する。つまり、人間は本質的に対立や矛盾や不均衡を深く孕んだ存在であるという考え方が根底にあって、そこにわたしは惹かれたのである。

その後に進んだ現象学の世界でも、メルロ＝ポンティの、人間を幾重のものとして見ていく「両義性の哲学」に魅了された。

「人間は一筋縄ではいかない、矛盾を孕んだ存在だ」ととらえる哲学者たちの仕事をリスペクトしてきたわたしには、ある人物や物ごとに対してすぐに「こういう人間だ。こういうものだ」と割りきりたがる昨今の風潮に、抵抗がある。

〈中略〉

どうやら、いまの日本社会にあっては、「単純に割りきれないこと」「白黒つけられないこと」の存在が、人びとをひどくいらだたせるらしい。そのいらだちの源は何かと考えるに、現代人の生活が複雑な要因や関係に絡みつかれ、すぐには見通せないということが、背景要因になっているのではないかとおもう。

社会のシステムじたいが錯綜してきて、生き方も多様化しているし、インターネットやテレビなどから大量の情報とさまざまな意見が流れてくる。また、グローバル化の進展によって、いまやスーパーに並ぶ食べ物一つとっても、その背後には交易関係や国際政治が幾重にもからみあっている。そのように複雑化した現代社会にあっては、「これはこうするのが正しい」と一口に言いきることが難しくなっている。

そうした社会に生きていると、「複雑なものを単純化したい」という欲求、あるいは「悪いのは○○だ」「原因はこれだ」と言いきりたいという願望が、どんどんつのってくる。つまり、「言いきること、決めつけることでスッキリしたい」という願望である。その願望をつのらせた悪しき典型が、クレーマーと呼ばれる人たちだ。

もう一重立ち入って考えるなら、複雑化した現代社会は人びとが「たがいに世話しあう力」を喪失した社会である、ということも背景にあるようにおもう。近代以前の社会では、人びとがたがいのいのちの世話をしあっていた。お腹が痛んだら薬草を煎じて飲ませたり、もめごとがあれば地域の顔役に調停を頼んだり……。そして③「世話をする務め」をほとんどすべて外部のプロや公共サービスに委託するようになったのが現代社会である。おかげでわたしたちは安心で快適な生活を享受しているわけだが、そのことが一方では「たがいに世話しあう力」を人びとから奪い去ってしまった。

出産の手助けも、傷の手当ても、看護も介護も看取りも、近所とのもめごとの解決も、じぶんたちの手には余る。一方で、公的なサービスには税金を、民間のサービスには料金をきちっと払っている。だから、サービスが劣化したりb滞ったりしたとき、そういう機関に「文句を言う」ことしかできなくなっているのだ。

多くの日本人が「すぐに白黒つけたがる」単純思考にはまってしまった時代だからこそ、わたしたちはその逆方向に心を鍛えなおす必要がある。

「嚙みきれない想い」に潜む淀みをなおも見分ける力——それこそが知性の力であろうし、その力はこれからの時代、ますます必要になってくる。なぜなら、今後の日本社会は「多文化共生の社会」にならざるをえないからである。

コンビニのレジ係として中国の若者が働いていたり、介護の現場にフィリピン人が増えてきたりといったかたちで日本社会にはすでに外国人労働者も目に見えて増えてきている。少子高齢化が急速に進む日本にあって、その数は今後増えてゆく一方だろう。そうした人たちと一緒に暮らしてゆくときに、異様なものを異質なまま認めて共存してゆくという難題に、わたしたちは取り組んでゆかねばならない。そして、白黒で割りきる思考法では、異なる文化的背景をもつ人たちとのコミュニケーションは成り立たない。白とも黒とも割りきれないグレイゾーンを受け入れ、その淀みをていねいに仕分けていくことこそが、多文化共生社会のcイシズエとなる。

　そして、「多文化共生」とは外国人との共生にかぎったことではない。たとえば、現代においては、さまざまな専門家の知見はきわめて先進化し、細分化されているため、専門家と一般市民の間には「異文化」といってよいほどのdケンカクがある。医療の問題、地域環境問題、食の安全の問題など、どれをとっても、最先端の専門家の知見は、素人が聞きかじっただけではわからないほど高度化している。だからこそ、専門家と非専門家のコミュニケーションも、じつは「多文化共生」の課題の一つなのである。

　そのために不可欠なのは、対話である。ただし、それは「ディベート」ではなく「ダイアローグ」としての対話だ。

　ディベートとダイアローグの違いについて、平田オリザさんが、大要次のようにわかりやすく教えてくださったことがある。

〝ディベート(討論)においては、対話の前と後でじぶんの考えが変わったら負けだ。逆にダイアローグでは、対話の前と後でじぶんの考え方・感じ方が少しも変わっていなかったら、対話をした意味がない〟と。

　すべてを白と黒で割りきり、正しいことと間違ったことを峻別しなければ気が済まない思考スタイルの持ち主は、異なる文化や思想をもつ相手とディベートはできても、ダイアローグはできないだろう。

　ただし、ここでいう「ダイアローグを通じて考えを変える」とは、無節操に自説を曲げることではない。じぶんの考えを絶対視せず、別の視点・他者の視点からも考える複眼的な柔軟さをもつこと、ひいては、物ごとの「両義性」をわきまえ、一つの単純な見方に凝り固まらないことである。

そして、これからの多文化共生社会を生きてゆくうえで、ダイアローグとしての対話をする能力は必須の力になってゆくだろう。その能力をそなえた人こそ、これからの時代の「④熟成した市民」なのである。

では、真の対話力を鍛えるために何をすればよいか。抽象的な言い方になるが、「聴く力」と「待つ力」を鍛えることから始めるべきだとわたしは考えている。

いまの社会の評価制度においては、人の話を聴くこと、人の気づきを待つことは、能力として評価されない。しかし本来、「聴く」ことも「待つ」ことも、広義のホスピタリティ(人をもてなすこと)の中核をなす大切な営みであるはずだ。それは一言でいえば、(他者に)「時間をあげる」ということだ。

「聴く」ことと「待つ」ことが正当に評価され、重んじられるようになったとき、人びとの対話力も鍛えられ、「嚙みきれない想い」をじっくり吟味する豊かな心も育まれてゆくだろう。

鷲田清一『パラレルな知性』より(作問の関係上、一部を省略した。)

一　「a上梓」、「b滞ったり」の読み方をひらがなで記せ。

二　「cイシズエ」、「dケンカク」を漢字に直して記せ。(楷書で正確に書くこと)

三　「①わたしは、そうした傾向に疑問を感じる」とあるが、筆者が疑問を感じる理由を「割りきれないこと」、「思考」という言葉を使って四十字以上四十五字以内で説明せよ。

四　「②幼少期のある体験」とあるが、その体験から筆者はどのようなことの大切さに気づいたか、次の文のA、Bにあてはまる言葉を、この後の本文中からAは六字、Bは一字で抜き出して記せ。

・見た目という（　A　）で人を判断するのではなく、（　B　）のような、目には見えないものを見ようとすること。

五　「③世話をする務め」をほとんどすべて外部のプロや公共サービスに委託するようになったのが現代社会である」とあるが、このようになった理由を「複雑化」、「正答」という言葉を使って四十字以内で説明せよ。

六　「④熟成した市民」とあるが、どのような市民か、三十五字以上四十字以内で説明せよ。

七　この文章で述べられている内容と同じものはどれか。最も適当なものを次のア～エから一つ選び、記号で記せ。

ア　人は本質的に対立や矛盾や不均衡を深く孕んだ存在であるため、他者に対して白黒をつけて割りきりたがる風潮があるのは当然のことである。

イ　多文化共生社会にあって、自分とは異なるものを異質なものとして割りきる考え方では、異なる文化的な背景をもつ人とのコミュニケーションは成立しない。

ウ　現代において、さまざまな専門家の知見は先進化し、細分化されているが、情報機器の高度化によりさまざまな現代的課題に対する知見を得やすくなっている。

エ　いまの社会の評価においては、「聴く」ことも「待つ」ことも、広義のホスピタリティの中核として評価されているため、人びとの対話力も鍛えられている。

八　中学校学習指導要領の「第2章　各教科　第1節　国語　第3　指導計画の作成と内容の取扱い　2　(2)」には、「第2の内容の指導に当たっては、生徒がコンピュータや情報通信ネットワークを積極的に活用する機会を設けるなどして、指導の効果を高めるよう工夫すること」とある。あなたが、「話すこと・聞くこと」

の指導において、コンピュータや情報通信ネットワークを活用する場合、A、どのような場面で活用するか、B、どのような効果が期待できるか、簡潔に説明せよ。

（☆☆☆◎◎◎）

【二】次の文章を読んで、一～六の問いに答えよ。

お人が見える。

玄関先でさりげなく時候の挨拶などかわしながら、見るともなく見ると、なにやら風呂敷包みを抱えておいでになる。

風呂敷の包み具合、大きさ、抱え方で、自分用の買物かそれとも私どもにお持ち下さった品か、一目で判ってしまう。

そんなことは①おくびにも出さず、まあお茶でもいっぱいいかがですかと上っていただくのだが、ここでおみやげをお出しになるかたと、コートなどと一緒に玄関に置き、帰りぎわに出すかたとおいでになる。

置いた感じからカステラかしら、持ち重りのするところをみると羊羹かな、揺らさぬようにそっと置いたところをみると洋菓子かしら、とちらりと横目を使いながら、そんなものは、全く目に入らないといった素振りで、客間へ御案内しなくてはいけない。

お茶の用意に台所へ引っ込みながら、けっこう頭のなかはせわしなく考えているのである。

箱のなかのものがケーキだとしたら、ケーキは出さないほうがいい。あるところへ持ってきたということになると、察しが悪いようでいけないから、ここはあっさりと番茶にお煎餅でゆこうか。

苺の時期などは殊に気を遣ってしまう。

万一、うちで出した苺のほうが来客の持ってみえた苺より大粒であったら、申しわけない。

こういう場合は、あいにく水菓子は切らしておりまして、という風にもてなしたほうがいいのである。

あれやこれや考えて茶菓をととのえ、いざ、お帰りとなる。

「つまらないものですが」

「まあ。いつも御心配、恐れ入ります」

決まり文句である。

さっきから、そうじゃないかとお待ちしておりました、など口が腐っても言わないことになっている。

苺だと思って頂戴して、夜、気の張るお客様がみえる、これでデザートは助かったと思い、いつもよりお愛想よくお見送りしてあけてみると、フェルトのスリッパだったりして拍子抜けするのである。

みごとなシメジの②到来物があった。

真白くて艶があり、大きさも小振りの松茸ほどもある。匂い松茸味シメジというくらいで、お値段は松茸よりはるかに安直であるけれど、煮てよし焼いてよし、炊き込みご飯にしてもおいしい。

日頃お世話になっているお宅に伺う機会があったので、お裾分けすることにした。丁度手頃な籠があったのでそれに詰めて持参した。

私はせっかちなたちなので、手土産は上る前に玄関先で手渡したいのだが、風呂敷包みをごそごそやっているうちに相手は客間に入ってしまい、機会を失してしまった。

仕方がない、帰りぎわにしようと思ってお邪魔をしたのだが、ここで私は大変なおもてなしに与《あずか》ってしまった。

時分どきにはまだ早いのに、引きとめ、鰻重を取ってくださる。それもナミではなく、みるからに上等の、顔が写りそうな黒塗りのピカピカの二段になったお重である。

到来物ですが、といってメロンが出る。

両方とも好物なので遠慮なく頂戴しながら、③ふと私は不安になってきた。

玄関においてある籠の中身を、このかたたちは、松茸と思っておいでなのではないか。

丁度松茸のシーズンである。

そういえばあの籠は、先日京都から届いた松茸のいれものである。

ペテンにかけたようで、とたんにメロンの味が判らなくなった。

④私の予感は的中した。

「松茸みたいですけど、これはシメジなんです」

恐縮しながら差し出した私に、夫人は、

「あら、シメジだったの？」

いつもよりオクターブ高い声でこういうと、体を二つ折りにして笑い出した。

時分どきに見えるお客は、必ず済ませて参りました、とおっしゃる。

「まあ、いいじゃございませんか。お鮨《すし》は別腹と申しますよ」

「ほんとに済ませてきたんですのよ。とってもいただけませんわ」

「まあ、そうおっしゃらずに、ひと箸おつけになってくださいまし」

「そうですか、それでは」

朝を半端にいただいたので、まだおなかがすいておりません、という客には、

「ほんのおしのぎ」

といってすすめると、大抵は綺麗に召し上ってくださる。

だがなかには、済ませてきましたと言ってしまった手前、途中で路線変更は格好が悪いと思うのだろうか、頑として箸をつけず、帰られるかたもある。

本当に済ませてみえたのかも知れないが、⑤すこし依怙地《えこじ》なものを感じて、私自身は、済ませて行っても、おなかに余地のある場合は箸をつけるようにしている。

「実は食べはぐってしまって腹がペコペコなんですよ。パンでもお結びでもいいから食べさせてくれませんか」

年に一度ぐらい、こういう客がある。

とても嬉しいものである。

ほんのあり合せで手早く用意をととのえ、みごとな食べっぷりをみていると、こちらが逆にご馳走になっているような豊かな気分になってくる。

だが、これも、それを言える人柄、言って似合う個性というものなのだろう。誰でも彼でも出来る芸当ではなさそうである。

子供の時分から客の多いうちで、客と主人側の虚実の応対を見ながら大きくなった。

見ていて、ほほえましくおかしいのもあり、こっけいなものもあった。

だが、いずれにも言えることは、両方とも⑥真剣勝負だということである。虚礼といい見えすいた常套手《じょうとう》

段とわらうのは簡単だが、それなりに秘術をつくし、真剣白刃の渡合いというところがあった。決まり文句をいい、月並みな挨拶を繰り返しながら、それを楽しんでもいた。

お月見やお花見のように、それは日本の家庭の年中行事でありスリリングな寸劇でもあった。

そして、客も主人もみなそれぞれにかなりの名演技であった。


向田邦子「寸劇」（『メロンと寸劇』所収）より（一部表記等を改めた。）

一　「①おくびにも出さず」とあるが、この表現と同じ様子がわかる表現を本文中から十六字で抜き出して記せ。
二　「②到来物」の意味を五字以内で記せ。
三　「③ふと私は不安になってきた」とあるが、不安な様子がわかる表現を本文中から十七字で抜き出して記せ。
四　「④私の予感」とあるが、どのようなことか、四十字以上五十字以内で説明せよ。
五　「⑤すこし依怙地なものを感じて」とあるが、どのようなことに対して感じているか、二十字以内で説明せよ。
六　「⑥真剣勝負」とあるが、どのような様子を「真剣勝負」と表現しているか、三十字以内で説明せよ。

（☆☆☆◎◎◎）

【三】次の文章を読んで、一～六の問いに答えよ。

*相模守時頼《さがみのかみときより》の母は、*松下禅尼《まつしたのぜんに》とぞ申しける。*守を入れ申さるることありけるに、煤けたる明《あか》り a障子《さうじ》の破ればかりを、禅尼手づから、小刀して切りまはしつつ張られければ、b兄《せうと》の城介義景《じようのすけよしかげ》、その日の*けいめいして候ひけるが、「給はりて、なにがし男に張らせ候はん。さやうのことに心得たる者に候」と申されければ、「その男、尼が細工によもまさり侍らAじ」とて、なほ一間づつ張られけるを、義景、「皆を張り替へ候はんは、はるかに①たやすく候ふべし。まだらに候ふも②見苦しくや」とかさねて申されければ、「尼も、後はBさはさはと張り替へんと思へども、今日ばかりはわざとかくてあるべきなり。物は破れたる所ばかりを修理《しゆり》して用ゐることぞと、若き人に見習はせて、③心つけんためなり」と申されける、いとありがたかりけり。

『徒然草』より（一部表記等を改めた。）

*相模守時頼…当時の幕府執権
*松下禅尼…時頼の母
*守を入れ申さるること…禅尼の実家である安達家が時頼を招待すること
*けいめい…準備

一　「a障子《さうじ》」、「b兄《せうと》」を音読する場合、その読み方をすべてひらがなで答えよ。
二　「Aじ」の品詞・意味を記せ。

三　「さはさはと」の意味として、最も適当なものを次のア～エから一つ選び、記号で記せ。
ア　ゆっくりと　イ　てきぱきと　ウ　せかせかと　エ　さっぱりと
四　「①たやすく」とあるが、どのようなことをすると、たやすくなるのか、説明せよ。
五　「②見苦しくや」を現代語訳せよ。
六　「③心」とあるが、どのような心か、「心」に続くように二十字以上二十四字以内で記せ。

(☆☆☆◎◎◎)

【高等学校】

【一】次の文章を読んで、以下の問いに答えよ。

人を「道具を作る動物」と呼んだのは、アメリカ合衆国建国の父とも言われる、ベンジャミン・フランクリン[※1]である。フランスの哲学者アンリ・ベルクソン[※2]は、ここからさらに、人間的な知性の定義の中心に道具の製作を位置づけた。人は、ホモ・ファベル(工作する人)であることによって、他の動物から区別される。人の知性とは、道具を作るための道具を製作し、そしてその行為を無際限に変化させる能力のことである。

この定義で強調されているのは、道具の製作や使用そのものというよりは、それらを作り出す際限のない能力である。①サルやチンパンジーもまた、石や棒といった単純な道具を用い、さらにはその使い方を工夫したり伝達したりすることが知られている。人がそうした動物と区別されるのは、人が道具を使用するときに、記号システムや言語といった意味の領域や、意図や②ヒョウショウといった複雑な心的機能とのかかわりがみられるからだ。わかりやすくいえば、人が道具にかかわるとき、そこには「心」が想定されている。この意味で、である。

技術は、言語とはまた異なる仕方で世界を③ハアクし、そして世界をつくりだす、すぐれて人間的な方法なのである。

人類学の分野で技術の問題を正面から扱ったのは、フランスの人類学者マルセル・モース[※3]である。ベルクソンと同時代人でもあったモースは、先に引用したホモ・ファベルの定義にふれながら、技術をまずは身体とのかかわりでとらえている。たとえば、歩き、走り、眠るという何気ない動作には、目的や状況に応じた特定の身体の使い方がある。枕を使って眠る、ハンモックで眠る、馬の上で眠る、立ったまま眠る、といった具合だ。モース自身は、歩きながら眠ったことがあるとさえ記している。道具の使用に先立つこうした身体の使い方は、「身体技法」と呼ばれる。身体技法は、目的の達成にとって有効なものであり、また伝承される。

これに対して、身体の外側に独立した機能として作り出されたモノを、「　A　」、その複雑な構成を「　B　」と呼ぶことができる。手で紙を半分に切るときに私たちがする動作が身体技法だとすれば、同じ作業をするためにペーパーナイフを製作するのは、技術(道具)の発明である。

技術の特性について、モースは「相互的因果」という概念を提起している。人は、ある動作や技法の延長線上に技術を作るだけでなく、作り出された技術によってみずからが影響を被るという、反対方向の関係性に同時にまきこまれているということだ。たとえば、先の尖った石器(尖頭器)は、大型の動物を仕留めるために用いられた旧石器時代の代表的な道具であるが、同時にそれは、狩猟という社会的行為を可能にし、狩猟社会が成立するための物理的な条件ともなった。石器やそれを用いた狩りの技術がなければ、人は大型動物を仕留めることができなかっただけでなく、一定規模の社会を営むこともできなかっただろう。この双方向に展開する関係性が、モースにとって、人や社会を理解するための糸口となるのである。

このとき人は、知性の本質や、動物との本性上の差異を定義することによってではなく、　C　、技術との関係にまきこまれた具体的な生のあり方として理解されている。技術は、ただ便利な道具であるとか、身体機能を拡張させる人工物というだけではない。また、人は、技術を作ることができる優れた知性を本来的に備えているから人なのだというわけでもない。技術を手にすることで「ヒト」から「人」になったのであり、④人と技術は、何重にも折り重なった相互的因果の連鎖のなかでしかとらえることができない存在なのである。

相互的因果を特徴とする技術の世界と、そこでの人のあり方を考えるために、「環世界」という概念を導入することにしよう。環世界とは、個人の外部に想定される自然環境のことではなく、むしろ、生活環境というように、人が作り出した人工物を含む意味で用いられる術語である。それは、身体とは別に存在している世界のことではなく、身体の延長上に、身体と互いにかかわりあって現れる世界を指す。世界の成り立ちをこのようにとらえると、私たちが、身体と技術をとおして世界と結びついていることが想像しやすくなる。

『生物から見た世界』[※4]において、ドイツの生物学者ヤーコプ・フォン・ユクスキュル[※5]は、さまざまな生物の環世界をとりあげている。一例として、マダニの世界を覗いてみよう。マダニは、眼も耳もなく、味覚もない生物である。にもかかわらず、表皮にある光覚を頼りに低木を登り、嗅覚によって哺乳類の酪酸をかぎわけて温血動物が近づいてきたことを知覚できる。そしてこの知覚を頼りに、低木の上から適当なタイミングで温血動物の上に落下し、その動物の血液を体内に取りこむことで生き延びている。マダニの世界では、酪酸の匂いこそが、低木から落下するタイミングを知らせる合図なのだ。

酪酸は私たちのまわりにも存在する、世界の構成要素である。［D］、人は誰もそれを行動開始の合図として知覚してはいない。同じ世界の構成要素であっても、人の環世界において酪酸がもつ役割と、マダニの環世界においてそれがもつ役割はまったく異なっている。私たちは、マダニの環世界を言語によって再構成し、想像することができたとしても、そうした環世界をじっさいに生きてはいないし、また生きることもできない。

環世界という概念によって明らかになるのは、誰も「自然そのもの」や「世界そのもの」を知覚してなどいないということである。人にとっての世界とは、人が知覚することができ、また人に作用することができる世界のことである。私たちは、みずからの身体と技術をとおしてなんらかの関係性をつくりだせる世界を生きることしかできない。

では、その身体はどこからきたのだろうか。進化論の観点からは、たとえば、それぞれの生物の眼が異なった形状をしているのは、それぞれの種が異なる生息環境において必要を満たすように、長い時間をかけて環境との相互作用のなかで視覚を進化させてきた結果だと説明される。人の眼もまた、進化の過程でつくりだされた特殊な身体機能である。異なる環境、異なる身体を生きるハエは、当然、人とは異なる眼で世界と向きあっている。

こうした理解は、身体と環境のあいだの相互的因果のなかで眼がつくりだされ、それをとおして環世界が成立しているという見立てを可能にする。もし「世界そのもの」があるとしたら、それは、さまざまな生物の身体が、それぞれの仕方でかかわりをもつことのできる場の全体として想像する以外にないだろう。それは、ひとつの技術や機能が発明されるたびにあらたにかかわりが生みだされ、そのつどひらかれていくような、しかしそれ自体を知覚することはできない、⑤潜在的な場ということになる。

身体と環境の連関から世界をとらえる環世界論は、生物の世界からひきだされた概念である。そして、この概念を人の世界にまで拡張しようとするときに避けてとおれないのが、技術の問題なのだ。なぜなら、人は、技術を用いて環境に対峙してきただけでなく、環境そのものを技術によってつくりだしてきた生きものだからである。⑥人は、その最初期からすでに、技術的環世界を生きてきたのだ。

出典は、山崎吾郎「技術と環境―人はどうやって世界をつくり、みずからをつくりだすの

か」（『文化人類学の思考法』〈二〇一九年　世界思想社〉）。
なお、設問の都合上、省略した箇所がある。

語注
※1　ベンジャミン・フランクリン……アメリカ合衆国の政治家、物理学者（一七〇六～一七九〇）。
※2　アンリ・ベルクソン……フランスの哲学者（一八五九～一九四一）。
※3　マルセル・モース……フランスの社会学者、文化人類学者（一八七二～一九五〇）。
※4　『生物から見た世界』……原著初版一九三四年。
※5　ヤーコプ・フォン・ユクスキュル……ドイツの生物学者、哲学者（一八六四～一九四四）。

問一　傍線部②「ヒョウショウ」、③「ハアク」のカタカナを漢字に直せ。
問二　傍線部①「サルやチンパンジーもまた、石や棒といった単純な道具を用い、さらにはその使い方を工夫したり伝達したりする」とあるが、道具との関係において人がサルやチンパンジーと異なるのはどのような点か。本文中の言葉を用いて答えよ。
問三　空欄［A］、［B］に入る言葉を、それぞれ本文中から漢字二字でそのまま抜き出して答えよ。
問四　空欄［C］、［D］に当てはまる言葉として最も適当なものはどれか。それぞれ次のア～カの中から一つ選び、記号で答えよ。ただし、同じ記号は二度使えないものとする。
ア　だから　　イ　しかし　　ウ　さらに　　エ　たとえば　　オ　そして　　カ　むしろ
問五　傍線部④「人と技術は、何重にも折り重なった相互的因果の連鎖のなかでしかとらえることができない存在なのである」とあるが、そのように言えるのはなぜか。五十五字以内で答えよ。

問六　傍線部⑤「潜在的な場」とあるが、これはどういうことか。「潜在的な場」に関して説明した次の文の空欄に入る言葉を、本文中から六字でそのまま抜き出して答えよ。

「世界そのもの」は、仮に存在しているとしても、それ自体を知覚することはできないため、【　】しかできない。

問七　傍線部⑥「人は、その最初期からすでに、技術的環世界を生きてきたのだ」とあるが、「技術的環世界を生きてきた」とはどういうことか。七十字以内で答えよ。

問八　この文章の表現や構成に関する説明として最も適当なものを、次のア～オの中から一つ選び、記号で答えよ。

ア　アンリ・ベルクソンの定義を取り入れることによって、道具の製作や使用に際して、人間の知能が他の動物と比べていかに優れているかを明示し、次のマルセル・モースの技術論へと展開している。

イ　技術の特性について述べるにあたり、技術と対立する「身体技法」に意図的に「　」(カギ括弧)を付けることにより、技術が人間の目的達成のために欠かせないものであることを強調している。

ウ　「環世界」という概念を導入することによって、人、技術、環境の関係性が明確になり、我々が身体及び技術を通して世界との関係を構築しているということを読者がイメージしやすくなっている。

エ　『生物からみた世界』にあるマダニの例を示すことによって、われわれ人間は言語によって世界を再構成していること、及び技術がなければ世界を認識できないという筆者の主張を導き出している。

オ　「ヒト」などのように、カタカナを多用して情を排した無機質な印象を読者に与えることによって、筆者の言う技術のイメージと重ね合わせ、技術が単なる便利な道具ではないという主張の客観性を高めている。

（☆☆☆◎◎◎）

【二】次の文章は『蜻蛉日記』の一部で、作者が夫である兼家との夫婦生活に嫌気が差し、山寺に籠ろうとする場面である。これを読んで、以下の問いに答えよ。

①六月のついたちの日、「御※1物忌《ものいみ》なれど、御門《みかど》の下《した》よりも」とて、文あり。あやしくめづらかなりと思ひて見れば、「忌《いみ》はいまはも過ぎAぬらむを、いつまであるべきにか。住み所、いと便《びん》なかめりしかば、えものせず。物詣《ものまう》では穢《けが》らひいできて、とどまりぬ」などぞある。※2ここにと、いままで聞かBぬやうもあらじと思ふに、心憂《こころう》さもまさりぬれど、②念じて、返りごと書く。「いとめづらしきは、※3おぼめくまでなむ。ここには久しくなりぬるを、げにいかでかは思《おぼ》しよらむ。さても、見たまひしあたりとは思しかけCぬ御ありきの、たびたびになむ。すべて、いままで世にはべる身のおこたりなれば、③さらに聞こえず」とものしつ。

さて思ふに、かくだに思ひ出《い》づるもむつかしく、さきのやうに④くやしきこともこそあれ、⑤なほしばし身を去りなむと思ひ立ちて、※4西山《にしやま》に、例のものする寺あり、そちものしなむ、かの物忌《ものいみ》果てDぬさきにとて、四日、出で立つ。

物忌も今日《けふ》ぞあくらむと思ふ日なれば、心あわたたしく思ひつつ、物取りしたためなどするに、※5上筵《うはむしろ》の下に、つとめて食ふ薬といふ物、畳紙《たたうがみ》の中にさしれてありしは、ここにゆき帰るまでありけり、これかれ見出《みい》でて、「これ何ならむ」と言ふを、取りて、⑥やがて、畳紙の中に、かく書きけり、

【I】さむしろのしたまつことも絶えぬればおかむかただになきぞ悲しき

とて、文《ふみ》には、『※6身をし変へねば』とぞ言ふめれど、※7前渡りせさせたまはぬ世界もやあるとて、今日なむ。これもあやしき問《と》はず語《がた》りにこそなりにけれ」とて、⑦幼き人の「※8ひたやごもりならむ。消息《せうそこ》聞こえに」とて、ものするにつけたり。「もし問はるるやうもあらば、『これは書きおきて、⑧はやくものしぬ。E 追ひてなむまかるべき』とをものせよ」とぞ、言ひ持たせたる。

文《ふみ》うち見て、心あわたたしげに思はれたりけむ、返りごとには、「よろづいとことわりにはあれど、まづ行《い》くらむはいづくにぞ。このごろは行《おこな》ひにも便《びん》なからむを、こたみばかり、言ふこと聞くと思ひて、とまれ。言ひ合はすべきこともあれば、ただいま渡る」とて、

「【Ⅱ】あさましやのどかに頼むとこのうらを※9うち返しける波の心よ

⑨いとつらくなむ」とあるを見れば、まいて急ぎまさりてものしぬ。

出典は「新編日本古典文学全集　土佐日記　蜻蛉日記」（小学館）

語注

※1　「御物忌なれど、御門の下よりも」……兼家の手紙を持ってきた使いの言葉。「物忌」は兼家の物忌。「御門の下よりも」は、作者邸の門の下からそっと渡す。

※2　ここに……作者が一ヶ月以上行っていた父の邸宅から自宅にもどったことを指す。後の「ここにゆき帰る」も同様。

※3　おぼめくまでなむ……どなたさまからかと見当もつかぬほどでした。

※4　西山……京都市四方、衣笠山から嵯峨野一体の総称。

※5　上筵……帳台(貴人の寝所・座所)の畳の上に敷く上等の敷物。
※6　『身をし変へねば』……「いづくへも身をしかへねば雲懸かる山ぶみしてもとはれざりけり」(仲文集)という歌の一部。
※7　前渡り……門前を素通りする。
※8　ひたやごもり……ずっと寵もる。
※9　とこのうら……「床の裏」に「鳥籠の浦」(滋賀県彦根市)を掛けている。

問一　傍線部①「六月」とあるが、陰暦六月の異称を次のア～オの中から一つ選び、記号で答えよ。
ア　水無月　　イ　文月　　ウ　長月　　エ　神無月　　オ　葉月
問二　波線部A～Eの助動詞「ぬ」について、本文中での意味が「打消」以外のものをすべて選び、A～Eの記号で答えよ。
問三　傍線部②「念じて」、⑥「やがて」、⑧「はやく」の本文中での意味を答えよ。
問四　傍線部③「さらに聞こえず」、④「くやしきこともこそあれ」、⑤「なほしばし身を去りなむ」を現代語訳せよ。
問五　【Ⅰ】、【Ⅱ】の和歌について、和歌には何に対する、どのような心情が表現されているか。それぞれ簡潔に答えよ。
問六　傍線部⑦「幼き人」とあるが、これは『蜻蛉日記』の作者の子のことである。具体的には誰のことか。漢字四字で答えよ。
問七　傍線部⑨「まいて急ぎまさりてものしぬ」とあるが、作者がそのようにしたのはなぜか。夫の手紙の内容を踏まえ、八十五字以内で答えよ。

（☆☆☆◎◎◎）

【三】「高等学校学習指導要領」（平成三十年告示）では、情報の扱い方に関する指導の改善、充実が図られた。また、各学校においては、一人一台端末（PC・タブレット）を活用した授業実践に向けての取組みが進められている。

これらのことを踏まえ、「現代の国語」において「書くこと」の領域の(1)のア「目的や意図に応じて、実社会の中から適切な題材を決め、集めた情報の妥当性や信頼性を吟味して、伝えたいことを明確にすること。」について指導するために、あなたはどのような授業を展開していくか。次の1〜4の条件に従い、具体的に述べよ。

条件

1　構想する授業の単元名を答えること。
なお、単元は教材の名称ではなく、「……を……しよう」のように、中心となる言語活動の内容を表したものとして設定すること。

2　情報の妥当性や信頼性を吟味させるために、どのような学習活動を行うか明記すること。

3　授業の中で一人一台端末（PC・タブレット）を活用する場面を必ず取り入れること。
なお、「一人一台端末を活用して……」のように、活用場面がわかるように答えること。

4　指導時数は四時間とし、具体的な授業展開は、一時間目を①〜四時間目を④とする。

（☆☆☆◎◎◎）

【四】次の文章を読んで、以下の問いに答えよ。なお、設問の都合上、訓点を省略した箇所がある。

※1
公孫儀相《タリ》レ魯《ろニ》、而《シテ》嗜《このム》レ魚《ヲ》。①一国尽《ク》争《ツテ》買《ツテ》レ魚《ヲ》而献《ズ》レ之《ヲ》。公儀子不レ受《ケ》。其《ノ》弟②諫曰《ク》、夫子嗜《メルニ》レ魚《ヲ》而③不レ受者何也。④対《ヘテ》曰《ク》、夫《レ》唯《ダ》嗜《ム》レ魚《ヲ》、故《ニ》不レ受《ケ》也。夫《レ》即《もシ》受《ケバ》レ魚《ヲ》、⑤必《ズ》有《ラム》二下《ル》レ人《ニ》之色一。有《ラバ》二下《ル》レ人《ニ》之色一、⑥将枉於法。枉《まゲバ》二於法一《ヲ》、則《チ》免《ゼラレム》二於相《ヲ》一。⑦雖レ嗜《ムト》レ魚《ヲ》、⑧人不三必《ズシモ》能《ク》給二致《セ》我《ニ》魚一《ヲ》、⑨我又不レ能二自給一レ魚。即《シ》無レ受《クシテ》レ魚《クルコト》《ヲ》、而不《バ》レ免《ゼラレ》二於相一《ヲ》、雖レ嗜《ムト》レ魚《ヲ》、我能《ク》長《ク》自《ラ》給《セムト》レ魚《ヲ》。此《レ》明《ラカニスル》二夫《かノ》恃《たのムハ》レ人《ヲ》不一レ如《カ》二自《ラ》恃《ムニ》一也。明《ラカニスル》二於人《ノ》為《ニスル》レ己《ノ》者、不《ルヲ》一レ如《カ》二己之自《ラ》為《ニスルニ》一也。

出典は「新釈漢文体系　韓非子」（明治書院）。
ただし、表記と訓点を改めた部分がある。

語注
※1　公孫儀……魯国の大臣。

問一　傍線部②「諫」、⑦「雖」の読みを、送り仮名も含めてひらがなで答えよ。ただし、現代仮名遣いとする。
問二　傍線部①「一国尽争買魚而献之」、⑤「必有下人之色」、⑧「人不必能給致我魚」を現代語訳せよ。
問三　傍線部③「不受者何也」、⑨「我又不能自給魚」をそれぞれ書き下し文に改めよ。ただし、③はすべてひらがなで書き下し文にすること。なお、現代仮名遣いとする。
問四　傍線部④「対曰」の会話の内容は、傍線部直後の「夫唯嗜魚」からどこまで続くか。会話の終わりの漢字四字を答えよ。
問五　傍線部⑥「将枉於法」について、「やがて法を曲げるだろう」という意味になるように返り点を施せ（送り仮名は不要）。

将　枉　於　法

問六　公孫儀が魚を受け取らなかったのは、公孫儀のどのような思想によるものか。三十五字以内で答えよ。

（☆☆☆◎◎◎）

解答・解説

【中学校】

【一】一　a　じょうし　b　とどこおったり　二　c　礎　d　懸隔　三　割り切れないことを正誤という単純な二分法で判断してしまうことで、思考が止まってしまうから。（四十五字）　四　A　表面的な印象　B　心　五　複雑化した社会では、自分たちで一つの正答を決めることが難しく、手に負えないから。（四十字）　六　自分の考えを絶対視せず、別の視点・他者の視点からも考える柔軟性をもった市民。（三十八字）　七　イ　八　A　スピーチ等を録画・再生して、自分の話し方を確認したり、助言し合ったりする場面。　B　話し言葉の特徴の一つに、音声として、即時的に消えていくことがあり、振り返る際に印象で終わらず、具体的な場面や話し方を取り上げながら、確認したり、助言し合ったりすることができる。

〈解説〉一　「上梓」は出版すること。梓の木は堅く、版木として使用されていたことに由来する。　二　「懸隔」が難しいだろう。「懸」には遠く離れているといった意味があるので、同じような意味をもつ漢字で構成された熟語といえる。　三　傍線部に「そうした」とあるので、前後にその内容があると考える。本問の場合、前の段落の内容が該当するので、指定文字数以内にまとめればよい。「思考」については「判断が済んだとおもう」をどのように言い換えるかがポイントとなるだろう。　四　本問は文章より問題文を先に読んでおくと、解答が比較的早く見つけられる。Aは「見た目」と同じ意味の言葉を六字、Bは「目には見えないもの」の例を一字で探す。「幼少期のある体験」は傍線部より後なので、該当する箇所から探せばよい。　五　傍線部の次の段落にある「出産の手助けも……きちっと払っている」の内容をまとめればよい。例示してある内容を「複雑化」「正答」に結びつけるには、中略以降、第二形式段落にある「そのように複雑化した……難しくなっている」を参考にするとよい。　六　傍線部を含む段落では「熟成した市民」の条件として、「ダイアローグとしての対話をする能力」をそなえた人としている。「ダイアローグ」については傍線部の前の段落で述べられているので、その内容をまとめればよい。　七　アは「他者に対して……」、ウは「情報機器の……」、エは「人びとの……」が不適切である。　八　「A　話すこと・聞くこと」の指導は、音声言語による伝え合う力の育成により、人間関係を構築するうえで不可欠の能力である。相手の立場や考えを尊重しながら、言語を通して正確に理解し、適切に表現し、相互伝達、相互理解を深めるため、情報機器の活用は今日の情報化社会を生きぬく上で重要となる。問題に「コンピュータや情報通信ネットワーク」とあるが、ボイスレコーダーなどのデジタル機器も含まれる等、広義に捉えるとよいだろう。なお、学習指導要領解説では例として、「インターネットや電子辞書等の活用、コンピュータによる発表資料の作成やプロジェクターによる提示など」としている。

【二】一　全く目に入らないといった素振りで　二　いただき物(五字)　三　とたんにメロンの味が判らなくなった　四　自分が持参したシメジを松茸と勘違いして、丁重なおもてなしをしてくれているのではないかという予感。(四十八字)　五　用意してくれた食事を食べずに帰ること(十八字)　六　主人も客も互いに本音を相手に気づかれまいと必死に応対する様子(三十字)

〈解説〉一　「おくびにも出さず」は、「そのような素振りを見せない、そのような感情を表には出さない」こと。本文ではお土産について示されているので、そのことを踏まえながら探すこと。　二　「到来物」とは「贈物」(到来の品)のことである。それを指定文字数以内で示すこと。　三、四　セットで考えるとよい。ここでの話は立派なシメジをいただいた語り手は籠に入れてお裾分けのため、お世話になっている家に持参した。その人は季節が松茸の時期であること、籠が松茸のものであること、大きさが松茸ほどあることから、いただけるものが松茸と勘違いして、語り手にご馳走を振る舞った。語り手はご馳走を受け入れていたが、途中で持参したシメジを松茸と勘違いしていることに気がついた。悪意はまったくなかったが、籠や時期などの偶然が重なり、自分がだましているような不安に駆られ、メロンの味もわからなくなってしまった、ということである。

五「依怙地」とは「頑固に意地をはる」こと。傍線部から続く文「私自身は……」と対比しながら考えるとよい。　六「真剣勝負」の「両方」は「客と主人側」のことであり、「真剣勝負」は「虚実の応対」と言い換えることもできる。「胸襟を開いての対話」のように本音で語り合うのではなく、本音を隠しての互いに腹を擦り合う対話のことを指す。これらをまとめるとよい。

【三】一　a　そうじ　b　しょうと　二　品詞…助動詞　意味…打消(否定)の推量　三　エ　四　破れたところだけではなく、すべてを張り替えること。　五　見苦しくはございませんか。　六　物は壊れたところだけを修理して使おうとする(心)(二十一字)

〈解説〉一　解答参照。　二「じ」は、打消推量の助動詞で、活用語の未然形につく。　三「さわさわと」は、「さっぱりと、さわやかに」という意味で副詞である。　四「たやすく」は、「たやすし」(形・ク)の連用形で、「容易で」の意。前の文「皆を張り替へ候はんは」を受けている。障子の破れた所だけを張り替えるのではなく、障子の全部を張り替えることをいう。　五「見苦しくや」の「や」は、疑問の係助詞で「侍らむ」が省略されており、「や…む」は係結びである。「侍ら」は、丁寧語「侍り」(自ラ変)の未然形、よって「見苦しくはございませんか」と訳す。　六「心つけんためなり」の「心」とは、「物は破れたる所ばかりを修理して用いること」を受けている。「心つけん」とは、「気づかせる。注意させる」という意味である。

【高等学校】

【一】問一　②　表象　③　把握　問二　道具との関係において、心が想定されている点。　問三　Ａ　道具　Ｂ　技術　問四　Ｃ　カ　Ｄ　イ　問五　人と技術との関係は双方向に展開しているため、両者はその複雑なつながりを踏まえて特性を理解せざるを得ないから。（五十四字）　問六　想像すること　問七　人は技術を用いて作り出した環境の中で進化させてきた身体と、技術そのものを通して、何らかの関わりを持つことのできる世界を生きてきたということ。（七十字）　問八　ウ

〈解説〉問一　表象はシンボル、または直観的に心に思い浮かべられる外的対象像のことを指す。　問二　傍線部より後の文にその内容が示されているので、まとめればよい。解答では「わかりやすくいえば……」以降の文がまとめられていればよいとされている。　問三　空欄Ａ、Ｂの前の段落で身体技法の話があり、「これに対して……」と続いているので、空欄Ａ、Ｂには身体技法と対立する言葉が入ることがわかる。空欄Ａ、Ｂがある文の後文で身体技法に対立するものとして「技術（道具）」があげられている。これを踏まえて考えるとよい。　問四　Ｃは前文と後文を比較しつつ、後文の内容を選択している。Ｄは前文と後文が、逆の関係にあることを踏まえて考えるとよい。　問五　形式段落第五～七段落の内容をまとめるとよい。「人と技術」の関係について、道具としての石器やそれを用いた狩りの技術が狩猟社会を成立させたことを双方向に展開する関係性（相互的因果）と述べ、これが人や社会を理解する糸口となることを踏まえて考えるとよい。　問六　「潜在的な場」は知覚できない場であり、文中では「世界そのもの」を「想像する以外にない」としている。「想像する」では指定文字に足りないため、類似の表現を文中から探せばよい。　問七　「人は、最初期からすでに、技術的環世界を生きてきたのだ」の「最初期」とは、文中の旧石器時代の道具とそれを用いた狩りにより狩猟社会を成立させた「ヒト」から「人」になった時代を指す。そこでは、進化していく身体と技術による人工物

を含む生活環境があり、一定規模の社会生活が営まれていたことを踏まえて考えるとよい。　問八　アで、人と他の動物の差別化を図っているのはベンジャミン・フランクリンである。イについては、ここでのカギ括弧使用理由の一つとしてモース独自の表現であることが考えられるが、強調の意図はない。エは「われわれ人間は……」」、オは「カタカナを多用して……」が不適切である。

【二】問一　ア　問二　A、E　問三　②　我慢して　⑥　そのまま　⑧　すでに　問四　③　何も申し上げません　④　後悔することがあったらいやだ　⑤　やはりしばらく身を退こう

問五　【Ⅰ】夫の来訪を心待ちにすることもなくなり、自分の身の置き所も薬の置き所もなくなってしまったことに対する悲しい気持ち。　【Ⅱ】信頼していた妻の裏切りの心に対して驚きあきれる気持ち。

問六　藤原道綱　問七　夫からの手紙に、寺籠りを思いとどまらせようとする記述、さらに、今すぐ行くという記述があったため、夫に会ってしまったら引き止められ、寺籠りできなくなってしまうと考えたから。(八十五字)

〈解説〉問一　なお、文月は七月、長月は九月、神無月は十月、葉月は八月である。　問二　打消の「ぬ」は助動詞「ず」の連体形、他の「ぬ」は完了の助動詞である。B、C、Dの「ぬ」は「やう」「御あるき」「さき」をそれぞれ修飾する「ず」の連体形である。　問三　②「念じて」は「念ず」(他サ変)の連用形＋接続助詞「て」である。「念ず」には祈るという意味もあるが、ここでは我慢するという意味で使われている。　⑥「やがて」は「そのまま」という意味の副詞である。　⑧「はやく」は「すでに」という意味の副詞である。問四　③「聞こえ」は「言ふ」の謙譲語「聞こゆ」(他ヤ下二)の未然形で、打消の「ず」を伴い、「申し上げません」と訳す。　④「くやしき」は「くやし」(形・シク)の連体形で「後悔する」、「もこそあれ」の「もこ

そ」は「悪い事態を予測し、そうなっては困る」という危惧を表す。⑤「なほしばし」は「やはりしばらく」、「なむ」は完了の助動詞「ぬ」の未然形＋意表の助動詞「む」で「身を退こう」と訳す。問五【Ⅰ】の歌意は「今はもうおいでになるのを心待ちすることもなくなってしまいましたので、薬を置く場所もなく、やるせない心をどうしてよいかさえ分からないのが悲しゅうございます」。【Ⅱ】の歌意は、「なんということだ。のんびりとあなたのことを信頼しきっていたのに、床をひっくり返すような裏切りをしてしまうとは、あきれたお心よ」である。歌意から、二人の心情について分析する。問六　解答参照。問七「まいて」は「まして」のイ音便で「なお一層」の意味の副詞。「急ぎまさりて」は「気がせいて」という意味。「ものし」は「ものす」(他サ変)の連用形で「出発する」という意味である。作者が、あわてて出発を急いだ理由は、夫からの返事に「参籠するのはひかえた方がよいとか、相談したいことがあるので、すぐに行く」と書かれていたために、夫に会えば、参籠もできなくなることを考えたからである。

【三】単元名…交通安全を訴えるためのスピーチの原稿を書こう。①一人一台端末を活用してスピーチのサンプル動画を視聴し、学習の見通しを持つ。説得力のあるスピーチ原稿にするために必要な要素を各自ワークシートにまとめ、その後グループで共有する。②スピーチで伝えたいことを明確にし、主張の根拠となる情報を一人一台端末を活用して複数の情報源から収集する。さらに内容を比較検討する。情報の妥当性や信頼性を吟味する仕方について、ワークシートに整理する。③収集した情報の妥当性や信頼性を吟味し、スピーチの構成メモを作成して原稿を書く。原稿をもとに実際にスピーチを行い、一人一台端末を用いて録画し、データを保存する。④録画した動画を視聴して自己評価及びグループでの相互評価を行い、評価をもとに原稿を修正する。学習を振り返り、新たに学んだこと、気づいたこと、考えたことをワークシートにまとめる。

〈解説〉「現代の国語」の「B　書くこと」の(1)アは「題材の設定、情報の収集、内容の検討」の指導事項である。条件1の「構想する授業」では、目的や意図、条件にあった題材であるかどうかに留意すること。条件2では、情報の正誤の判断とその根拠を明らかにすること。また、情報の発信元、時間、場所の確認の必要性、さらに、集めた情報の正誤、適否についての詳細な検討による吟味が求められる。一人一台の端末を活用した学習では、題材に応じてグループによる調べ学習を計画することも考えられる。情報の収集、正誤の判断や検討、意見交換などをワークシートに整理し、必要に応じて再生、評価を加え修正したり確認したりして伝えたいことを明確に書く。なお、インターネットの情報を材料とする際には、著作権や個人情報に配慮させ、情報の取扱いに十分注意するよう指導する必要がある。

【四】問一　②　いさめて　⑦　いえども　問二　①　国じゅうの人がわれもわれもと魚を買って(公孫儀に)献じた　⑤　必ず人に気兼ねをする態度を示すようになるだろう　⑧　人が必ず私に魚を届けてくれるとは限らない　問三　③　うけざるはなんぞやと　⑨　我又自ら魚を給すること能はず　問四　長自給魚　問五　将㆑枉㆓於法㆒　問六　自分らしく振る舞うために、他者よりも自己をよりどころとする思想。(三十二字)

〈解説〉問一　②「諫」は「(目上の人に対して)忠告する」、⑦「雖」は確定条件を表す「……けれども」という意味である。　問二　①「一国」は「国じゅうの人」、「争って」は「われさきに。われがちに」、「之を献ず」は「公孫儀に献上した」と考える。　⑤「必ず人に下るの色あらむ」であり、「人に下るの色」は「相手に強く出られなること」をいう。つまり「人に気がねをする態度を示すようになること」と解する。　⑧「人必ずしも能く我に魚を給致せず」であり、「能く我に魚を給致せず」は、「人が必ずしも」を受けて、「私に魚を届けてくれるわけにはいかず」と訳す。　問三　③は「不ルハレ受ケ何ゾ也」の書き下し文、⑨は「我又不レ能ハ二自ラ給スルコトレ魚ヲ」の書き下し文である。なお、⑨の「不」について「ず」ではなく、「じ」（打消推量）に書き下す説もある。　問四　④　以下の「此明夫恃人不如自恃也」は、筆者（韓非）が公孫儀の生き方を示したものである。問五　⑥　再読文字「将」と動詞（述語）の「枉」に注意すること。書き下し文は「将に法を枉げん（む）とす」。問六　公孫儀の言葉によると、他者からの贈物（魚）により他者を気づかうことで大臣としての公務に反するようになり、その地位を去ることになる。そのため、他者からの贈物はいっさい受け取らない、というのである。この考えに対し、韓非子は、「此明夫恃人不如自恃」とのべている。「他人を頼りにすることは、自分を頼りにすることに及ばないのを明らかに示している」というのである。他者に頼らず自ら主体的に物事を判断し、自分らしく生きようとする考え（思想）である。

二〇二二年度　実施問題

【中学校】

【一】次の文章を読んで、一～八の問いに答えよ。

　日本には昔から「ほどほど」という実にいい言葉があります。もっとも子どもに対しては、ほどほどのところでやめておきなさいと諭してしまうよりも、[a]アきるまでやらせる育て方のほうに一票を投じたいと思いますが、仕事の経験を積んでくると、この言葉の深い意味合いが少しずつ分かってきます。「ほどほど」には、やりきらずに手前で留めておくといった*ニュアンスがあります。これをデザインにそのまま置き換えてみると、「ほどほどのデザイン」となる。それだけを耳にすれば、あまりいいデザインではないような印象でしょうが、「ほどほどのレベルを徹底的にデザインする」、あるいは「ほどほどのデザインを極める」こととして捉えるなら、印象は一変するはずです。つまりここでお話ししたい「ほどほど」とは、やりきることも承知しながら、敢えて手前のほどよいところを見極め、そこで仕上げておくことなのです。

　この、少し手前でほどほどに留めておくデザインによって生まれる「空き」こそが、人がものと自分なりの仕方で付き合うことを可能にする余地になります。その人その人なりにものをカスタマイズできるのだと言ってもいい。そもそも人は、それぞれ価値観も違えば生活におけるあらゆる行動のとり方も一人ひとり違います。しかるに、完成しきって「空き」を持たないものを前にして、なんだか壁に[b]阻まれているみたいだと感じたことのある方は少なくないと思います。もののほうから一方的に「こう使え！」と偉そうに言わんばかりであったり、ものとしては美しいけれどまったく実用する気にならなかったりするのも、「空き」がないためなのかもしれないのです。メーカーやデザイナーは、ついそのものだけを一つの作品のように見なしての完成度を目指してしまう傾向があります。当然「空き」など生まれようがない。しかし本来デザインは、それ自体に価値があるわけではなく、デザインされたものと付き合う人との関係の中で効力を発揮するのです。人の価値観はみな違うのだから、デザインは人それぞれの価値観で関わることができる、ほどほどの領域で留めておくべきなのではないでしょうか。そこに①「空き」が生まれます。

「ほどほど」というcアイマイな日本語の中に、実はデザインがなすべき大切なヒントが含まれているように思います。そしてこの「ほどほど」を、古来の日本の日常生活用具のそこここに垣間見ることができるのです。

私たちの日常生活の中で何気なく使われている道具を人との関係で観察し直してみると、日本ならではのデザインが見えてきます。例えば、使う人の能力を前提に成立しているもの。ご飯を食べる時に使う「日本の箸」はその代表格です。先を細くした二本の棒を使いこなすだけで、小さな米粒や豆や、けっこう大きなジャガイモまで挟むことができるばかりか、この単純きわまる道具で肉を切り離したり柔らかいものを刺して割ったり、みそ汁をかき混ぜたり具のツルツル滑るワカメをつまみ上げて口へと運んだり、海苔で白米を包んだりと、用途は多様で、小さな頃から経験を積んだ我々は、毎日のように二本の棒を無意識に使いこなしているのです。ここには②西洋のフォーク、ナイフとは全く異なる「関係のデザイン」が見られます。フォーク、ナイフの進化について、ヘンリー・ペトロスキーが『フォークの歯はなぜ四本になったか』(平凡社ライブラリー)に詳しく書いていて、それはそれで微笑ましく、フォークとナイフが共に進化(共進化)した経緯は大変興味深い。現代のフォーク、ナイフには取手の部分があり、握りやすいように膨らんでいて、膨らみ具合がデザインの特徴になっている場合も多いでしょう。対するに、箸には取手に充たる部分がなく、取手どころか、どの指はどこに当てて、といったデザインは一切施されていません。ものの側から「このように使ってください」と教え示すデザインではなく、素材のままそこに在って、見掛けは「どうぞご自由に」とやや素っ気ないくらいですから、箸を初めて目にした他国の人は、いったいこれをどう使うつもりなのか?と面食らうに違いありません。しかし使用法をマスターしてしまえば、食べるための道具としてのこの使い勝手の良さは他に代えがたいものになることでしょう。つまりは、二本の棒である単純さが、人の本来持っている能力をむしろ引き出しており、そこには人の所作さえもが生まれます。箸において日本人は、それ以上の進化による利便は求めてきませんでした。ですから西洋のフォークとナイフのような目に見える進化はしなかったものの、日本の箸は、ほぼ棒状のままの中国、韓国のそれとは異なり、かつ金属ではなく主に木や竹を使い、先をかなり細くすることで、より繊細な動きに対応できるよう微妙に進化したのみならず、漆塗りのような丁寧な表面仕上げや材質選びにも伝統が活かされてきました。このように当りまえの日常の中に、ほどほどのところで留めておきながら徹底的に突き詰めようとする日本らしさを見出すことができます。

食べるための道具は、食物と人間との関係によって進化してきたのですから、それぞれの国や地域の食文化全体の中で見極めていく必要がありますが、これだけ食の流通が行き届き、世界中の食べ物が手に入るようになった今もなお、日本の箸は、あくまで日本の箸であり続け、しかも日本食が世界的なブームとなり、箸を使いこなす海外の人々も増えている事実に注目すべきです。日本のデザインは内向きでガラパゴス化しており、もっと世界に打って出るべきである、といった発言を時折耳にしますが、これはとんでもない誤解です。誰々が派手にデザインした何々に、ではなく、アノニマス(匿名)な箸のようなものにこそ、世界に誇るべき日本のデザインが豊かに潜んでいるのですから。

もう一つ、忘れてならないのが「ふろしき」です。何十通りもの包み方があり、あらゆる包む対象に合わせた対応が可能なばかりか、使わない時には小さく畳んでおける。つまり自由自在に変化できる一枚の布の状態に留めてあるわけで、それ以上はデザインしていません。バッグのように持手を付けたり袋状に縫ったりは敢えてせずに、どこまでも原型を保ったまま使われ続けている。我々が何もかもを便利至上に走っていたのであれば、すでに息絶えてしまってもおかしくなかった道具の一つなのかもしれません。しかし③人間の側に備わっている「考える」力や「適応する」力を引き出す余地をたっぷり残した「ふろしき」という一枚の布が、宅配便で何でも便利に届くこの時代にまでちゃんと残っていること自体が注目に値します。これも、やり過ぎないほどほどのデザインの典型なのです。改めて申しあげるまでもなく、一枚の正方形の布であるがゆえに、「ふろしき」に施されるグラフィックデザインは無限の可能性に満ちている。今の時代、もっともっと便利さを求めてその場その場に合わせた様々な形態をつくり出しているのですが、ある意味で不便な一枚の布が、ほどほどなところで留められたことによって、無限と言いたいほど表現可能なキャンバスになっている。また、少しばかり昔の日本の生活を思い出してみるなら、普段は折り畳んで仕舞い、使う時だけパタパタと広げて、必要なところに置けば室内の間仕切りとなる「屏風」などにも、「箸」や「ふろしき」と同じ「ほどほど」が見えてくるはずです。今後甦《よみがえ》るべき道具を、多く日常生活文化史に発見できるのではないでしょうか。

デザインを考えることは、人の豊かさとは何かを考えることに他なりません。今、二十世紀後半を振り返ると、生活道具をあたかもオブジェのように完成させて、その美しさを競った時代のように思えます。二十一世紀も同様にオブジェとしてのデザインを我々はなし続けるべきなのでしょうか。日常を少し見回してみただけでも、箸やふろしきや屏風のように日本人の振る舞いに準じて育まれてきた素晴らしいものが残っているのだと気づかされます。そしてそれらが体現しているのが「ほどほどを極める」なのです。人間の身体どころか心までを使わないで済むようにしてきてしまった必要以上の間違った便利さを見直して、ほどほどを極めるレベルを今一度模索しなければならない時が来ているようです。それこそは資源の問題、エネルギー問題、そしてこの国の文化的価値の問題などと密接に繋《つな》がってくると思われてなりません。

心と身体を使わないで済むような便利さが、果して人を本当に豊かにするのか。昔から普段よく言われてきた「ほどほど」や「いい塩梅《あんばい》」などの言葉が、実は日本人が忘れてはならない大切な感性をしかと伝えているのです。

佐藤卓『塑する思考』より（一部表記等を改めた。）

＊ニュアンス…言葉などの微妙な意味合い。

一　「阻まれて」、「模索」の読み方をひらがなで記せ。

二　「アきる」、「アイマイ」を漢字に直して記せ。（楷書で正確に書くこと）

三　「①『空き』が生まれます」とあるが、「空き」があることの利点を、本文中から二十五字で抜き出して記せ。

四　「②西洋のフォーク、ナイフとは全く異なる『関係のデザイン』」とはどういうデザインか、「もの」、「用途」という言葉を使って四十字以上四十五字以内で説明せよ。

五　「③人間の側に備わっている『考える』力や『適応する』力を引き出す」とあるが、この結果、「ふろしき」はどのような特徴を持つようになったか、五十字以上五十五字以内で説明せよ。

六　この文章で述べられている内容と同じものはどれか。最も適当なものを次のア〜エから一つ選び、記号で記せ。
ア、日本のメーカーやデザイナーが作る製品は、一つの作品として、完成度が高く、カスタマイズしやすくなっている。
イ、日本の箸は、先を細くし、繊細な動きに対応したり、丁寧な表面仕上げや材質選びにも伝統が活かされたりしてきた。
ウ、箸を使いこなす海外の人々が増加した事実が示すとおり、日本のデザインはもともと内向きではなく、海外向きだった。
エ、二十世紀後半こそ、日常の生活道具の美しさを競った時代であり、日本文化の価値の高まりと密接に関係している。

七　本文の構成や展開の説明として最も適当なものはどれか。次のア～エから一つ選び、記号で記せ。
ア、「ほどほどのデザイン」の利点を示し、日常生活にある道具の中から「箸」と「ふろしき」を比較して、その違いを明確にしながら道具の便利さについて述べている。
イ、「ほどほどのデザイン」の価値を示し、日本的な感性を文化的価値という観点で見直して、デザインの美しさの必要性を明確にしながら人の豊かさについて述べている。
ウ、「ほどほどのデザイン」の課題を示し、日本の「箸」と西洋のフォークとナイフを比較して、人類と道具の進化の過程を説明しながら道具の便利さについて述べている。
エ、「ほどほどのデザイン」の定義を示し、日常生活にある道具を人との関係という観点で見直して、日本のデザインの特徴を説明しながら人の豊かさについて述べている。

八　次は、中学校学習指導要領「国語」の内容〔知識及び技能〕(2)情報の扱い方に関する事項アについて、学年ごとにまとめた表である。表の中の空欄ア～ウにあてはまる言葉を漢字で記せ。なお、同じ記号には、同じ言葉が入るものとする。

第一学年	第二学年	第三学年
(2) 話や文章に含まれている情報の扱い方に関する次の事項を身に付けることができるよう指導する。		
（ア）と結果、意見と（イ）など情報と情報との関係について理解すること。	意見と（イ）、具体と（ウ）など情報と情報との関係について理解すること。	具体と（ウ）など情報と情報との関係について理解を深めること。

（☆☆☆◎◎◎）

【二】次の文章を読んで、一～六の問いに答えよ。

「よむ」という行為を改めて考えてみる。私たちが日ごろ語っている言葉を[a]見ても、文字を認識する、という営みに収まらないことに気付かされる。

心を読む、空気を、雲行きを、時代をさらには未来をさえ、「読む」という。「読む」にはそもそも、言葉には表し得ないものを感じとるという働きがあるらしい。

また、文字になっていない何かを「読む」という現象には、私たちがさまざまな場面で、言語とは異なる姿をしたものからも意味を豊かにくみ取っている現実がよく表されている。表情を読む、と口にすることもある。もちろん、書物を読むときも私たちは、そこに書かれている文字には収まらない何かを感じている。

また「よむ」という言葉は、「読む」のほかに「詠む」とも書く。「詠む」は、和歌を詠むというときに用いる。詠むとは、①言葉を永遠の世界に届けようとする営みでもある。『万葉集』の時代から和歌は、単に歌人の心情を謳いあげるためだけのものではなかった。歌人自身の胸のうちよりも、むしろ、十分に語る言葉を持たない者たちの思いをわが身に宿し、歌にするのが歌人の役割だった。

『万葉集』に登場する歌人のなかでもっともよく知られているのは柿本人《かきのもとのひと》麻呂《まろ》(六四五以後〜七一〇頃)だろう。彼は旅先で客死する。するとそのときの心境を、他の歌人が歌にするのである。そうした歌も『万葉集』には収められている。

そこには「丹比真人《たじひのまひと》の柿本朝臣《あそみ》人麻呂の意《こころ》を擬《あてはか》りて報《こた》へし歌一首」、丹比真人という人が、すでに語ることができない人麻呂の心映えを引き受けて詠んだ歌である、との注釈があり、次の歌が続く。

荒波に寄り来る玉を枕に置き我ここにありと誰か告げけむ(二・二二六)

荒波に打ち寄せられてくる玉石を枕の近くに置き、伏せっている。このことをいったい誰が妻に伝えたのだろうか、というほどの意味だろう。

人麻呂がどこでどのように亡くなったか、詳細は分からない。先のような歌を読むとき現代人は、作者は想像力を働かせて歌を詠んだのだ、と考える。だが、実情はもっとなまなましい出来事だったのではないだろうか。この人物の胸には、打ち消しがたいほどの強烈な幻像が浮かび上がり、それが言葉となってあふれ出たのではないだろうか。

同様の歌はほかにもある。この歌のほかにも死に瀕した人麻呂自身が詠んだ歌として次の一首が収められているのだが、この歌を見ても現代人が考えるような「作者」という考えには収まらない何かがうごめいているのを感じる。

鴨山の岩根しまける我をかも知らにと妹《いも》が待ちつつあるらむ(二・二二三)

鴨山の岩を枕にして死んでしまった私を、それとも知らずに妻は帰りを待っている、というのである。多くの『万葉集』の現代語訳は、人麻呂が詠んだことを前提にしているので「岩を枕に死につつある私を」と訳しているが、「岩根しまける」という言葉は、死につつあることではなく、(　②　)ことを示す言葉でもある。

そう考えると状況はまったく変わってくる。この歌も人麻呂が詠んだのだろうかという疑念を抑えることができない。人麻呂の魂を引き受けた別の歌人が、人麻呂として詠んだのではないか。私にはそのように思えてならない。

人麻呂は後年、③歌聖と呼ばれることになる。それは単に歌がうまかったことを示すのではない。それなら「聖」の文字は大げさに過ぎる。

仏教はもともと仏道と呼ばれていた。仏教という表現がこれほど頻繁に用いられるようになったのは近代以降のことである。歌道という言葉もある。ここでの「道」は人間を超える何かを求める営みを指す。

歌人は巫者《ふしゃ》でもあった。ことに人麻呂はそうだった。死者の想《おも》いをうつしとること、それが歌人たちに託された神聖なる義務だったのではないだろうか。

〈中略〉

「詠む」は、「よむ」だけでなく、「ながむ」とも読む。「ながむ」は「眺む」とも書く。今日では遠くの場所を見ることを指す言葉も、中世ではきわめて重要な哲学的な意味をもった言葉だった。この一語をめぐって、批評家の唐木順三(一九〇四～一九八〇)は次のように書いている。

〔「ながむ」とは単に〕空間を眺めるだけでなく、時間の風景、記憶や歓びや悲しみの経験のしみこんでいる風景を眺める。強くいえば歴史や時間を眺めるというような「詠める」であることが多い。いわば詠歎《えいたん》をこめての「ながめ」であるといってよい。

(「秋への傾斜」『日本人の心の歴史』)

ここで唐木が語ろうとしていることは、『新古今和歌集』にある次のような歌を見るとじつによく分かる。

ながむれば衣手涼し久方の天の河原の秋の夕ぐれ(四・三二一)

夜にならない秋の夕ぐれに遠くを見て、未だ現れない天の川に思いをはせていると、久遠の世界からの風を衣服の袖に感じる、というのである。

ここでの「ながむ」は、物理的な距離を示す言葉でありながら、同時に現実世界の奥にある、④もう一つの世界を感じることを示す言葉になっている。

「天の河原」は、七夕伝説にあるように、もう会うことのできない愛する者たちが、年に一度だけ会うことが許される場所である。「ながむ」、それは生者が、逝きし者たちの世界をまざまざと心に感じるさまを示す一語でもあったのである。

若松英輔「彼方のコトバ」(『言葉の贈り物』所収)より(作問の関係上、一部を省略した。)

＊巫者…神に仕えて、祈禱や神おろしをし、神託を告げる者。

一　「見」の活用の種類と活用形を漢字で記せ。

二　「①言葉を永遠の世界に届けようとする営み」とはどのようなことか、文中の言葉を使って具体的に説明せよ。

三　「（　②　）」にあてはまる言葉を、本文中から七字で抜き出して記せ。

四　「③歌聖と呼ばれる」ようになったのはなぜだと筆者は考えているか、その理由を記せ。

五　「④もう一つの世界」とは何か、本文中から九字で抜き出して記せ。

六　この文章には、「彼方のコトバ」という題が付いているが、「言葉」と比較して、この文章における「コトバ」の意味を百字以内で説明せよ。

（☆☆☆◎◎◎）

【三】次の文章を読んで、一～五の問いに答えよ。

これも今は昔、田舎の児《ちご》の、比叡《ひえ》の山へ登りたりけるが、桜のめでたく咲きたりけるに、風の激しく吹きけるを見て、この児、さめざめと泣きけるを見て、僧の、やはら寄りて、「など、かうは泣かせ給ふぞ。この花の散るを惜しうおぼえさせ給ふか。桜ははかなき物にて、かくほどなくうつろひ候ふなり。されども、さのみぞ候ふ」となぐさめければ、「桜の散らんは、あながちにいかがせん、苦しからず。我が父《てて》の作りたる麦の花散りて、実の入らざらん、思ふがわびしき」と言ひて、さくりあげて、「よよ」と泣きければ、うたてしやな。

『宇治拾遺物語』より(一部表記等を改めた。)

＊うたてしやな…困ったことだ。

一 「惜しう」、「候ふ」を音読する場合、その読み方をすべてひらがなで答えよ。
二 「ける」の品詞・意味・活用形を漢字で記せ。
三 「など、かうは泣かせ給ふぞ」を現代語訳せよ。
四 「かくほどなくうつろひ候ふなり」を現代語訳せよ。
五 「『よよ』と泣きければ」とあるが、その理由を説明せよ。

(☆☆☆◎◎◎)

【高等学校】

【一】次の文章を読んで、以下の問いに答えよ。

　われわれ人間は誰でも、生きているかぎり、否応なしにこの世界のなかで、他者とくに他の人々とかかわりつつ、それぞれの具体的な生を営んでいく。個人の側から見れば、経験とはまず、そのようなわれわれ一人ひとりの具体的な生き方の諸側面あるいは総体のことである。そして、なにかを〈経験する〉とか〈経験を積む〉とかいうことばは、なんらの具体的な内容を示さなくとも、しばしば特別の重い意味をもっている。どうしてだろうか。それは、一つ一つの個々の経験からして、経験というものがわれわれ一人ひとりの生の全体性と深く結びついているからである。

　ところで、①経験の雛形というべきものを求めていくと、生活世界のなかで、われわれ一人ひとりがなにかの出来事に出会うことがまず考えられるだろう。けれども、ただなにかの出来事に出会ったからといって、それがただちに、われわれ一人ひとりの生の全体性に結びついた経験になるわけではない。なにかのかなり重大な出来事に出会っても、ほとんどなにも②コクインをわれわれのうちに残さないような経験、つまり内面化されることのない経験、うわの空の経験、疑似的な経験というものがある。このようなことは誰にも思い当たるところがあるはずである。

　そのことを考慮に入れてモデルをつくりかえよう。すると、われわれ一人ひとりの経験が真にその名に値するものになるのは、われわれがなにかの出来事に出会って、〈能動的に〉、〈身体をそなえた主体として〉、〈他者からの働きかけを受けとめながら〉、振舞うことだということになるだろう。この三つの条件こそ、経験がわれわれ一人ひとりの生の全体性と結びついた真の経験になるための不可欠な要因である。これらの条件について考えてみると、まず、われわれの振舞いにまったく能動性がなければ、どんなに多くのことを見たり、聞いたり、したりしても、それだけではなんら経験にならない。或る出来事に出会っても、なにかほかのことに気を取られていたり、ひどく疲れていたり、気が進まなかったりするとき、などによく起こることである。

このように、まず能動的であることは、経験のもっとも基本的な要因である。しかし、もしもそれが、単にあたまだけの観念的な能動性にとどまるならば、その能動性は持続できないだけでなく、抽象的なものにとどまるだろう。人間は意識的でありつづけることはできない。ここで必要なのは、活動する身体によって支えられ、持続性を与えられた能動性である。たとえば、芝居を観ることやスポーツを観戦することにしても、共感や応援などという、役者や選手との身体的な相互行為があるから、そこに他人事として見ている以上のことが成り立つのである。それはともかく、このようにして、第一の要因の〈能動的に〉は、第二の要因の〈身体をそなえた主体として〉に結びつき、具体化されるのである。

[A]、身体の働きというのは、それだけに尽きない。というのは、われわれ人間は、身体をそなえた主体として存在するとき、単に能動的ではありえない。むしろ、身体をもつために受動性を帯びざるをえず、パトス的[※1]・受苦的な存在にもなるからである。すなわち、能動的であると同時に他者からの働きかけを受ける受動的な存在であることになる。このようにパトス性を帯びることによって、われわれ一人ひとりは、現実がもたらすさまざまな障害のなかを、あちらこちらの壁に突き当たりながら生きていかざるをえないのである。それゆえ、第二の要因の〈身体をそなえた主体として〉は、第三の要因の〈他者からの働きかけを受けながら〉に結びつき、いっそう具体的なもの、現実と深くかかわったものになるのだ。

いいかえれば、われわれ一人ひとりにとって経験とは、ただなにかの出来事に出会うことでもなければ、ただ能動的に振舞えば足りることでもない。その際にどうしても欠かせないのは、身体をそなえた主体として、他者からの働きかけによる受動＝受苦にさらされるということである。この受苦という苦い契機を欠くならば、せっかくのわれわれの能動性も、明快ではあっても抽象的なものにとどまり、③空まわりするだけだろう。昔から、無為に生きることを指す〈　B　〉ということばがあるが、ただ安楽にスイスイと過ごした日々よりも、なにかと苦労した日々の方が自己のうちにはっきりした④コンセキを残し、くっきりした思い出になるのである。

ところで、われわれ一人ひとりが受動＝受苦にさらされるということは、われわれの自己が決して簡単には自立しうるものではない、ということである。おのずと他者や世界との関係性のなかにあるのである。したがって、われわれの能動性あるいは主体は、まさに世界や他者との関係性を組み込んだもの、いや、そうした関係性のうちに組み込まれたものになる。そのことを通して、われわれの一人ひとりは、いっそう深く現実とかかわるようになるのである。

このようなわけで、われわれにとって、経験が経験になるということは、現実とのかかわりが深まるということである。ところがここで、現実とのかかわりが深まるにつれて、われわれ一人ひとりの主体は、単純明快なものから重層的で錯綜したもの、関係性の網のなかに分散したものになっていった。そしてその極には、主体の完全な拡散ということが現われる。ふつうの観念からすれば、これは奇妙なことである。けれども、われわれは、経験の在り様を突きつめていくとき、そこに、自己と現実、私と世界とがもっと⑤キンミツに関係し合う根源的な経験の形態として、⑥こういうものを、どうしても認めないわけにはいかない。

もしそれを認めざるをえないとすれば、自己も現実も、私も世界も、それぞれ最初から独立して存在しているのではなく、そのような根源的経験の分化したもの、そこから派生したものになるだろう。そのことを、自己と経験との関係から見れば、初めに自己があって、それからあとに経験が生じるのではなく、逆に、〈経験あっての自己〉ということになる。このような考え方をはっきり自覚したものとして、西田幾多郎※2の有名な⑦〈純粋経験〉の考え方がある。

彼は言っている。経験するとは事実をそのままに知ることであり、まったく技巧や細工を排して、事実そのものに従うことである。また、純粋というのは、ふつうの経験中にまざっている夾雑物を取り去って、真に経験そのままの状態であることである。まことにわれわれは、《自己の意識状態を直下《じか》に経験した時、未だ主もなく客もない、知識とその対象とが全く合一して居る。これが経験の最醇《じゅん》※3なる者である。》そしてこの純粋経験の立場に立つとき、個人と経験との関係が逆転する。《個人あって経験あるのではなく、経験あって個人あるのである》（『善の研究』Ⅰ・2）と。

さて、この自己と経験との逆転は、それ自体としてはまったく正当なものである。しかしこの場合、われわれの自己を、ただ主客未分の経験のうちに没し、消え去るものとして捉えてはならないだろう。そうではなくて、⑧われわれ一人ひとりの自己は、自覚をとおして、根源的経験の拡散し錯綜した関係性の結節点として、あるいはフォーカスとして、成り立つのである。

森有正※4は、中年以後になってから永い間家族や友人との関係を断って異国に住み、そこから経験について独自の思索を展開したが、彼もこのような経験と自己との関係を〈経験による人間の定義＝限定〉という注目すべきかたちで捉えている。すなわち、彼は「ひかりとノートルダム」のなかで述べている。

経験ということばで自分が意味するのは、《一人一人の個人の他と置き換えることの出来ないある形成されたものであって、その場合、個人というのは勿論抽象的な、生物として一個の人間というようなものではなく、社会、歴史、伝統の中に、その問題をもって、また信頼と反抗をもって内在する一人の人間をいうのであり、〈経験〉というものがその一人の人間を定義するのである。》この経験による人間の定義＝限定という考え方はちょっとわかりにくいけれど、これは、経験を重ねるなかでそれをとおして、われわれの自己が自己として明確化することである。

したがってこれは、内容的には、《自己自身になること》、《深い独自性をもった存在として自己を発見すること》、ユングなどのいう〈個体化〉あるいは〈自己実現〉の考え方と近い。ただし、最初からなにか個々人の独自性を想定するのでも、自己の側から接近するのでもなく、経験による人間の限定として捉えたところに、極限としての〈自己と経験との逆転〉を取り込んでいる。

出典は中村雄二郎「臨床の知とは何か」(一九九二年・岩波新書)

語注

※1　パトス……快楽や苦痛を伴う感情。
※2　西田幾多郎……哲学者(一八七〇～一九四五)。
※3　最醇……最も純粋で、まじりけのないこと。
※4　森有正……哲学者、フランス文学者(一九一一～一九七六)。

問一　傍線部②「コクイン」、④「コンセキ」、⑤「キンミツ」のカタカナを漢字に直せ。

問二　傍線部①「経験の雛形」とあるが、筆者の考える「経験の雛形」を、本文中からそのまま抜き出して答えよ。

問三　A に当てはまる言葉として最も適当なものはどれか。次のア～カの中から一つ選び、記号で答えよ。

ア　しかしながら　イ　なぜならば　ウ　このように　エ　たとえば　オ　じつのところ

カ　そもそも
問四　傍線部③「空まわりする」とはどのようなことか。本文中の言葉を用いて三十字以内で説明せよ。
問五　〈　B　〉に当てはまる四字熟語として最も適当なものはどれか。次のア～オの中から一つ選び、記号で答えよ。
ア　軽挙妄動　　イ　晴耕雨読　　ウ　酔生夢死　　エ　虚心坦懐　　オ　明鏡止水
問六　傍線部⑥「こういうもの」とあるが、その指示内容を、本文中の言葉を用いて四十字以内で答えよ。
問七　傍線部⑦「〈純粋経験〉の考え方」とあるが、本文で述べられている「純粋経験」の具体例として適当なものを、次のア～オの中からすべて選び、記号で答えよ。
ア　絵画鑑賞を趣味とするAさんは、長年見たいと思っていた名画を今実際に見ていることの喜びを実感した。
イ　読書が好きなBさんは、翌日早起きしなければならないことも忘れて、徹夜で新刊を読み終えてしまった。
ウ　入社したばかりのCさんは、早く仕事を覚えられるように先輩社員が言うことを必ずメモするよう心がけた。
エ　小学生のDさんは、自転車に乗ることが出来るようになって母親に褒めてもらいたい一心で、懸命に練習した。
オ　数学を勉強していたEさんは、集中して問題を解いていたために、友人に声をかけられても気づかなかった。
問八　傍線部⑧「われわれ一人ひとりの自己は、自覚をとおして、根源的経験の拡散し錯綜した関係性の結節点として、あるいはフォーカスとして、成り立つ」とあるが、どのようなことか。本文中の言葉を用いて五十字以内で述べよ。

(☆☆☆◎◎◎)

【二】次の文章は、源氏物語「宿木《やどりぎ》」の一部である。源氏亡き後、その子である薫(母、女三の宮)が世間の注目を浴びる中、今上帝の娘である二の宮の成人の儀を控え、母、藤壺女御が準備する場面から始まる。これを読んで、以下の問いに答えよ。

十四になりたまふ年、御裳着※1せたてまつりたまは①んとて、春よりうちはじめて、他事《ことごと》なく思しいそぎて、何ごとも②なべてならぬさまにと思しまうく。いにしへより伝はりたりける宝物ども、このをりにこそはと探し出でつつ、いみじく営みたまふに、女御、夏ごろ、物の怪《け》にわづらひたまひて、いとはかなく亡《う》せたまひぬ。言ふかひなく口惜しきことを内裏《うち》にも思し嘆く。心ばへ情《なさけ》々《なさけ》しく、なつかしきところおはしつる御方なれば、③殿上人どもも、A「④こよなくさうざうしかるべきわざかな」と惜しみきこゆ。おほかたさるまじき際《きは》の女官などまで、しのびきこえぬはなし。

宮は、まして、若き御心地に心細く悲しく思し入りたるを、B聞こしめして、心苦しくあはれに思しめさるれば、御四十九日過ぐるままに忍びて参らせたてまつらせたまへり。日々に渡らせたまひつつ見たてまつらせたまふ。黒き⑤御衣にやつれておはするさま、⑥いとどらうたげにあてなる気色まさりたまへり。心ざまもいとよくおとなびたまひて、母女御よりもいますこしづし※2やかに重りかなるところはまさりたまへるを、⑦うしろやすくは見たてまつらせたまへど、まことには、御母方とても、後見《うしろみ》と頼ませたまふべき伯父などやうの

⑧はかばかしき人もなし。わづかに※3大蔵卿《おほくらきやう》、修理大夫《すりのかみ》などいふは、女御にも異腹《ことはら》なりける。「ことに⑨世のおぼえ重りかにもあらず、やむごとなからぬ人々を頼もし人にておはせんに、女は心苦しきこと多かりぬべきこそいとほしけれ」など、※4御心ひとつなるやうに思しあつかふも安からざりけり。

御前《おまへ》の菊うつろひはてで盛りなるころ、空のけしきのあはれにうちしぐるるにも、まづこの御方に渡らせたまひて、昔のことなど聞こえさせたまふに、御答へなども、おほどかなるものからいはけなからずうち聞こえさせCたまふを、うつくしく思ひきこえさせたまふ。かやうなる御さまを見知り⑩ぬべからん人のもてはやしきこえんも、などかはあらん、※5朱雀院の姫宮を六条院に譲りきこえたまひしをりの定めどもなど思しめし出づるに、「しばしは、⑪いでや飽かずもあるかな、さらでもおはしなましと聞こゆることどもありしかど、※6源中納言の人よりことなるありさまにてかくよろづを後見たてまつるにこそ、その昔《かみ》の御おぼえ衰へず、やんごとなきさまにてはながらへたまふめれ、さらずは、御心より外《ほか》なることども出で来て、おのづから人に軽《かる》めれたまふこともやあらまし」など思しつづけて、ともかくも※7御覧ずる世にや思ひ定めましと思しよるには、やがて⑫そのついで※8のままに、この中納言より外に、よろしかるべき人、また、なかりけり。

出典は「新編日本古典文学全集　源氏物語⑤」（小学館）
なお、表記で一部改めたものがある。

語注

※1　裳着……女子の成人式。
※2　づしやかに……重々しく慎重なさま。
※3　大蔵卿、修理大夫……ともに平安時代の官職の一つ。大蔵卿は正四位下、修理大夫は従四位下。
※4　御心ひとつなるやうに……ご自分おひとりで心配せねばならぬかのように。

※5　朱雀院の姫宮を六条院に譲りきこえたまひしをりの定め……朱雀院の皇女である女三の宮が、皇族ではない源氏に降嫁した事例を指す。女三の宮も、母や後見がいなかった。

※6　源中納言……薫。

※7　御覧ずる世……ご自分の在位中。

※8　ついで……順序。ここでは女三の宮の源氏への降嫁のこと。

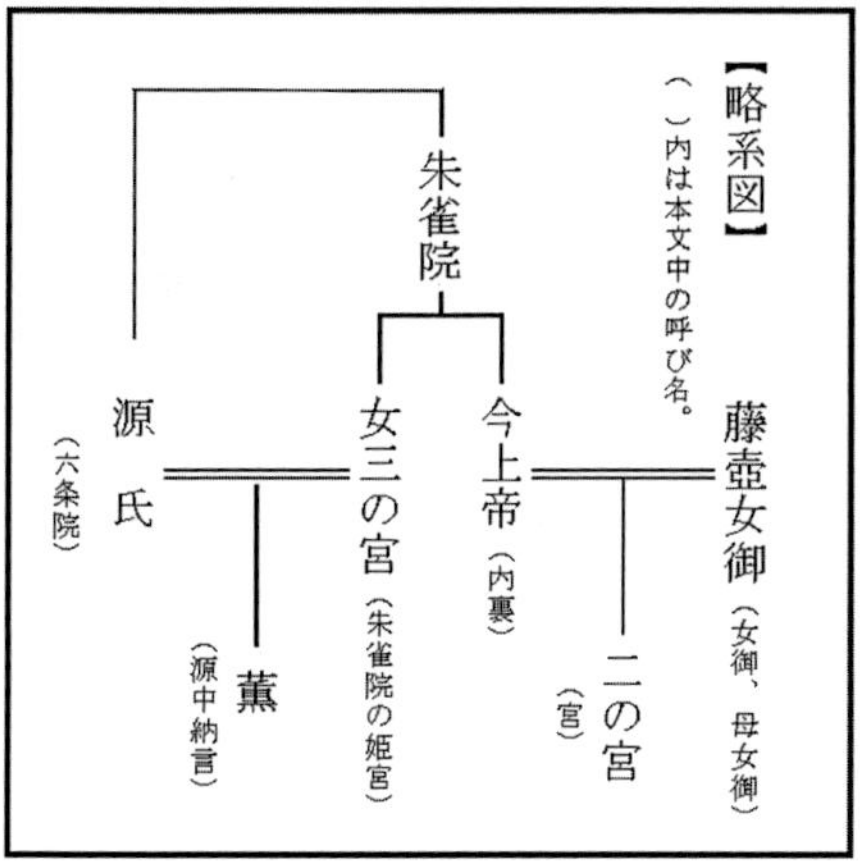

問一　傍線部③「殿上人」、⑤「御衣」の語句の読みを、ひらがなで答えよ。ただし、現代仮名遣いとする。

問二　傍線部①「ん」、⑩「ぬ」の助動詞について、本文中での意味を次のア～キの中からそれぞれ一つ選び、記号で答えよ。

ア　完了　イ　推定　ウ　断定　エ　意志　オ　詠嘆　カ　希望　キ　強意

問三　波線部A～Cの敬語について、それぞれの敬意の対象はだれか。次の中からそれぞれ一つ選び、記号で答えよ。

ア　今上帝　イ　藤壺女御　ウ　二の宮　エ　殿上人　オ　女官

問四　傍線部②「なべてならぬ」、⑧「はかばかしき」、⑨「世のおぼえ」の本文中での意味を答えよ。

問五　傍線部④「こよなくさうざうしかるべきわざかな」、⑥「いとどらうたげにあてなる気色まさりたまへり」をそれぞれ現代語訳せよ。

問六　傍線部⑦「うしろやすくは見たてまつらせたまへど」とあるが、その内容の説明として最も適当なものはどれか。次のア～オの中から最も適当なものを一つ選び、記号で答えよ。

ア　帝は宮のことを頼もしくお思いになるが、ということ。

イ　宮は帝のことを頼りにお思いになるが、ということ。

ウ　帝は宮のことを気がかりにお思いになるが、ということ。

エ　宮は帝のことを不安にお思いになるが、ということ。

オ　帝は宮のことを世話しようとお思いになるが、ということ。

問七　傍線部⑪「いでや飽かずもあるかな、さらでもおはしなまし」とあるが、これは女三の宮の降嫁当時、東宮(皇太子)であった今上帝の感懐である。帝はどのように思っていたか。二十字以内で答えよ。

問八　傍線部⑫「そのついでのままに、この中納言より外に、よろしかるべき人、また、なかりけり」とあるが、今上帝がそのように考えた理由を二つ述べよ。

(☆☆☆◎◎◎)

【三】「高等学校学習指導要領」(平成三十年告示)国語科の各科目(古典探究を除く)の目標には、生涯にわたって読書に親しみ自己を向上させる態度を養うことが示されている。あなたは、その育成のために、国語の授業においてどのような単元を設定して授業を展開していくか。次の条件に従い、具体的に述べよ。

条件1　単元は教材の名称ではなく、「…を…しよう」のように、中心となる言語活動の内容を表したものとして設定すること。
　　2　「話すこと・聞くこと」について指導する単元とし、指導時数は五時間とすること。
　　3　具体的な授業展開は、一時間目を①、二時間目を②のように番号をつけて、箇条書きで述べること。

(☆☆☆◎◎◎)

【四】次の文章を読んで、以下の問いに答えよ。なお、設問の都合上、訓点を省略した箇所がある。

孔子①自レ衛※1反《かへ》ルトキレ魯※2ニ、息《やす》メテ二駕※3ヲ於河※4梁ニ一而観ル焉。有リ二懸※5水ノ
※6三十仞《じん》ナルモノ、圜《えん》※7流九十里ナルモノ※8一。魚鼈《べつ》モ不レ能ハレ道《ゆ》クコト、黿《げん》※9鼉《だ》モ不レ能ハレ居ルコト。
有リテ二一丈夫一、②方将厲※10之。③孔子使人並涯※11止之曰ハク、「此ノ
懸水三十仞、圜流九十里、魚鼈・黿鼉モ不ルレ能ハレ居ルコト也。

意《おもフ》者《に》、難《カラント》レ可《キコト》レ済《わたル》也。」丈夫④不二以《テ》措《おカ》レ意《ヲ》一。⑤遂度《わたリテ》而出《ツ》。孔子問《ヒテ》レ之《ニ》曰《ハク》、「子《ハ》巧《ミナル》乎。有《ル》二道術一乎。⑥所以能入而出者何也。」丈夫対《ヘテ》曰《ハク》、「始《メ》吾之入《ル》也、先《ツ》以《テス》二忠※12信《ヲ》一。及《ビテ》二吾之出《ツルニ》一也、又従《フニ》以《テシ》二忠信《ヲ》一、措《キテ》二吾《ガ》躯《からだヲ》於波流《ニ》一、而吾⑦不二敢《ヘテ》以《テ》用《ヒ》レ私《ヲ》。所以能入而復出也。」孔子謂《ヒテ》二弟《てい》子《ニ》一曰《ハク》、「二三※13子、⑧識《しるセ》レ之《ヲ》。水《スラ》且《ツ》猶《ホ》可《シ》下以《テ》二忠信《ヲ》一成《サバ》レ身《ヲ》親《シム》上レ之《ニ》。而《ルヲ》況《ンヤ》於《イテヲ》レ人《ニ》乎《ト》。」

出典は「孔子家語」（明治書院）

語注

※1　衛、※2　魯……ともに国の名。　※3　駕……馬車。　※4　河梁……河にかけた橋。

※5　懸水……滝。　※6　三十仞……約七四〇メートル。ここでは滝の高さを指す。

※7　圜流……回流。渦巻く流れ。　※8　魚鼈……魚とすっぽん。

※9　黿鼉……青海亀とわに。　※10　厲……泳いで渡る。　※11　涯……水際。

※12　忠信……まごころ。　※13　二三子……弟子たちを呼ぶ称。

問一　傍線部①「自」、⑤「遂」の読みを、送り仮名も含めてひらがなで答えよ。ただし、現代仮名遣いとする。

問二　傍線部②「方将厲之」に、「今しもこれを泳いで渡ろうとしていた」という意味になるように返り点を施せ(送り仮名は不要)。

方　将　厲　之。

問三　傍線部③「孔子使人並涯止之」を、「之」の指示内容を明らかにして現代語訳せよ。

問四　傍線部④「不以措意」の内容の説明として最も適当なものはどれか。次のア〜エの中から一つ選び、記号で答えよ。

ア　孔子の言葉に口を挟まなかったということ。　イ　孔子の言葉が理解できなかったということ。

ウ　孔子の言葉に返事をしなかったということ。　エ　孔子の言葉を気にもとめなかったということ。

問五　傍線部⑥「所以能入而出者何也」について、次の(1)、(2)の問いに答えよ。

(1)　訓読する際の読みを、すべてひらがなで書け。ただし、現代仮名遣いとする。

(2)　現代語訳せよ。

問六　傍線部⑦「不敢以用私」について、「用私」の内容をわかりやすく示しながら現代語訳せよ。

問七　傍線部⑧「識之」とあるが、孔子は弟子たちにどのようなことを記憶するよう命じたか。七十字以内で述べよ。

(☆☆☆◎◎◎)

解答・解説

【中学校】

【一】一　b　はば（まれて）　d　もさく　二　a　飽（きる）　c　曖昧　三　人がものと自分なりの仕方で付き合うことを可能にする　四　ものの側から使用法を教え示すデザインではなく、使う人の用途に合わせて自由に使えるデザイン（四十四字）　五　何十通りもの包み方を生み出し、あらゆる包む対象に合わせた対応ができることや使わない時の保管も容易にできること（五十四字）　六　イ　七　エ　八　ア　原因　イ　根拠　ウ　抽象

〈解説〉一　bの「阻」には、「阻害」「阻止」などの熟語がある。　二　「曖」「昧」は、日が陰ってはっきりとしない状態を表すので、日偏である。　三　傍線部①が含まれる第二段落では、冒頭で「空き」についての主張を述べた後に、デザインに関する具体例を通して、それを伝えようとしている。　四　「西洋のフォーク、ナイフ」との対比から、日本の箸のデザインを捉える必要がある。傍線部②のあとの「ものの側から『このように使ってください』と教え示すデザインではなく、素材のままそこに在って、見掛けは『どうぞご自由に』とやや素っ気ないくらいですから」に着目したい。　五　傍線部③が含まれる第六段落の冒頭で、筆者がふろしきをどのようなものとして捉えているかが具体的に述べられている。　六　イの内容は、第四段落の後半の内容と一致する。アが示すような、「完成度が高い作品」としての製品は第二段落で否定されている。　七　イは正答のエと似ているが、末尾の「デザインの美しさの必要性を明確にしながら」が適当ではない。　八　「(2)情報の扱い方に関する事項」のアは、「情報と情報との関係」についてである。物事を筋道立てて理解したり表現したりするためには、原因と結果の関係を把握することが重要になる。また、他者の意見を理解し

たり、自分の意見を述べたりする際には、意見を支える根拠を明らかにすることが重要になる。問題の表に示された学年ごとの内容では、内容が漸次発展し、それに伴い記述が変化していっている。

【二】一　活用の種類…上一段活用　活用形…連用形　二　歌人の心情を謳いあげるだけでなく、十分に語る言葉を持たない者たちの思いを言葉に表現し、これから先の未来に残そうとすること。　三　死んでしまった　四　人麻呂が死者の思いを写し取るという神聖な役割を果たしていたから。　五　逝きし者たちの世界　六「言葉」は話し言葉や書き言葉によって、既に現実の世界に表現されている心情や思い等を表しているが、「コトバ」は私たちが感じ取っている、言語で表せないものや語る言葉を持たない者の心情や思いを表している。(九十九字)

〈解説〉一　否定形は「見ない」となり、「ない」の上がイ段の音なので、上一段活用と判断する。　二　傍線部①の直後の内容をまとめればよい。「むしろ」の前後で対比されている内容を、解答にも反映する。　三　空欄②の前の、筆者による和歌の訳の原文「岩根しまける」に該当する箇所を確認すればよい。　四　傍線部③の直後で、一般に推測される可能性を否定した後に、筆者は、「歌人は巫者でもあった。ことに人麻呂はそうだった。～神聖なる義務だったのではないだろうか。」と自身の考えを提示している。　五　傍線部④の直前の内容から推察されるように、物理的ではない距離によって隔てられた世界を指している。彼岸の世界を指す表現の中から、指定字数を満たすものを選べばよい。　六「言葉」と「コトバ」の対比、その差異が明確になるように、解答を構成する必要がある。ここまでで確認したように、歌人たちが神聖なる義務に用いることばが「コトバ」に該当すると考えられる。

【三】一　a　おしゅう　b　さぶらう　二　品詞…助動詞　意味…過去　活用形…連体形　三　な

ぜこのようにお泣きになるのか　四　このように短い間に散ってしまうのでございます　五　風が激しく吹いているのを見て、父親が作った麦の花が散って、実が付かないのではないかと心配になったから。

〈解説〉一　歴史的仮名遣いを現代仮名遣いに直すとき、語頭と助詞以外の「は・ひ・ふ・へ・ほ」は「わ・い・う・え・お」に直す。「―iu」の部分は「―yuu」に直す。　二　傍線部Aの前の「田舎の児の」の二番目の「の」は同格を表す。これに対応して、傍線部Aは連体形をとっている。　三「泣かせ給ふぞ」は、「泣か」(カ行四段動詞「泣く」の未然形)＋「せ」(尊敬の助動詞「す」の連用形)＋「給ふ」(ハ行四段活用の補助動詞「給う」の連体形)＋「ぞ」(助詞)。「給ふ」が表す尊敬の意味を訳に反映することが大切である。　四「うつろふ」は、「移り続ける。変わっていく。」が原義。花や葉の色について、色づくことや、色があせることを表すのによく用いられるが、ここでは桜の花について用いられているので、「散る」という意味でとるのが適当である。　五　理由は傍線部③の前で、児みずからが説明している。桜ではなく、麦の花が散るのが悲しいのである。そして、麦の花が散るということがもつ意味を説明することも必要である。

【高等学校】

【一】問一　②　刻印　④　痕跡　⑤　緊密　問二　われわれがなにかの出来事に出会って、〈能動的に〉、〈身体をそなえた主体として〉、〈他者からの働きかけを受けとめながら〉、振舞うこと　問三　ア　問四　生の全体性と結びついた真の経験とはならなくなるということ。(二十九字)　問五　ウ　問六　自己と現実とのかかわりが深まり、一人ひとりの主体が完全に拡散してしまう状態。(三十八字)　問七　イ・オ　問八　他者や世界との関係性の中で経験を積むことにより、その中における自己の独自性を発見するということ。(四十八字)

〈解説〉問一　文脈から語句の意味を捉え、同音の漢字に注意することが大切である。　問二「雛形」と同義の

「モデル」という語句が、傍線部①の次の第三段落冒頭にある。これに続く内容に着目する。問三　空欄A前後では対極的な内容が説明されている。問四　傍線部③を含む第六段落の冒頭に「いいかえれば」とあることから、前の第五段落から続く内容であることが分かる。この箇所は第三段落から続く、経験のモデルの三つの条件について説明している箇所である。何を目的としたモデルであるかを第三段落の内容から確認する。問五　空欄Bの直前にある「無為に生きること」を表す四字熟語を選べばよい。「酔生夢死」とは、有意義なことは何もしないで、ぼんやりと一生を終えることをいう。問六　傍線部⑥の前の内容をまとめればよい。それは「自己と現実、私と世界とがもっと緊密に関係し合う根源的な経験の形態」として認めなければならないものであり、「ふつうの観念からすれば、これは奇妙なことである」ともいわれるものでもある。問七　傍線部⑦の内容は、その前後、特に直後の第十段落で詳しく説明されている。例えば「個人と経験との関係が逆転する」というような点に着目し、選択肢の内容を一つずつ検討する。問八　本文の末尾に「ただし、最初からなにか個々人の独自性を想定するのでも、自己の側から接近するのでもなく、経験による人間の限定として捉え」るとある。しかし、その一方で筆者は傍線部⑧の直前で「われわれの自己を、ただ主客未分のうちに没し、消え去るものとして捉えてはならないだろう」とも述べている。これらの限定から、筆者が主張する、自己と経験との関係を捉えなければならない。

【二】問一　③　てんじょうびと　⑤　おんぞ(おおんぞ)　問二　①　エ　⑩　キ　問三　A　イ　B　ア　C　ウ　問四　②　なみなみでない　⑧　しっかりした　⑨　世間の評判　問五　④　この上なく寂しくなることだろうなあ　⑥　いっそうかわいらしく上品なご様子が、まさっていらっしゃる。問六　ア　問七　結婚する必要はないと不満に思っていた。(十九字)　問八　・中納言が女三の宮のことを世話してくれているおかげで、宮は声望が今も衰えることなく尊い境涯でお暮らしになっているから。

・自分の在位中には、二の宮の結婚相手を決めてあげたいから。

〈解説〉問一　⑤「御衣」は、貴人の衣服の尊敬語で「お召しもの」のこと。　問二　⑩「見知りぬべからん人」で、「見知り」は「見知る」（ラ行四段活用）の連用形、「ぬ」は完了・強意の助動詞、「べから」は「べし」（推量の助動詞）の未然形、「ん(む)」は推量の助動詞である。「ぬ」が強意の意味を表す際には、「ぬべし」「なむ」「なまし」といった形で用いられることが多い。　問三　Aは謙譲語で「お侘び申し上げない者はいない」という意。BとCは尊敬語。地の文では、尊敬語は筆者から動作の主体へ、謙譲語は筆者から動作の対象への敬意を表す。　問四　⑧の「はかばかし」は「果果し」「捗捗し」と表記し、「てきぱきしている」「頼もしい」などの意。　問五　④の「さうざうし」は、物足りないさまを表す。⑥の「らうたげなり」は、かわいらしいさまを表し、「あてなり」は、「身分が高い。上品だ。」の意を表す。　問六　「うしろやすし」は、「(将来に)心配がない。安心できる。頼もしい。」の意。　問七　傍線部⑪の発言は、その直前の内容を受けたものである。語注「※5」の内容に注意する。女二の宮の降嫁は当時の社会通念上、あまり好ましいことではなかったのである。　問八　傍線部⑫の直前で今上帝が二の宮の結婚に関する自身の事情を一つ上げている。その上で、今上帝が他でもない中納言を重視する理由も本文中から探し出す必要がある。

【三】　単元　新書を読んでブックトークをしよう

①　ブックトークのサンプル動画(ビブリオバトル全国大会等)を視聴し、学習の見通しを持つ。どのような話し方がよいかをグループ、クラスで話し合い、自分の考えをワークシートにまとめる。　②　自分が読んだ新書について、紹介する内容と話の構成を考える。また聞き手を意識して工夫する点を挙げる。　③　グループごとで発表し合い、友達の発表の良かったところ、興味を持ったところをまとめる。　④　読んだ本を相互に交換して読み、内容について考えたことを語り合う。　⑤　学習を振り返り、話すことについて自分が新たに

学んだこと、新書を読む意義として考えたことをまとめる。

〈解説〉例えば、「現代の国語」の「話すこと・聞くこと」を指導する際の言語活動例としては、「ア　自分の考えについてスピーチをしたり、それを聞いて、同意したり、質問したり、論拠を示して反論したりする活動。」、「エ　集めた情報を資料にまとめ、聴衆に対して発表する活動。」などが示されている。このような例を参考にしつつ、目的と手段が合致した授業展開を案出すればよい。

【四】問一　①　より　⑤　ついに　問二　方将レ厲レ之。　問三　孔子は弟子たちを水際に並べさせ、滝を渡ろうとしていた男をとどめさせて　問四　エ　問五　(1)　よくいりていずるゆえんはなんぞや。　(2)　滝の中に入って、また出てくることができる方法はどういうものか。　問六　決して自分から働きかけることはしません。　問七　まごころをもって我が身を守っていれば、水にさえも親しむことができるのだから、人間であればなおさら、親しむことができるということ。(六十四字)

〈解説〉問一　①「自」は行動の起点を表す。　⑤「遂」には「結局」「その結果」の意がある。　問二「将」は再読文字。「まさニ……ントす」と読み、「今にも……しようとする」の意を表す。　問三「使二AB一」の形は「AをしてBせしむ」と読み、使役の意味を表す。　問四「措意」は「気にとめる」という意味。孔子が制止したにもかかわらず、男は川を渡ったという文脈である。　問五「能」は「よク」と読む。動詞の前に置かれ、可能の意味を表す。　問六「不二敢……一」の形で「あえて……せず」と読み、「すすんで……はしない」という否定の意を表す。なお、「敢不二……一」の形では「あえて……せざらんや」と読み、「どうして……しないことがあろうか」という反語の意味を表す。　問七　傍線部⑧の直後が、その記憶すべき内容である。「況」という抑揚の表現に注意する。前文を受けた上で本当に述べようとすることを示す働きをする。ここでは水の例を通して、本当に述べようとしている、人の事例について説明する必要がある。

二〇二一年度 実施問題

【中学校】

【一】次の文章を読んで、一～七の問いに答えよ。

日本語では「いる」という言葉と「ある」という言葉とをかなり厳密に使い分けています。ところが、欧米語にはこの区別がありません。「存在する」は、英語ではbe、ドイツ語ではsein、フランス語ではêtreですが、日本語のように「いる—ある」の使い分けをしていません。

「いる」と「ある」とはどう違うのでしょうか。こう聞かれたら、ほとんどの人が迷わずこう答えるでしょう。生き物(有情)には「いる」を使い、無生物には「ある」を使うのさ、と。しかし、この答えで大過ないというものの、もう少しよく考えていくと、必ずしもこの区分ですべてを言い尽くしていないことがわかります。たとえば、「雨が降っている」とか「あそこのビルはいま壊している」のような場合にも「いる」が使われます。

それは現在の状態を表す補助用言の「いる」であって、存在を表す「いる」とは違うのではないかという反論が予想されます。しかし、文法学的にはそういう区別ができるとしても、それならなぜ、同じ「いる」という言葉が使われるのか。「いる」という語彙そのものの背後に、どちらの場合にも①共通した日本語特有の含意が込められているからではないか、その点を言語哲学的に探り当てる必要があると思います。

次のような反論もあるでしょう。

「雨が降っている」などの「いる」は、その主格が現在進行中の運動状態にある事実を表しているのだ、と。つまり英語の現在進行形と同じだということなのでしょう。

たしかにこの場合はbe＋～ingに置き換えることができます。この場合、ing形は現在分詞と呼ばれます。しかし元来ing形というのは、ちょうど日本語の動詞連用形の多く（「読み」「笑い」など）が名詞化するのと同じように、動名詞なのです。そう考えると、これと主語とがbe動詞で結ばれる形は、じつは「何々は何々である」という繋辞によるS―P構造をそのまま守っているにすぎないことがわかります。つまり英語の現在進行形というのは、「何々は何々という動作状態である」と言っているのと同じで、日本語の「いる」とはだいぶニュアンス*が違ってきます。

しかも、運動状態を表すのではないような「いる」もたくさんあります。たとえば、「a壮麗な b伽藍が並んでいる」「花がたくさん咲いている」など。英語では、こういう場合に現在進行形など使えないでしょう。こうした「いる」は、現在の状態の形容だと説明されるのでしょうか。また「私の父はとうに死んでいる」「昔の家はもう人手に渡っている」などはどうでしょうか。これらは、cキオウの結果としての現在を表すとでも説明するのでしょうか。

しかし、こうしていくら説明を増やしていっても、それはちょうど「れる・られる」という助動詞が同じ音韻でありながら、受け身・尊敬・可能・自発と四種類もの意味に分類されると説明するのと等しく、②ただ辞書風に複数の使用実態を概念化しているだけのことであり、なぜこれほど違う概念に同じ音韻が使われるのかを解き明かすことになりません。

これらの説明方法は、一般に言葉というものが、ただ客観的な事実・観念・状態の提示であるというスタティック*な言語観にdシバられているところから出てきています。

しかし言葉は単に事実や観念の提示ではありません。その言葉を発する主体が、いままさに自分自身の状況を直接に表出することでもあります。これは語られている内容が「私」のことでなくとも例外なく当てはまるのです。そこに重点を置いて考えるなら、「いる」と表現している話し手は、語られている内容と自分との関係をも同時に語り出していることになります。

筆者の考えでは、「いる」は、その語られている状況に自分自身がひそかに参入して、その状況と「私」とが親しく居合わせていることを表しています。「私」はその状況に(多くの場合、ただ観念的に)ともに出会っているので、「いる」と語り出すことによって、その状況を、「いまここ」にある自分の身体に引き寄せているのです。

どの例もこの言い方に当てはまると思いますが、「壮麗な伽藍が並んでいる」などは、まさに「私との生き生きとした出会い」の実現が語られているでしょう。「あいつはいま、パリにいる」などのように、空間的に離れた場所にいることを表現するような場合であっても、話し手としては、「あいつ」のことを何らかの形で思いやる心情が込められていて、そういう観念的な仕方で「私」との関係づけを行なうという表現意識の形跡が認められます。

重要なことは、いま挙げたいくつかの例を、「ある」に置き換えることは決してできないという事実です。

結局、「いる」「ある」という言葉が、単に有情か非情かによって区別されるのではなく、語られている主格の語が、いまここで語っている主体とどれだけ生き生きと関係しあっているかによって区別されると考えるべきなのです。有情の存在に必ず「いる」が使われるのは、日本語では、初めからそれらの存在との親近感を内在させているからです。

「いる」はこうして、単に存在を(③)表す以上の何かを持っているので、そこには語り手の情緒が必ず何ほどかはたらいていると考えられます。

小浜逸郎『日本語は哲学する言語である』より(一部表記等を改めた。)

＊ニュアンス…言葉などの微妙な意味合い。
＊スタティック…静止しているさま。静的。

一　「a壮麗」、「b伽藍」の読み方をひらがなで記せ。
二　「cキオウ」、「dシバられ」を漢字に直して記せ。（楷書で正確に書くこと）
三　「①共通した日本語特有の含意」とは何か、文中の言葉を使って説明せよ。
四　「②ただ辞書風に複数の使用実態を概念化している」とはどういうことか、「事例」、「言語」という言葉を使って二十五字以内で説明せよ。
五　文中の（　③　）にあてはまる言葉はどれか。最も適当なものを次のア～エから一つ選び、記号で記せ。
ア、鮮やかに
イ、詳細に
ウ、穏やかに
エ、冷ややかに
六　この文章において、筆者が論じている内容として最も適当なものを、次のア～エから一つ選び、記号で記せ。
ア、「いる」という言葉は、非常に便利な言葉であり、英語における現在進行形と全く同じであると説明することができる。
イ、言葉は単に事実や状態を表すものだから、「いる」という言葉には語り手の情緒が働いていると説明することができる。

ウ、日本語には運動状態を表していない「いる」もたくさんあるから、同じ音韻で異なる概念を表すことができない。

エ、言葉は客観的な事実や状態を表すものであるという考えでは、「いる」と「ある」の言葉の区別の説明ができない。

七　この文章の展開の特徴を挙げ、その効果について説明せよ。

（☆☆◎◎◎）

【二】次の文章を読んで、一～七の問いに答えよ。

> 将来鍛冶屋になりたいと考えている、小学生の浩太は、夏休みからずっと、五十年も鍛冶職人をしている能島《のうじま》六郎のもとに通っていた。しかし、中学校に行かずに鍛冶屋の仕事を継ぐという浩太を母や担任の須崎は心配し、六郎に浩太を説得してほしいと頼む。六郎は悩んだ末、浩太を山登りに誘った。その山は、六郎がかつて自分の親方と歩いた山だった。

二人は参拝を済ませると、神社*を出て山径に入った。ほどなく地面を揺らすような水音が聞こえてきた。真砂の滝の水音だった。

常緑樹が隧道のようになった山径を抜けると急に視界がひらけて、そこに霧のような水煙がかかっていた。冬の陽に水煙はきらきらとかがやき大きな光輪が浮かび上がっていた。その光輪のむこうに数段にわたって水を落とす真砂の滝が見えた。

ワァーッと浩太が声を上げた。走り出そうとする浩太に六郎が声をかけた。

「走ってはならんぞ。足元は苔が生えて滑るでな」

六郎は浩太と並んで真砂の滝を仰ぎ見た。

耳の底から親方の声が聞こえた。

『ロク、この水が鍛冶の神様や。よう覚えとくんや』

やさしい声だった。六郎は親方にそう言われた日がつい昨日のように思えた。

二人は滝の中段と同じ高さの岩場に腰を下ろしてトヨ*がこしらえた弁当を食べはじめた。山径を歩き続けたせいか、浩太はよほど腹が空いていたとみえて勢い良く弁当を平らげていく。

六郎は先刻、神社で手を合わせていた浩太の姿を思い出していた。浩太は金屋子の神様に何を祈ったのだろうか。もし浩太が金屋子の神様に自分も立派な鍛冶職人になれるように祈っていたとしたら、六郎が今日、浩太に話して聞かせようとしていることを彼は聞き入れてくれない気がした。浩太を説得してくれと担任の先生から頼まれ、それを承諾した六郎が浩太に対して説得とはまったく逆の行動をしている。六郎はどうしたものかと滝壺を見た。

須崎という名前の若い男性教師の顔が滝壺の水面に浮かんだ。

十二月になったばかりの夕暮れ、須崎は六郎の鍛冶場に訪ねてくると、仕事場をぐるりと見回して懐かしそうに言った。

「いや懐かしいですね。私、生まれ育ったのが出雲の佐田町という山の中でしてね。そこに山村の鍛冶屋が一軒あって、職人さんが一人で毎日金槌を打っていたんです。私、子供の時分、その仕事を見るのが好きで、一日中眺めていました。山で働く人には必要ないろんな道具をこしらえていたんですよ」

「ああ、知っておる。わしの兄弟弟子の一人が山鍛冶職人になったからの。あんたは浩太の担任の先生ですか。あんたがわしの所に来なさった用件はわかっています」

「いや能島さん、違うんです。私は浩太君に鍛冶屋になる夢を捨てろとは一度も言っていません。鍛冶屋さんはいい仕事だと言いました。鍛冶屋は人間が最初に作った職業のひとつだと教えたんです。浩太君が鍛冶屋になりたいと言い出したのは私のせいでもあるんです……ですから私の話を聞いて貰いたいんです。浩太君は能島さんの話なら耳を傾けてくれます。あなたのことを本当に尊敬しているんです」

　須崎という教師の話には説得力があった。

　その翌日、須崎に連れられて浩太の母が c神妙な顔をしてあらわれ、先日の非礼を詫び、息子を説得して欲しいと頼みにきた。

「ともかく話してみましょう」

　六郎は二人に約束した。

　承諾はしたものの、d口下手な六郎の説得をあの純粋無垢な浩太が聞き入れてくれるとは思えなかった。進学した方がおまえのためだと話せば話すほど浩太は自分に裏切られたと思うに違いない。

　六郎は考えた。妙案なぞ浮かぶはずはなかった。考えた末、六郎が出した答えは彼がかつて少年の時、親方が彼に鍛冶職人がいかに素晴らしい職業かを教えてくれた、あの山径に二人で出かけ、親方が言ったことと同じ話をしてみようということだった。それは説得とはまったく逆の話なのだが、六郎は自分ができる唯一の方法だと思った。

　昼食を終えて二人は岩の上で少し昼寝をした。

①六郎は眠れなかった。胸元で浩太の寝息が聞こえた。

六郎の胸の上に浩太のちいさな指がかかっている。いつかこの指が大人の男の指になるのだろうと思った。その時は自分はこの世にいない。浩太がどんな大人になるか見てみたい気がする。六郎は独りで生きてきたことを少し後悔した。

――いや、そのかわりにこの子に逢えた。

親方の言葉がまた聞こえてきた。

『玉鋼《たまはがね》と同じもんがお前の身体の中にもある。玉鋼のようにいろいろなもんが集まって一人前になるもんじゃ。鍛冶の仕事には何ひとつ無駄なもんはない。とにかく丁寧に仕事をやっていけ』

親方の言葉が耳の底に響いた。

玉鋼は鋼の最上のものである。小さな砂鉄をひとつひとつ集めて玉鋼は生まれる。親方はちいさなものをおろそかにせずひとつひとつ集めたものが一番強いということを少年の六郎に言って聞かせた。その時は親方の話の意味がよくわからなかった。それが十年、二十年、三十年と続けて行くうちに理解できるようになった。

②一日一日も砂鉄のようなものだったのかもしれない……。

浩太が目を覚ました。

「浩太、鋼は何からできるか知っとるや」

「鉄鉱石」

「そうじゃ。他には」

浩太が首をかしげた。

「ならそれを見せてやろう。靴を脱いで裸足になれ」

六郎は浩太を連れて滝壺の脇の流れがゆるやかな水に膝まで入り、底の砂を両手で掬《すく》い上げた。そうして両手を器のようにして砂を洗い出した。浩太は六郎の大きな手の中の砂をのぞきこんでいる。やがて六郎の手の中にきらきらと光る粒が残った。六郎はその光る粒を指先につまんで浩太に見せた。

「これが砂鉄じゃ。この砂鉄を集めて火の中に入れてやると鋼ができる」

「僕にも見つけられますか」

「ああできるとも。やってみろ」

浩太はズボンが濡れるのもかまわず水の中から砂を掬い上げると両手の中で洗うようにした。浩太のちいさな手に砂鉄が数粒残った。

「あった、あった。砂鉄があった」

浩太が嬉しそうに声を上げ、六郎を見返した。

「それは真砂砂鉄と言う一等上等な砂鉄じゃ。このあたりにしかない。かなやごさんがこの土地に下さったもんじゃ。その砂鉄をあの岩ほど集めて、これだけの玉鋼ができる」

六郎は先刻まで二人が座っていた大岩を指さし、両手で鋼の大きさを教えた。

「あの岩ほど集めて、それだけの鋼しか取れないんですか」

「そうじゃ。そのかわり鋼を鍛えて刀に仕上げればどんなものより強い刀ができる。どんなに強い刀も、この砂鉄の一粒が生んどる」

「なら砂鉄が一番大事なものですね」

「そうじゃ。砂鉄はひとつひとつはちいさいが集まれば大きな力になる。この砂鉄と同じもんが、浩太の身体の中にある」

「ぼくの身体の中に……」

「どんなに大変そうに見えるもんでも、今はすぐにできんでもひとつひとつ丁寧に集めていけばいつか必ずできるようになる。わしの親方がそう言うた」

「ぼくも、ぼくの親方のようにいつかなれるんですね」

「……」

六郎は浩太の言葉に口ごもった。

「浩太、わしだけがおまえの親方ではない」

「どうしてですか。ぼくの親方はあなただけです。親方だけです」

③浩太の顔が半べそをかきそうになっていた。六郎は浩太の頭を撫でた。

二人は滝を離れると、*青煙の中腹まで登った。そこから中国山地の美しい眺望をひとしきり眺めて下山した。

登山口のバス停で二人は並んでバスを待った。六郎はバスのくる方角を見ていた。

「親方、今日はありがとうございます」

浩太がぽつりと言ってお辞儀をした。

「どうしたんじゃ急に、礼なぞ水臭い」

六郎はうつむいている浩太を見て、思い出したようにポケットの中を探った。そうしてちいさな石を浩太に差し出した。

「滝のそばで拾うた。みやげに持って行け」

それは鉄鉱石だった。浩太は石をじっと見ていた。

「いつかおまえが大きゅうなったら、この山をもう一度登るとええ。そん時は誰かを連れて行って、あの滝を見せてやれ。山も滝もずっと待ってくれとる。きっとおまえは……」

六郎が言いかける前に④浩太が六郎の胸に飛び込んできた。嗚咽が聞こえた。しがみついた手が震えていた。
オ、ヤ、カ、タ……。（ ⑤ ）声が聞こえた。

伊集院静『親方と神様』より（一部表記等を改めた。）

＊神社…かなやごさんと呼ばれている、金屋子神社のこと。その地方で鍛冶屋を守る神様として大切にされている。
＊トヨ…一人暮らしの六郎の食事の世話をしている女性。
＊青煙…青煙峠のこと。

一 「a急に」「b大きな」「c神妙な」「d口下手な」の中から品詞の異なるものを一つ選び、その記号を記し、品詞を漢字で記せ。
二 「①六郎は眠れなかった」のはなぜか、その理由を記せ。
三 「②一日一日も砂鉄のようなものだったのかもしれない……」とは、どういう意味か、これよりあとの六郎の言葉から一文で探し、はじめの五字を書き抜け。
四 「③浩太の顔が半べそをかきそうになっていた」のはなぜか、その理由を記せ。
五 「④浩太が六郎の胸に飛び込んできた」とあるが、このときの浩太の心情を「山登り」、「理解」という言葉を使って五十字以内で記せ。
六 「（ ⑤ ）」にあてはまる言葉はどれか。次のア～エから一つ選び、記号で記せ。

ア、堰を切ったように
イ、熱のこもった
ウ、途切れ途切れに
エ、はっきりとした

七　中学校学習指導要領解説(国語編)では、「語彙指導の改善・充実」が示されている。そのことを踏まえて、あなたは「読むこと」の指導の中で、どのような点に留意して指導するか、百字以内で記せ。

(☆☆◎◎◎)

【三】次の文章を読んで、一～六の問いに答えよ。

関役所の難を遁《のが》れんに、つくり山伏に①如くはあらじと、*信長公天下をしらせa給はぬまでは、皆その相《すがた》をまなべり。さればにや、ある者、「都は見たし、関々をつくろはんやうはなし、②とかくこのまねせん」と出立ち、東よりのぼり居しが、駿河なる*清見あたりにて、馬に乗りたる山伏、強力七八人つれ、さざめき下る体を見付け、「南無三宝、b先達にてやあるらん。さなくとも、常の事にては、さうなくとがめられては、恥なぞ」と思ひ、横道へかくれ、かの*兜巾《ときん》・鈴懸《すずかけ》をぬぎ、ふるふるふるふ元の路へ出で見れば、先の山伏一人もなし。「③これはいな事や」と思ひけるが、かみより下る馬上の山伏は、「むかうより上るこそ、本の山伏よ」と見やり、「われは、まさしき作り者なるに、とがめられては如何せん」と恐れて廻り道し、いかめしき道具どもをば脱ぎて持たせつるこそをかしAけれ。

安楽庵策伝『醒睡笑』より(一部表記等を改めた。)

＊信長公…永禄十一年(一五六八)織田信長によって各地の関所が廃された。
＊清見…清水市、清見寺のあたり。古来より、清見ヶ関が置かれていた。
＊兜巾・鈴懸…山伏のかぶる頭巾・山伏の服の上から着る衣。

一　「a給はぬ」、「b先達」の読み方をすべてひらがなで答えよ。
二　「Aけれ」の品詞と活用形を漢字で記せ。
三　「①如くはあらじ」を現代語訳せよ。
四　「②とかくこのまねせん」を現代語訳せよ。
五　「③これ」とあるが、内容を二十五字以内で説明せよ。(ただし、「このまね」を明らかにすること。)
六　この話の滑稽さを説明せよ。

(☆☆◎◎◎)

【高等学校】

【一】次の文章を読んで、後の問いに答えよ。

われわれは、過去の人類の歴史を通じて、つねに自然と闘ってきた。東洋ではそうではあるまい。東洋の知恵は、自然と闘うよりも、自然に随順することを教える。それはたしかにそうでもあろう。東洋に、自然を制御する技術的感覚が乏しいのは、世界の三大発明と呼ばれる紙、火薬、①ラシンバンがいずれも東洋で発明されたという事実にもかかわらず、真理である。けれども、論点は、「自然と闘う」ということを、どのようにともできる。

解釈するか、という点にあろう。東洋の知恵の示す教訓も、実は、自然と闘うための知恵なのだ、と解するこ

一方、西欧の技術的感覚を育てた魔術の発想も、しばしば誤解されているように、自然を強引にねじ曲げ、自然にできないことを無理強いしてやらせることに本質があるのではない。もしそれが技術といわれるのならば、それはもはや、「奇跡」にほかならない。イスラム世界以来の西欧の魔術の思想の夾雑物を洗い流して残るものは、魔術によって達成されることが、いかに②遠隔的であって表面的には「奇跡」と見えるにせよ、それが実現される以上は、それは「自然」なことなのであって、決して「自然」をねじ伏せた結果ではない、つまり、正当なる魔術は、「自然」に随順しながら、そのもつ能力を最大限に発揮させるよう促す、という意味なのである、という考え方であろう。

はたしてその最大限の限界がどこにあるか、それは大きな問題に違いない。しかし、要は、③東洋の知恵も、④西欧の技術感覚も、ともに、ある意味では、「自然との闘い」の形態であったに違いない。

楽観主義と悲観主義の錯綜はあったけれども、われわれは、現在まで、そのような意味での近代西欧的科学技術感覚の「勝利」に賭けてきた。実際、今でもパンのために飢えて苦しむ人々が、このわれわれの同時代の一方におびただしい数にわたって存在し、また一方に、体重の増加を恐れて食事を満足にとろうとさえしない人々が多数存在している。⑤この同時代的異質化(インバランス)は、社会体制でも政治の機構でもなく、科学技術によってもたらされていることは明らかであろう。

われわれの社会が、貧困の恐怖、病気の恐怖、労働の苦痛から、もはや解放された、そして安楽を獲得した、と断言できる人は、どれほどの楽観主義者のなかにも見出せないだろうが、他方、どれほどの悲観主義者といえども、一般人民の生活から、そうした第一次的な恐怖や苦痛を、科学技術の発展が減少させつつあることに

目をつぶることはできまい。それは、科学技術の追求してきた労苦からの解放、安楽の獲得が、決して人間の至上価値として不変かつ普遍ではない、という立脚点に立ってさえ、否定できないのである。

その点から見れば、機械化に代表される科学技術の伸展に、少からぬ原動力を提供してきたし、今も提供し続けている機械に対するシャーマニズム[※1]的な信仰は、必ずしも、否定してしまえない意味をもっているかもしれない。

しかしわれわれは今、ようやく、科学技術によるシャーマニズムのもたらす第二次的な恐怖と、それに駆り立てる感覚的世界のファナティシズム[※2]の問題点とに気づく段階にたちいたった。

われわれにとっての一つの不幸は、そのようなファナティシズムの呪縛から脱する準備をするためには、技術の発展する速度が、あまりにも大き過ぎたところにある。自然との闘いのなかでとぎすまされてきた技術的発展への契機としての「呪術信仰」が、同時に、われわれの精神をも強力に呪縛し、規定する準拠枠となってしまっていることは、すでに先世紀からたびたび警告されてきたにもかかわらず、その本質的な意味は、技術の発展がもたらす第二次的恐怖の深化――いわゆる公害や、テレビジョン、自動車にうつつをぬかし、コンピューターを大明神とあがめるカリカチュア[※3]的人間像の出現――によって、はじめて現実の姿を与えられたといってよいであろう。いや、まだ今でさえその点は、望むべく十分には認識されていないのが実情かもしれない。

したがって、具体的には、モーゼが、みずからの民を率いて、蜜のあふれる契約の地カナアンに入る前に四〇年間の⑥ルロウの準備期間をおいたように、われわれは、今、⑦科学技術の発展をしかるべき期間凍結して、人類の未来に思いをめぐらせることも、まんざらばかげたことではないかもしれない。

しかし、いずれにしても、はっきりとさせておくべきことは、機械という「呪術」を使って、自らがシャーマン化する現代の呪術信仰は、科学技術の発展を促進するためのモティーフの役割を果してきたが、それは同時に、われわれを科学技術に緊縛化し、呪縛してしまう両刃の剣にほかならない、という点である。

自然の「征服」のための[A]・[B]としての機械、その機械を統御しているつもりで、統御しているという感覚に統御されている人間、自らのリズムを機械のリズムにゆだねてしまっている人間、その存在が、自然の支配者としての価値をもっていないことは指摘するまでもなかろう。

たとえば現在の現象的な公害の解決には、私はそれほど悲観してはいない。新しい問題の発生は、あらゆる「発展」につきものであり、それが大企業のエゴイズムやその大企業優先の政策しかとれない政府に直接の責任があるのであれ、そういう公害現象を、科学技術の準拠枠のなかで解決することは不可能であるはずはない。いや、それ以外に何の手段があるというのか。われわれはその実現を要求しなければならないし、達成しなければならない。

人類の頭脳は、それを解決できないほど貧弱なものではなかろう。鋭い歯も、空を飛ぶ翼も、強大な筋力も、何一つ持ち合せないヒトというちっぽけな存在が、自然との闘いを通じて構築してきたものを考えるとき、現実の個別的問題の解決が不能であると予想するほど悲観的にはなれない。

しかし、われわれが、現在気づきつつある機械への「呪術信仰」の問題点をはっきりと把握し、その科学技術発展へのモティーフとしてのヴァイタル[※4]な力を保存しつつも、それを建設的に克服し得ない限りは、第二次的な恐怖の現象面は一つ一つ解消されたとしても、今われわれの聞くカサンドラ[※5]の警告は、われわれの滅びの日となって現れるであろう。

その滅びの日は、表面的には、科学技術の完全な勝利の日であるかもしれない。貧困と労苦からの完全な解放の日であるかもしれない。しかし、そのユートピアの住人達が、「呪術信仰」に束縛された形で、そのユートピアを謳歌しているとしたら、その世界が、われわれのめざすものでないことは明らかであろう。逆に、そういうユートピアで、われわれの義務として課せられたごくわずかな労働が、たとえ完全な機械のシステムのなかに組み込まれ、機械のリズムに乗せた「機械的介入」のみであるとしても、つまり言い換えれば、その局面における人間存在が極度に「もの化」されているとしても、そこでのわれわれが、機械への「呪術信仰」から解放され、強力な意志によって、機械の統御に成功している限り、われわれの生きる主体としての存在は、よってたつ基盤を失っていないと言える。

つまり、好んで求められる人間の主体性という概念を、この文脈のなかに定位するならば、それは、科学技術の概念を固定的に否定的に受けとめる保守的アナクロニズムにおいてはもとより、それの消極的意義(デメリット)を現象的に克服しようとする建設的な試みにおいてさえも、⑧現象として現れるものではなく、まさしくわれわれの精神と意志の王国に求めるべきものであろう。

出典は、村上陽一郎「近代科学を超えて」(一九八六年　講談社学術文庫)

語注

※1　シャーマニズム……シャーマン(呪術を行う巫者)に依拠する信仰形態
※2　ファナティシズム……心酔、熱狂、狂信
※3　カリカチュア……誇張や歪曲を施した人物画
※4　ヴァイタル……活気のある、力強い
※5　カサンドラ……ギリシャ神話に登場する悲劇の預言者

問一　傍線部①「ラシンバン」、⑥「ルロウ」のカタカナを漢字に直せ。

問二　傍線部②「遠隔的」とあるが、ここではどのような意味で用いられているか。本文の叙述に即して十五字以上二十字以内で説明せよ。

問三　傍線部③「東洋の知恵」、④「西欧の技術感覚」とあるが、それぞれどのような内容か。③は「こと」、④は「感覚」に続くように、本文中からそれぞれ七字で抜き出して答えよ。

問四　傍線部⑤「この同時代的異質化(インバランス)は、社会体制でも政治の機構でもなく、科学技術によってもたらされている」とはどういうことか。その説明として最も適当なものを、次のア～オの中から一つ選び、記号で答えよ。

ア　科学技術を用いて自然との闘いに勝った人々が、さらに大きな苦痛を感じているということ。

イ　科学技術に対して消極的であった東洋の国々が、経済的に敗者となってしまっているということ。

ウ　科学技術が発展した国や地域の人々も、苦しみから逃れられないという点では他と変わらないということ。

エ　科学技術に対する考え方の違いが、何に苦痛を感じるかという価値観の違いに表れているということ。

オ　科学技術の発展を成し遂げたかどうかが、飢餓の苦しみの有無と大きく関係しているということ。

問五　傍線部⑦「科学技術の発展をしかるべき期間凍結して、人類の未来に思いをめぐらせることも、まんざらばかげたことではないかもしれない」とあるが、そのように言えるのはなぜか。四十五字以上五十字以内で述べよ。

問六　空欄A・Bに入る言葉として適当なものを、次のア～キの中から二つ選べ。ただしA・Bの順序は問わない。

ア　哲学　　イ　手段　　ウ　信念　　エ　現象　　オ　主体　　カ　媒介　　キ　消費

問七　傍線部⑧「現象として現れるものではなく、まさしくわれわれの精神と意志の王国に求める」とあるが、どのようにすることか。「現象として現れるものでは」ないことの説明も含め、本文中の言葉を用いて五十五字以上六十字以内で述べよ。

問八　この文章を読んだ生徒に、本文の趣旨を踏まえ、現在の自分たちの生活について考えることを課した。次のア～オはその中の五人の発言である。本文の趣旨を踏まえた発言として適当なものを、ア～オの中からすべて選び、記号で答えよ。

ア：生徒A　筆者は自然を闘う対象と考えていますが、現在の私たちは自然との共生を優先して考えるようになっています。リサイクルや自然保護活動が生活に根づいているということは、筆者の言う「滅びの日」は一応回避できたと考えます。

イ：生徒B　この文章が書かれた頃とは社会が大きく変化しましたが、苦しみや恐怖はどうでしょうか。病気に苦しむ人は今も多いし、過労死の問題も深刻です。筆者はこれらの恐怖や苦痛の克服を強く訴えましたが、いまだ解消されていません。

ウ：生徒C　コンピューターの例が挙げられていたところで、私はスマホ依存のことを思い浮かべました。昔に比べて生活は便利になりましたが、機械に操られているという点では、筆者が問題視したことはむしろ悪化していると思います。

エ：生徒D　文章中には公害のことが書かれていましたが、現在では地球温暖化の問題が深刻です。科学技術が招いてしまった環境問題は科学の力によって乗り越えていくしかないという筆者の考えは、現在にもあてはまると感じました。

オ：生徒E　筆者の考える二次的恐怖について、私は現在では国家間の争いの激化がこれにあたると考えました。これは、生活上の苦しみから多くの国が解放され、人々の意識が自国と他国の関係に向かったためではないでしょうか。

（☆☆☆◎◎◎）

【二】次の文章は、「平家物語」の一部であり、一の谷の戦いで討ち死にした平通盛《みちもり》と、その後を追って入水した妻の小宰相《こざいしよう》とが出会った頃の場面である。これを読んで、後の問いに答えよ。

此女房と申すは、頭《とう》の刑部《ぎやうぶ》卿《きやう》憲方《のりかた》の娘、上西《しやうせい》門院の女房、宮中一の美人、名をば小宰相殿とぞ申しける。此女房十六と申しし安元の春のころ、女院《にようゐん》法勝寺《ほつしようじ》へ花見の御幸《ごかう》ありしに、通盛の卿、其時はいまだ中宮の①亮にて②供奉せられたりけるが、此女房をただ一目みて、あはれと思ひそめけるより、そのおもかげのみ身にひしとたちそひて、忘るるひまもなかりければ、はじめは歌をよみ文をつくしア給へども、※1玉章《たまづさ》のかずのみつもりて、とりいれイ給ふ事もなし。すでに三年になりしかば、通盛の卿いまをかぎりの文を書いて、小宰相殿のもとへつかはす。をりふしとりつたへたる女房にもあはずして、使《つかひ》むなしくかへりけるみちにて、小宰相殿は折ふし③我里より御所へぞ参り給ひける。使④むなしうかへり参らん事の本意なさに、御車のそばをつッとはしりとほるやうにて、通盛の卿の文を小宰相殿の車の簾の中《うち》へぞ投げいれける。ともの者共《ものども》に問ひウ給へば、「知らず」と申す。さて此文をあけて見給へば、通盛の卿の文にてぞありける。車におくべきやうもなし、大路《おほち》にすてんもさすがにて、袴の腰にはさみつつ、御所へぞ参り給ひける。さて宮づかへ給ふほどに、所しもこそおほけれ、御前に文をおとされたり。女院是を御覧じて、いそぎとらせおはしまし、御衣《ぎよい》の御たもとにひきかくさせエ給ひて、「めづらしき物をこそもとめたれ。此主は誰なるらん」とおほせければ、御前の女房たち、よろづの神仏にかけて、「知らず」とのみぞ申しあはれける。その中に小宰相殿はかほうちあかめて、物も申されず。女院も、⑤通盛の卿の申すとは、かねてよりしろしめされたりければ、さて此文をあけて御覧ずるに、※2妓炉《きろ》のけぶりのにほひことになつかしく、筆のたてどもよの常ならず、「あまりに人の心強きもなか〱今はうれしくて」なんど、こま〲と書いて、おくには一首の歌ぞありける。

A　我《わが》こひは細谷河《ほそたにがは》のまろ木ばしふみかへされてぬるる袖かな

女院、「これはあはぬをうらみたる文や。あまりに人の心強きもなか〱あたとなる物を」。※4中比《なかごろ》小野小町とて、みめかたち世にすぐれ、⑥なさけのみちありがたかりしかば、見る人聞く者肝たましひをいたましめずといふ事なし。されども心強き名をやとりたりけん、はてには人の思《おもひ》のつもりとて、風をふせぐたよりもなく、雨をもらさぬわざもなし。やどにくもらぬ月星を、涙にうかべ、おもひ野べの若菜、沢の根芹をつみてこそ、つゆの命をばすぐしけれ。女院、「是はいかにも返しあるべきぞ」とて、かたじけなくも御硯召し寄せて、身づから御返事あそばされけり。

B　ただたのめ細谷河のまろ木橋ふみかへしてはおちざらめやは

出典は「新編日本古典文学全集46　平家物語②」(小学館)

語注
※1　玉章……手紙　※2　妓炉のけぶり……ここは手紙にたきこめられた香のこと。
※3　筆のたてど……筆づかい　※4　中比……「あまり古くない昔」の意。

問一　傍線部①「亮」、②「供奉」の語句の読みを、現代仮名遣いで、ひらがなで答えよ。

問二　波線部ア〜エの敬語について、それぞれの敬意の対象はだれか。本文中に用いられている人物名で答えよ。

問三　傍線部③「我里」、⑥「なさけのみち」の本文中での意味を簡潔に答えよ。

問四　傍線部④「むなしうかへり参らん事の本意なさに」、⑤「通盛の卿の申すとは、かねてよりしろしめされたりければ」をそれぞれ現代語訳せよ。ただし、⑤は「申す」についての具体的内容を補うこと。

問五　本文中には、小野小町について述べられた部分があるが、その内容の説明として適当なものを、次のア〜オの中からすべて選び、記号で答えよ。

ア　小野小町の姿を見聞きした者は、みな穏やかな気持ちになった。

イ　小野小町は、一人の男性以外には決して心を許さなかった。

ウ　小野小町に手紙を出す男性は、しだいに少なくなっていった。

エ　小野小町が晩年住んだ家は、屋根が破損し星空が見えた。

オ　小野小町は晩年、野草を摘んで食べはかない命を過ごした。

問六　本文中のA、Bの和歌について、次の(1)〜(3)の問いに答えよ。

(1)　A、Bの和歌について、それぞれの詠み手はだれか。本文中に用いられている人物名で答えよ。

(2)　Aの和歌に用いられている修辞を説明せよ。

(3)　Bの和歌には詠み手のどのような意図があるか。七十字以上八十字以内で説明せよ。

問七　本文の文体の特徴とその表現効果について述べた次の説明の、空欄ア〜ウにあてはまる言葉を答えよ。

合戦場面の力強い文体に比べると、（　ア　）調を多用した流麗な和文体に、和歌を配するなどして王朝的な雰囲気を醸し出している。またその中にも「ひしと」「つッと」といった（　イ　）の使用や、文意を強める（　ウ　）の多用など、「平家物語」に特徴的な表現方法も見られ、全体として生き生きとした描写の文章となっている。

問八　「平家物語」と同じく、平安末期から鎌倉初期の争乱に題材をとった軍記物語として適当ではないものを、次のア～エの中から一つ選び、記号で答えよ。

ア　太平記　　イ　保元物語　　ウ　源平盛衰記　　エ　平治物語

（☆☆☆◎◎◎）

【三】「高等学校学習指導要領」（平成二十一年三月）「国語総合」には、〔伝統的な言語文化と国語の特質に関する事項〕として、「言語文化の特質や我が国の文化と外国の文化との関係について気付き、伝統的な言語文化への興味・関心を広げること」という指導事項がある。これを、古典を読むことの指導を通して行う場合、あなたはどのような単元を設定して授業を展開していくか。単元名を明らかにしたうえで、生徒が興味・関心の広がりを実感できるような授業展開例を、具体的に述べよ。

（☆☆☆◎◎◎）

【四】次の文章は「後漢書」の一節である。後漢の武将班超は、西域諸国を匈奴から離反させる目的で、使者としてその一国である鄯善《ぜんぜん》に派遣された。王の広は班超を歓待したが、匈奴の使者が総勢百人以上で訪ねてくると、急に冷淡になった。班超は広が匈奴と手を組もうとしているのではないかと疑い、鄯善の接待役(侍胡)を呼び出した。本文はその続きの部分である。これを読んで、後の問いに答えよ。なお、設問の都合上、訓点を省略した箇所がある。

　乃チ召シテ二侍胡ヲ一※1詐シテレ之ヲ曰ハク、「匈奴ノ使ヒ来タリテ数日、今ハ①安クニ在ル乎ト。」侍胡惶恐シ、②具ニ服ス※2二其ノ状ヲ一。超乃チ閉メ二侍胡ヲ一、③悉ク会シ二其ノ吏士※3三十六人ヲ一与《とも》ニ共ニ飲ス。酒酣《たけなは》ニシテ、因リテ激二-怒シテ之ヲ一曰ハク、「卿※4《けい》曹《さう》ト与レ我倶ニ在リ二絶域ニ一、欲下ス立テテ二大功ヲ一以テ求メント中富貴ヲ上。今虜※5ノ使ヒ到リテ裁《わづカニ》数日、而シテ王広ノ礼敬即チ廃ス。④如令鄯善収吾属送匈奴、骸骨長ク為ラン二豺※6《さい》狼《らうノ》食ト一矣。⑤為之奈何。」官属皆曰ハク、「今在リ二危亡之地ニ一、死生従ハント二司※7馬ニ一。」超曰ハク、「［　　］。」当今之計、⑥独有ルノミ二⑦因リテレ夜ニ以テレ火ヲ攻ムルコトレ虜ヲ。使メバ二彼ヲシテ不レラ知ラ二我ガ多少ヲ一、必ズ大イニ震怖シ、可キ二殄《ほろぼシ》尽クス一也。滅※8ボサバ二此ノ虜ヲ一、則チ鄯善破リレ胆ヲ、功成リ事立タント矣。」衆曰ハク、「⑧当与従事議之。」超怒リテ曰ハク、「吉凶ハ

決《ス》二於今日《ニ》一。従事《ハ》文俗《ノ》吏《ナレバ》、聞《カバ》レ此《ヲ》必《ズ》恐《レテ》而謀泄《もレン》。死《シテ》
無《クンバ》レ所レ名《スル》、非《ザル》二壮士《ニ》一也《ト》。」⑨衆曰《ハク》、「善《シト》。」

出典は「後漢書　第六冊　列伝四」（岩波書店）
（訓点を改変した部分がある）

語注
※1　詐……試す。かまをかける
※2　服……打ち明ける。
※3　吏士……部下の役人。後の「属」「官属」も同じ。
※4　卿曹……部下に呼びかける言葉。
※5　虜……匈奴を罵った言葉。
※6　豺狼……山犬と狼。
※7　司馬……将軍。ここでは班超のこと。
※8　従事……文官。

問一　傍線部①「安」、②「具」の本文中での意味を簡潔に答えよ。
問二　傍線部③「悉」、⑥「独」の読みを、現代仮名遣いで送り仮名も含めて、ひらがなで答えよ。
問三　傍線部④「如令鄯善収吾属送匈奴」を書き下し文に改めよ。
問四　傍線部⑤「為之奈何」、⑧「当与従事議之」をそれぞれ現代語訳せよ。ただし、⑧については「之」の指示内容を明らかにすること。
問五　文中の空欄には、後に故事成語となった班超の言葉が入る。その言葉として最も適当なものを、次のア～エの中から一つ選び、記号で答えよ。
ア　苛政猛於虎也　　イ　狐借虎威　　ウ　両虎共闘、其勢不倶生　　エ　不入虎穴、不得虎子

問六　傍線部⑦「因夜以火攻虜」とあるが、これには戦略上どのような利点があると班超は考えているか。簡潔に説明せよ。

問七　傍線部⑨「衆曰『善』」とあるが、このように部下をまとめるために班超はどのような行動をとったか。六十五字以上七十字以内で述べよ。

（☆☆☆◎◎◎）

解答・解説

【中学校】

【一】一　a　そうれい　b　がらん　二　c　既往　d　縛(られ)　三　語られている主格の語と語っている主体が生き生きと関係しあっていること。　四　複数の事例を分類して、言語によって説明すること。(二十四字)　五　エ　六　エ　七　予想される反論とその課題を先取りすることで、読者の思考の課題を明らかにし、それを解決し、自分の論の説得力を強める効果。

〈解説〉一　b「伽藍」とは、寺の建物を言う。　二　c「既往」とは、過ぎ去った時のこと。　三「いる」という語彙の含意が問われている。筆者は具体例を挙げて論じた後、本文末尾の「結局」以下の段落で考えをまとめている。　四　傍線部②の直前で「ちょうど〜と等しく」と具体例を通して説明されている事柄を、「事例」「言語」という言葉も使ってまとめなおす必要がある。　五　空欄③前後の表現は、直後の「語り手の情緒が必ず何ほどかはたらいている」という内容と対比されている。「情緒」と対極的なニュアンスを表す言葉を選ぶ。また、本文中の「スタティックな言語観」という表現も一つのヒントとなる。　六　イは前半部分が誤り。筆者は言語がただ客観的な事実・観念・状態の提示に留まらないという観念を繰り返し主張している。　七　本文の大きな特徴は、中盤で例文が豊富に提示されていることである。それらの具体例が文章の論理展開の上で果たしている役割を説明しなければならない。

【二】一　記号…b　品詞…連体詞　二　浩太を説得することを約束したが、説得とは逆の行動をすることしか思い浮かばず、困っているから。　三　どんなに大(「どんなに・　砂鉄はひと　も可)　四　ずっと親方のもとで鍛冶職人になろうと考えていたが、親方から突き放された言葉をかけられたから。　五　山登りの目的が鍛冶屋になることをあきらめさせることだと理解し、親方と会えなくなるのが寂しい気持ち。(四十九字)　六　ウ　七　語句の意味調べをして、知っている言葉の数を増やすだけでなく、作品の中で使われている語句の類義語などを紹介し、語句の意味を比較させ、言葉の違いに気づかせ語句の意味や使い方に対する意識を高めさせること。(九十九字)

〈解説〉一　bの「大きな」のみ活用しない。　二　傍線部①の前で、六郎が悩んでいるように、浩太を説得できる妙案が思い浮かばなかったのである。　三　傍線部②の内容は、六郎が思いついた、浩太を説得できる理屈である。これを浩太に対して実際に披露している箇所を探せばよい。　四　六郎は事前に、浩太が自分に裏切られたと思うことを危惧しており、実際に浩太はそのような反応を見せたのである。この「裏切り」の意味を場面に即して説明する必要がある。　五　浩太は六郎の「わしだけがおまえの親方ではない」という言葉に反発し、べそをかきそうになっている。浩太が六郎を信頼していたことが読み取れる。　六「オ、ヤ、カ、タ……」と、嗚咽の合間から言葉を漏らす様を形容する言葉を選ぶ。　七　「語彙指導の改善・充実」に関しては、学習指導要領解説に次のようにある。「意味を理解している語句の数を増やすだけでなく、話や文章の中で使いこなせる語句を増やすとともに、語句の意味や使い方に対する認識を深め、語感を磨き、語彙の質を高める」。

【三】一　a　たまわ(は)ぬ　b　せんだつ(ち)　二　品詞…形容詞(の活用語尾)　活用形…已然形
三　及ぶものはないだろう　四　とにかく山伏の真似をしよう　五　先ほど見た山伏達が一人もいなくなったこと。(二十一字)　六　どちらもニセの山伏であったが、それぞれを本当の山伏と思い込んで、真似をやめてしまったこと。
〈解説〉一　「先達」とは、ここでは修験者の意。　二　係助詞「こそ」に呼応して已然形をとっている。
三　「如く」とは「匹敵する」の意。　四　傍線部②の前に、「その相をまなべり」(山伏の姿を学んだ)とある。
五　古文でも現代語と同じように、指示語の対象は原則的にはその直前から探せばよい。　六　山伏たちが消えてしまったこと、またその理由を説明するだけでは不十分である。偶然にも、自分たちも全く同じ行動をとっていた点がこの話の要である。

【高等学校】

【一】問一　①　羅針盤　⑥　流浪　問二　自然の在り方から遠く離れているさま。(十八字)
問三　③　自然に随順する(こと。)　④　自然を制御する(感覚。)　問四　オ　問五　技術の発展が急激であり、人間の精神が科学技術に呪縛されていることが十分には認識されていないから。(四十八字)
問六　イ・カ　問七　生活の中に科学技術を取り入れるかどうかを問題とするのではなく、機械に束縛され

ない強い意志を持ち、機械を統御していくこと。(六十字)　問八　ウ・エ

〈解説〉問二　傍線部②の前にある通り、一見「自然を強引にねじ曲げ、自然にできないことを無理強いしてやらせる」かのように見えていることを「遠隔的」だと比喩表現をもってとらえている。　問三　本文のここまでで、筆者が確認している一般的な「東洋の知恵」と「西洋の技術感覚」の二項対立の構図を的確にとらえる。問四　傍線部⑤中の指示語「この同時代的異質化」の内容については、直前の一文で具体例が提示されている。さらに傍線部⑤の内容は直後の段落でさらに詳述されている。　問五　傍線部⑦がある段落の冒頭に「したがって」とあるように、この段落の内容は前段落の内容の帰結である。　問六　空欄部の内容については、その直後で「その機械を統御しているつもり」と言い換えられている。　問七　本文の後半で提示されている、機械を統御する／機械に統御される、という二項対立を押さえることが大切である。　問八　ウ・エの内容はそれぞれ本文の後半・前半での筆者の主張を踏まえている。筆者は、本文の前半では従来の東洋、西洋という二項対立を程度問題として相対化し、後半では機械を統御する、機械に統御されるという新たな観点を提示している。

【二】問一　①　すけ　②　ぐぶ　問二　ア　通盛の卿　イ　小宰相殿　ウ　小宰相殿　エ　上西門院(女院)　問三　③　実家　⑥　恋愛の道　問四　④　何もしないで帰参することが不本意であったので　⑤　通盛の卿が小宰相殿に言い寄っていることは以前からご存知だったので　問五　エ・オ

問六　(1)　A　通盛の卿　B　上西門院(女院)　(2)「ふみ」が「踏み」と「文(手紙)」の掛詞で、「橋」の縁語。　(3)　通盛の和歌の内容をふまえて、小宰相の心が通盛になびくことをほのめかす和歌を代筆することで、二人の仲立ちとなり小宰相に幸せな生涯を送らせようとする意図。(七十五字)　問七　ア　七五

イ　擬態語　　ウ　係り結び　　問八　ア

〈解説〉問一　①の「すけ」とは、四等官の第二位を指す。役所によって字が異なる点に注意したい。問二　ア～エの敬語はいずれも尊敬語。動作主に対する敬意を表す。　問三　③の「我里」については、直後の「御所」との対比から類推する。　問四　④の「むなし」は「無駄であるさま。無益であるさま。」を表す。⑤　女院は通盛が小宰相に以前から言い寄っていたのを知っていたのである。この「申す」については、「聞こゆ」と比較して、男性的・古風な感じがあることもヒントになる。　問五　小野小町の例は、女院が、通盛を無視する小宰相を諭すために持ち出したものである。　問六　(1)　Bの和歌は、女院が小宰相に代わって詠んだものである点に注意する。　(2)　Aの和歌は、「～あなたに何度も踏み返されて(わたしの文をそのまま返されて)」とあるように、通盛がしばしば手紙を突き返されている状況下で詠んだものである。また、「ふみ(踏み)」は「はし(橋)」と縁語の関係にある。　(3)　女院は「これはあはぬをうらみたる文や。あまりに人の心強きもなかく〵あたとなる物を」と言って和歌を代筆しているのである。もちろん、和歌は小宰相が詠んだものとして通盛は受け取るであろうが、設問で問われている「詠み手」とは女院のことである。問七『平家物語』は、盲目の琵琶法師が平曲として語り継ぎ民間に普及した。文章は和漢混淆文、七五調を主とする。　問八『太平記』の成立は南北朝時代である。

【三】古今和歌集と平家物語を教材として、「和歌のさまざまな役割を考えよう」という単元を設定する。最初に古今和歌集の主な和歌について、各自で語句や修辞を確認しながら、表現された場面や心情をまとめる。またその中から一首を選んで三十一文字の現代語訳を作成し、ICTを用いて相互に鑑賞する。次に、平家物語に登場する男女間の和歌に着目しながら文章の概略を把握する活動を、グループワークにより行う。また、それらの和歌の詞書をグループで考えさせ、和歌の役割に気づかせる。最後に、学習のまとめ、振り返りとして、和歌の特質や役割について考えたことを二百字程度でまとめさせる。指導事項についての理解度や考えの変容を評価し、良い点を指摘しながら返却する。

〈解説〉学習指導要領の範囲内で、目的と手段が合致した授業展開例を考案することが大切である。例えば、「言語文化の特質」の一点に限っても、作品一つ一つに表れた個性と価値／作品を集合的にとらえた時代全体の特質／現代につながる我が国の文化全体の独自性、など複数の次元が考えられる。全てを一つの授業で網羅しようとするのではなく、授業ごとに目的意識を明確に設定することが重要である。

【四】問一 ① どこに ② 詳しく 問二 ③ ことごとく ⑥ ひとり 問三 如し鄯善をして吾が属を収め匈奴に送らしめば、 問四 ⑤ そうするのをどうすればよいか ⑧ 当然、匈奴に攻撃をしかけることを従事と相談するべきだ 問五 エ 問六 自軍の軍勢がいかほどかを相手に知られずに、優位に立って戦いを進めることができる。 問七 自軍の状況を敏感に察知して危機に対応し部下の信頼を得た後に、自軍に有利な戦略を示してすぐに決行することを説くとともに、部下の士気を鼓舞した。(七十字)

〈解説〉問一 ②の「具」は、現代の日本語で「つぶさに」と読む。 問二 ③の「悉」は、「つくす」とも読む。 問三 「令二AB一」という形で「AをしてBせしむ」と読み、使役の意味を表す。 問四 ⑤の「奈何」は「どうしようか」という意味。⑧の「当」は再読文字。「まさニ……ベシ」と読み、「……するのが当然である」という意味を表す。 問五 直前の部下たちの反応に対して、班超が部下を鼓舞するために言った言葉である。 問六 傍線部⑦の意味は、その直後で詳述される。直後の「彼」は「虜」(匈奴)を指す。 問七 有名な故事成語に引きずられずに、本文の内容を読み取りたい。班超の、タイミングを見極めた臨機応変な策略が描かれている。主に班超の二つの発言の内容、およびその意味をまとめればよい。

二〇二〇年度　実施問題

【中学校】

【一】次の文章を読んで、一〜五の問いに答えよ。

旧約聖書に出てくるバベルの塔の話はよく知られている。ピーテル・ブリューゲルの絵で見たことがあるという方もあろうが、もちろん、あれは想像に過ぎない。人間が天まで届く高い塔を建てようと傲慢なもくろみを持ったので、神の怒りを買い、高い塔を建てようとした人々のことばがばらばらになって通じなくなったという<u>aグウ話</u>で、混乱という意味の語からバベルと呼ばれたというのである。

つまり、神の<u>b逆鱗</u>に触れる以前、人間はみな1つの同じ言語を話していて、天罰として言語が多様化したことになる。逆に言えば、人間が<u>cケンキョ</u>に暮らしていた昔には人は皆1つの言語を話していて、だれとでもコミュニケーションできたわけである。これを言語思想史では「単一言語幻想」と呼んでいる。もともとエデンの園にアダムとイブしかいないのなら古代は単一言語だったと考えるのはむしろ当然かもしれない。

ヨーロッパで普遍言語の設計などの考えが現れるのは、この単一言語幻想が背景にあるからだとする指摘もある。ザメンホフのエスペラントという人工国際語は、他の人工語が潰えていく中で唯一生き残り、成功したと言ってもいいだろう(が、話者数は英語にはるかに及ばない)。人類が共有できる言語という理想もある種の単一言語幻想の現れである。

比較言語学で想定する祖語は、その語彙や文法が推定できるものでなければならないが、すべての語族を束ねる祖語を設定する考えも、これまでにはあった。これは科学的な推定の範囲を超えていてトンデモ仮説ではあるが、そう考えたくなるほど、単一言語幻想は特に欧米で根強いのである。もちろん、1つしか言語がない状況で人間が神と意思疎通できるのなら、その言語は神の言語に近いとも言えるだろう。

そして、言語がいくつもあるせいで人間は諍いを始めて、協調することができなくなったという点を重視して、言語が1つだけになれば戦争も紛争も対立もなくなると主張する人がいる。言語が1つだけなら意思疎通の点では便利だが、文化の多様性はなくなってしまう。むしろ、今世紀中に地球の言語の半数が消滅して言語多様性が低下するとユネスコなどでは推測されており、この言語多様性を守ることが必要だと多くの言語学者が考えている。つまり、①単一言語幻想とは逆向きのベクトルも存在しているのだ。

日本では、1960年代から国際化が叫ばれ、1990年代以降はグローバル化などと言われて、簡単に外国に行ける時代になり、外国からも観光客が多数日本にやってくるようになった。インターネットが発達し、地球の裏側の人とも容易にやりとりできるようになり、情報も一瞬のうちに地球を駆け巡るようになった。英語のできる人が増え、英語で非英語圏の人とも連絡ができるようになり、まだまだ理想にはほど遠いものの、「国際化」はこの半世紀でだいぶ進んだと言えるだろう。

では、紛争や戦争がなくなり、人々が国家の垣根を意識しないで暮らせるようになったかと言えば、残念ながらそうではない。日本人は、以前に比べて海外留学者も減って、若者は「内向き」だと言われる時代になっている。テレビでは「日本はいい国だ」「日本人でよかった」「外国人も日本を評価している」というメッセージを中核に据えた番組が放送されている。自己評価が低い日本人の自己評価を高めるのは悪いことではないが、他者としての外国に関心を持たなくなり、自分とその周辺にばかり目が向くのだとしたら、それは望ましいとは言えない。

物理的な国家の垣根が低くなっても、心理的に他者を拒絶し、自国を優先することばかりを喧伝することも多くなって、20世紀にみんなが理想としてめざしていた融和社会とはまったく異なる様相を呈している。

20世紀末に故徳川宗賢氏は言語研究が個々人と社会の幸福・福祉に貢献することを理想としてウェルフェア・リングィスティクス(welfare linguistics)を提唱した。これは、「福祉言語学」と訳されることもあるが、人間が社会生活を送る上でことばがトラブルや失敗、不幸の要因になっているのなら、その解消に役に立つような言語研究を目指すというものである。

近年「パワハラ」などハラスメントがよく話題になる。ハラスメント(harassment)は、本来「しつこく追い詰めて参らせる」ことを指すが、いまの日本ではかなり意味が拡張されて使われている。法律用語や専門用語ではないので、定義などが明確でないまま広がったせいだろう。暴行や脅迫、あるいは強要といった罪に問えるものは明確な罪状がつくので除外すると、おおむね「言動」によって生じるのがパワハラということになる。社会的な人間関係の中では、上の者の言うことが不合理であっても、下の者は正したり拒否したり言い返したりしにくいのが普通だが、部下のほうが「そんなのパワハラじゃないですか。訴えますよ」と言い返したのなら、それをどう扱うかは難しい。「おまえ、馬鹿だなあ」という発言も前後の文脈次第で解釈が変わってくる。

ここでいう「文脈」には、前後関係以外に発話状況やさまざまな知識(知っている情報全体)も含まれる。文脈の観点から研究する領域を「語用論」と言い、この種のことを扱える法廷語用論(forensic pragmatics)もあるが、まだまだ発達途上である。

ヤコブ・メイという語用論学者は、教師と生徒・学生、上司と部下、医者と患者など、対等な力関係でないところには「抑圧」が生じやすいと既に指摘している。

近代言語学は人間味がなく、言語形式という無味乾燥なものだけを相手にしていると批判されることがあるが、そういう面があることは事実であるにしても、人間的なところもあるのである。だいたい、コミュニケーションを不備や失敗、誤解といった人間的なところから捉えると、完全無欠なシステムとしての言語からは遠ざかっていくことになる。それどころか、人間味のある言語学を再構築すべきなのではないかと考える言語学者も増えてきており、新しい時代の言語学の方向性の1つと見ることもできそうである。

加藤重広　『言語学講義』より(一部表記等を改めた)

一　本文中の「a グウ話」「c ケンキョ」のカタカナを漢字に直して記せ。(楷書で正確に書くこと)

二　「b 逆鱗に触れる」とあるが、この言葉の基となる故事について簡潔に説明せよ。

三　「①単一言語幻想とは逆向きのベクトル」とあるが、どのようなことを指しているか。「理想」という言葉を用いて、五十字以上、六十字以内で記せ。

四　「②めざしていた融和社会」とあるが、どのような社会か。本文中の言葉を用いて説明せよ。

五　筆者の本文の構成や展開の説明として最も適当なものはどれか。次のア～エから一つ選び、記号で記せ。

ア　近代日本における物理的な国際化と心理的な国際化とを比較し、社会的な言語学の在り方について述べている。

イ　現代社会における国際化という観点から言語研究の歴史を振り返り、新しい言語学の在り方について述べている。

ウ　争いを生み出す言語環境と協調を生み出す言語環境とを比較し、国際社会における言語形式について述べている。

エ　言語多様性という観点から言語思想史を振り返り、人間社会における幸福や福祉に貢献する言語について述べている。

（☆☆☆☆◎◎◎◎◎）

【二】次の文章を読んで、一〜六の問いに答えよ。

もうずっと前のことだが、出版社主の某さんと父と私とで伊豆から帰る汽車にいた。某さんは朴訥とか素朴とかいわれていた人だが、なかなかこまかい神経ではらはらと心づかいをする人だった。きっと性来は朴訥な生れなのだろうが、ながく都会で事業を経営しているうちに自然そういうことを身につけたのだろうか。といっても、それは商売上の計算ずくのものではなくて、好意があまってのはらはらである。おそらく当人は自分のはらはら心配している心中がそんなに剝きだしになってることは気のつくひまもないのだろうが、なにしろこちらにはまる見えである。だから心づかいを受けるのは楽しくてありがたいのだが、こちらも安気ではいられない。折角の心づかいを受けながらもいっしょにはらはらと気づかいな気もちにされてしまう。けれどももう長いつきあいであって見れば、こちらにはそういうはらはらに対《むか》うある慣れができていた。はらはらをやめさせようとしてつまらないおせっかい口を利くより、かえってさらりとあちらの好意を受けておいて、はらはらにつられないうちにさっさとほかの話題や事態へ進行させるようにしたほうがいいというのがわかっていた。

そのときも某さんはぶこつなからだをぎくしゃくとさせて、気の毒なほどひとりで気をくばった。席は明るいほうがいいか日かげがいいか、少しばかりの手荷物はあれを網棚のうえに、これは身のまわりに、新聞はいかが、蜜柑はどう、といったぐあいである。父はすぐにしゃべりだした。話すことが好きでもあり、また某さんの気もちを心づかいから逸らすためでもある。すらすらと話は流れた。窓外は見なれた風景でへんてつもないが、鴉が飛んでいれば鴉のこと、農夫がいれば鋤鍬、施肥のこと、松並木があれば松のことというふうに、①話題は汽車といっしょに走る。この調子ではたぶん東京駅まで話の種は尽きないだろうとおもわれた。ちょうど桜が満開で、近くに遠くに方々に咲いていた。遠い花はふわりとした一つのかたまりでゆっくりと見えていたし、近いのは花のかさなりまではっきりと浮いて、しゅっとあわただしく過ぎた。珍しくはないが桜はやはりなつかしい花、一年一度の美しい花だとおもって私は眺めていた。

するとと某さんがだしぬけに、「若いとき好きになった人はいつまでも忘れませんなあ」とまじめにいった。ずいぶん突然に飛躍した話題になって、しかも見ればいつも通りのぶこつな顔である。私はちょっとひるみもし、おかしくもあり困った。

父は、「花で思いだしでもしたのかね」といった。②なるほど上手なものだとおもう。こんな話をこんな調子で話しだされたら、こんなふうにじかでない受けかたをして接穂を誘うものかとおもった。某さんはただふと思いだしたのだという。そして自分でも少し唐突だったと気がついたらしく、いささかてれて、――けれども淡々と、ごく若いときのほのかな思い出を笑い笑い話した。

それは恋に相違ないのだが、それこそ[A]のような、色も香もありやなしの夢のごときものである。「それで、なにもいえずできずで、とうとう包んだままに終ってしまった」という。

聴いていると恋物語より、この人が何十年かまえにいかに素朴純真な若ものだったかを証しているようなものだというほうがいい。父は東京人だから悪口の名人だけれど、そのときは軽いまぜっかえしで私にいった。「おまえ気をつけろ。この汽車には狐が乗っているかもしれない。狐というものはとかくこんなとろっとした白昼にははしゃぐものだ。きっと某君もお狐さまの霞でもかぶせられて少年に若がえりしたんだろう」といった。

　しばらくすると某さんは鼾をかいて寐てしまった。父は、「人というものはおもしろいねえ。ほんとの気もちのときには動かないことばを遣うもんだ。さっき某君は、包んだままに終ったといって不成就の気もちを話したが、あの包むは動かないことばだな」といった。

　帰京してのち、私は某さんへ何か一と言いいたかった。――いまは名も産も成した初老の人の昔の恋こころを、ふとしたはずみに父と私が聞いた。父のほうは年長者だし粋な親父だから、どうということなく聞きすてがいいのだろう。でも、そばにいてお相伴で聴いてしまった私は無職無能の中途半端な一寡婦である。車中の閑話として東京駅へ着いたとともにあとは知らん顔、忘れたでもなければ覚えているとでもない、なにか一と言しなければすげないというものだ。俳諧でも恋は一句棄てにはしないものだと聞く。事実、私はすげなく聞きすてにするつもりはなかった。しかし、どういいあらわしていいかわからない。で、さんざ考えたあげく、お菓子をあげたいと思いついた。③その菓子は実は私も一度しか食べたことがなくて銘を忘れた。白・鴇・白とちょうど折紙を三枚重ねにしたようなものへ餡玉を入れて、軽く四隅を束ねたといったかたちのものである。餡玉は黄色い卵黄餡、三枚重ねの包みはそとの白へほんのり鴇いろが映るくらいに、できるだけ薄くのして重ねあわせるのが腕であり、四隅を束ねたきり口がおのおのきっかり三段の縞になっていれば、そこが見せどころなのである。卵黄餡だから味は相当なこくがあるのだが、見た眼とともにはなはだ上品である。私はそれに「花がたみ」と自分勝手な名をつけて送りたかった。きみを包んで白く、また色あり、だからである。

　ところが果せなかった。当時はもう砂糖も豆も不自由だったし、だいいち職人が戦場へ狩りだされていた。さがして無いと知ると私はなんとなくつまらなくなった。父は慰めて、「話そのものが十何年も包んできた話じゃないか。おまえの御返礼の趣向も急ぐことはない。包んで棚のうえへ載せておくのもわるくはない。無理に調えるならそれはやぼというものだ」と笑った。

いまは某さんも父もいなくて私ひとりだが、毎年花だよりがはじまるとそれをおもう。その菓子は最近ちらと街のガラス窓で見かけたが、皮が豆餅みたいに厚くて、そのくせ全体が貧相にぺちゃんこだった。――ふわあっと包んだんですよ、なかのきみがほんとに大切なんですものねえ、というようでなくてはいけないお菓子である。

きのう知人が来て、なこうどを頼まれたといってその若い人たちの恋愛ばなしをし、いまは実に堂々とした論拠と明瞭な感情とで成りたつ恋なのだと説明し、「天日にさらしてもまちがいはないといった、はっきりしたことというのよ。あっぱれだわ」と感心している。又聞きの私でさえ、あっぱれだとおもうが、④ちょいとばかりは老婆心が動かないでもない。――私たち恋愛してるんです、結婚のほか、道、ないとおもいます、などといういいかたは、あまり大っぴらに開きすぎて、向うがわへつっと脱けに落ちそうな危げが感じられる。包む恋の時は過ぎているんだろうけれど、なにせ恋は一生の花である。その花がお皿のように平ったく開いて、雄蕊も雌蕊もごしゃごしゃに剝き出て咲く花では風情が浅い。もっとも風情とか情趣とかいうものより、手っとり早く両性の結合だけが必要条件なのだといえばそれまでだが。

幸田文「菓子」より

一　「①話題は汽車といっしょに走る」とあるが、ここで用いられている表現技法と考えられる効果について説明せよ。

二　「②なるほど上手なものだとおもう」とあるが、そのように思った理由を四十字以上五十字以内で説明せよ。

三　[A]にあてはまる言葉は何か。最も適当なものを次のア～エから一つ選び、記号で記せ。

ア　遠山桜　イ　彼岸花　ウ　白梅　エ　山紅葉

四　③「その菓子」とあるが、その菓子をあげたいと考えた理由を四十字以上五十字以内で説明せよ。

五　④「ちょいとばかりは老婆心が動かないでもない」とあるが、筆者が伝えようとしたことを三十字以上四十字以内で説明せよ。

六　次は、中学校学習指導要領(平成二十九年告示)国語科編の「C　読むこと」の文学的な文章を読んで考えたことなどを記録したり伝え合ったりする言語活動例である。[B]、[C]に当てはまる言葉を記せ。

第一学年	第二学年	第三学年
イ　小説や随筆などを読み、考えたことなどを記録したり伝えたりする活動。	イ　詩歌や小説などを読み、[B]して解説したり、考えたことなどを伝え合ったりする活動。	イ　詩歌や小説などを読み、[C]したり、考えたことなどを伝え合ったりする活動。

(☆☆☆◎◎◎◎)

【三】次の文章を読んで、一～五の問いに答えよ。

ある人いはく、人、世にある、みな憍慢を先として、よく穏便なるはすくなし。

あるいは自由のかたにておだやかならず。これ、我が涯分をはからず、さしもなき身を高く思ひ上げて、主をも軽め、傍人をも下ぐるなり。あるいは偏執のかたにてかたくななり。これは、我が思ひたることをいみじくして、人の言ふことを用ひざるなり。

あるいは世にかはれる振舞ひあり。これは、昔をのみ［A］と思ひて、今の世にしたがはぬなり。あるいは折節にまた、をこあり。これは、「内内よくなれにしかば」と思ひて、①晴に出でて、人をならし、もしは、うちとけ遊ぶところにさし入りて、我はいまだ乱れぬままに、ことうるはしく紐さしかためて、人をしらかし、その座の興をさますなり。

あるいは才能につきてそしりあり。これは、ものを知り、才のあつきによりて、万の人を侮るなり。あるいは愛着につきて愚かなり。これは、我が主よりほか、めでたき人なし、わが妻子ばかり、②眉目、心足らひたるものはあらじと思ふなり。

あるいは数奇につきて笑はるることもあり。これは、昔の人はことに心も好きて、花月いたづらに過ごさざりけり。今は時代あらたまりて、おもしろきこともさるほどにて、それにしみかへりてなど、心へやりて、③人目に余るなり。あるいは振舞ひにつきて癖あり、これは立ち居のありさまのめだたしく、をこがましきなり。

おほかた、かやうのことは憍慢をもととして、心の少なきより起れり。これによりて、つひに生涯を失ひ、後悔を深くす。かかれば、たとひ身をよしとあんじ、昔をいみじとしのび、物をおもしろしと思ふとも、人目をはばかりて、よく習ひを慎みて、④心に心をまかすまじきなり。されば、ある経には、「心の師とはなるとも、心を師とせざれ」と書かれたるとかや。

およそ貧しきものの諂はざるはあれども、富者の驕らざるはかたければ、みな人の習ひなれども、身のいたりて、徳の重からむにつけても、よくしづまりて、穏やかなる思ひを先とすべし。

新編日本古典文学全集『十訓抄』より

一　A に当てはまる言葉は何か。本文中から探して三字で記せ。

二　「①晴に出でて」とあるが、内容を具体的に説明せよ。

三　「②眉目」とあるが、ここでの意味として適当なものはどれか。次のア～エの中から一つ選び、記号で記せ。

ア　利益　イ　名誉　ウ　容姿　エ　疑問

四　「③人目に余るなり」とあるが、このような心情を抱いた理由を説明せよ。

五　「④心に心をまかすまじきなり」を現代語訳せよ。

(☆☆☆◎◎◎)

【高等学校】

【一】次の文章を読んで、後の問いに答えよ。

ハージ[※1]は人間を「希望する主体」として捉え、社会を希望と社会的機会を生み出し、分配するメカニズムとして考えます。ハージにとって、希望とは、有意義な未来をつくりだす方法であり、そうした未来は社会の内部においてのみ可能です。なぜなら、ブルデュー[※2]のいうように、社会とは自己実現のための機会を分配する担い手であるからです。社会とは社会的希望を分配する担い手であり、個人が自分の生活を意味づけるのは、社会という経路を通じてのみ可能になります。ハージの見るところ、ブルデュー人類学の核心にあるのは、人々は生存の受動的な受け手ではない、という考えです。そこにあるのは、宗教思想が示すのとは異なり、有意義な人生とは、社会に先立ってすでに決定されたものではないという信念です。社会を通じてのみ、人間は自らの人生に意味をもたせることができるのであり、その意味で、「まともな」社会の核心にあるのは、何よりも、こうした自己実現の機会を分配する社会の能力なのだとハージは主張します。

グローバル化の時代において、国家主権やナショナル・アイデンティティが危機にさらされていると、しばしばいわれます。しかしながら、ハージにいわせれば、私たちの生活の質をもっとも圧迫しているのは、主権やアイデンティティの衰退ではなく、むしろ社会の衰退です。この点に関して、ハージは興味深い比喩を用いて説明します。すなわち、グローバル化時代において、国家は「①美観の管理人」になっているというのです。

国境を越えて展開するグローバル企業は、かつての多国籍企業とは違い、もはや地球上のどこにも拠点をもちません。あらゆる拠点は一時的であり、企業はより好都合な土地や投資を求めて、地球上を浮遊します。そのような企業や投資を呼び寄せるため、国家はたえざる努力を求められます。自国がより魅力的な投資先であることをアピールするグローバル化時代の国家は、自国をなるべく美しく見せようとする、その意味で「美観の管理人」なのです。しかしながら、「美観の管理人」にとって大切なのは、その空間のイメージであって、そこに暮らす人々ではありません。

かつて国家は国民社会の管理者であることを自らのつとめとしました。国民としての平等性を少なくとも最低限は維持する必要のあった国家は、その構成員を援助し、希望を分配することに関与せざるをえませんでした。しかしながら、グローバル企業は国家を必要としますが、国民は必要としません。「美観の管理人」である国家はもはや社会に介入し、そこに希望を分配しようという意欲をもたなくなっています。国家は慢性的失業をはじめとする社会的死を放置するどころか、むしろ積極的に生産するようにさえなっていると、ハージは論じます。国家はもはや「希望の分配のメカニズム」である社会に介入しようとはせず、衰退にまかせているというわけです。

このようなハージの主張を極端に思われる方もいるでしょう。国民のいない国家などありえず、国家は依然として国民を必要としている、と。たしかに国家は自らの国力の基礎となるような人的資源には強いこだわりをもち続けるでしょう。しかしながら、②国際的な競争に役立たないと判断した人々の希望についてまで、十分な配慮をすることへの動機を依然としてもっているかについては、疑問といわざるをえません。とくにデモクラシーの機能が低下した場合、国家は社会を放置し、衰退にまかせるというハージの警告は急激にリアリティをもってきます。

国家と社会とは本来、言葉としても区別しがたいものでした。ある意味で、近代西欧の歴史の特徴の一つは、元々区別しがたい両者をあえて区別したことにあります。この区別をもっとも先鋭的に主張したのが、いわゆる「③ヤケイ国家」論です。この発想において、社会は、国家の力を借りなくとも自律する能力をもつとされます。国家による上からの命令や強制がなくても、人々が自主的に協働することで、社会は自ずと運営されていくというのです。そうだとすれば、国家に残されたのは警察や防衛など限られた業務だけで、それもいわば社会が休んでいる夜のうちに、目につかないように行われるべきとされます。

このような考え方の根源にあるのは、国家を暴力や強制力の契機として捉え、対するに社会といえば、諸個人による自由な活動によって維持される、非強制的な領域とする発想です。また、国家の役割を限定することで、はじめて社会の自由度も高まるとする発想でもあります。

しかしながら、現実の歴史を見れば、社会が国家によって維持されてきたという側面も否定しがたいところです。近代において、初等教育にはじまる教育を国民に普及させてきたのも国家なら、社会④ホショウ制度によって人々の生活を支えたのも国家です。たしかに諸個人の自由な活動は国家権力の制限によって実現しましたが、他方において、国家の力を借りてはじめて可能になった自由な活動もあります。その意味で、国家と社会を単純に強制／非強制として位置づけるのは一面的な捉え方です。

そうだとすれば、このように、⑤実際にはそれほどはっきり分離させられない国家と社会を、あえて区別してきたのはなぜでしょうか。現代の多くの政治理論家や政治哲学者は、実際には分離できないものをあえて区別してきたことそれ自体に意味があるのだといいます。たとえば、国家による暴力や強制力の独占です。実際にはもちろん、社会の内部にも暴力は存在します。しかしながら、国家による暴力の独占という建前があってこそ、社会の内部における私的暴力を不当なものとして処罰することも可能になりました。

同様に、思想・信条についても、それをもつことができるのは個人だけであり、国家は自らの思想・信条をもたず、諸個人の多様な思想・信条に対して中立的でなければならないとされます。これによってはじめて、異なる思想・信条をもつ人々が同一の国家の下で共存することが可能になるからです。もちろん、国家があらゆる価値に対して中立的でいられるか、ということも含めて、これらの区別にはもちろん多かれ少なかれ⑥フィクションが含まれています。とはいえ、あえてそのフィクションを原理とすることで、近代社会が自らをよりよく律することが可能になったことも否定できません。

フランスの政治哲学者ピエール・マナンは、近代デモクラシーは、自らの内部にいくつもの分離を作為的に構築し、それを組織化することで可能になったといいます。彼はこれを「分離の組織化」と呼ぶのですが、政教分離、権力分立、政党制、分業をはじめ、さまざまな「分離」によって、近代デモクラシーは機能してきました。いわば、一体性に固執するより、あえて多様な機能を分離して、それを再度機能的に組み合わせることで、近代社会はその推進力を得てきたのです。

いうまでもなく、国家と社会の分離は「分離の組織化」の最たるものです。国家と社会は相互に補完し合う関係にありながら、あえて区別され、そのライヴァル関係を強調されてきたといえるでしょう。社会は国家に支えられつつも、国家の無限の拡張に歯止めをかけてきました。国家は、代表制デモクラシーを介して社会の

「意志」を汲み取り、自己の行動の正当性につなげてきたわけです。そうだとすれば、ハージが指摘するように、もしグローバル化時代においてこの国家と社会の結びつきが緩み、国家が社会の喪失を放置、もしくは促進するようになれば、このような国家と社会の相互補完／ライヴァル関係のバランスも失われることになります。デモクラシーはその作用する場を失い、⑦〈私〉は漂流を続けるでしょう。

出典は、宇野重規「〈私〉時代のデモクラシー」(岩波書店)

なお、一部省略した部分がある。

語注

※1　ハージ……オーストラリアの人類学者(一九五七年～)

※2　ブルデュー……フランスの社会学者(一九三〇年～二〇〇二年)

問一　傍線部③「ヤケイ」、④「ホショウ」のカタカナを漢字に直せ。

問二　傍線部①「美観の管理人」と対比して使われている語句を、本文中から十字以内で抜き出して答えよ。

問三　傍線部②「国際的な競争に役立たないと判断した人々の希望についてまで、十分な配慮をすることへの動機を依然としてもっているかについては、疑問といわざるをえません」とあるが、そのように言える理由の説明として最も適当なものを、次のア～オの中から一つ選び、記号で答えよ。

ア　グローバル化の時代では、国家は国民の自己実現ではなく、グローバル企業の投資を得ることの方が大事だから。

イ　グローバル企業に対する国民の声に配慮していたら、企業や投資を呼ぶことができず他国との競争に勝てないから。

ウ　グローバル企業が国民を必要としていない以上、国家もその方針に従う方がイメージ戦略として有効だから。
エ　グローバル社会での競争力を持った国民以外は、国力の基礎をつくるための人的資源として必要ではないから。
オ　グローバル化の時代において国際的な競争に勝利するためには、失業者を減らして国の基礎力を上げたいから。
問四　傍線部⑤「実際にはそれほどはっきり分離させられない国家と社会を、あえて区別してきたのはなぜでしょうか」とあるが、その理由を、四十五字以上五十字以内で説明せよ。
問五　傍線部⑥「フィクション」の、この文での意味を十字以内で答えよ。
問六　傍線部⑦「〈私〉は漂流を続ける」とはどういうことか。三十五字以上四十字以内で説明せよ。
問七　波線部「『まともな』社会」について、「まともな」の部分に「　」(カギ括弧)を付した書き手の意図を、本文全体の内容をふまえて説明せよ。
問八　あなたが、高等学校の国語総合の授業でこの文章を教材に用いるとしたら、どのようなことを目標(生徒が身に付ける事項)として、具体的にどのような言語活動を用いて授業を展開するか、それぞれ述べよ。
(☆☆☆☆◎◎◎◎◎)

【二】次の文章は、阿仏尼が書いた中世の紀行文「うたたね」の一部であり、出家を決意した作者が尼寺を目指して家出する場面である。これを読んで、後の問いに答えよ。

ただ今も出で①ぬべき心地して、やをら端を開けたれば、晦日《つごもり》ごろの月なき空に雨雲さへたち重なりて、いともの恐ろしう暗きに、夜もまだ深きに、②宿直人さへ折しもうち声づくろふもむつかしと聞きゐたるに、③かくても人にや見つけられんとそら恐ろしければ、もとのやうに入りて臥しぬれど、傍なる人うち身じろぎ[A]せず。さきざきも、宿直人の夜深く門を開けて出づるならひなりければ、その程を人知れず待つに、今宵しもとく開けて出でぬる音すれば、※1さるは心ざす道もはかばかしくも覚えず。ここも都にはあらず、※2北山の麓といふ所なれば、人目しげからず、木の葉の陰につきて、夢のやうに見置きし山路をただ一人行く心地、いといたく危ふくもの恐ろしかりける。山人の目にも咎めぬままに、あやしくもの狂ほしき姿したるも、すべて④現のこととも覚えず。さてもかの所西山の麓なれば、いと遙かなるに、夜中より降り出でつる雨の、明くるままに、しほしほと濡るる程になりぬ。故里《ふるさと》より嵯峨のわたりまでは、少しも隔たらず見渡さるる程の道なれば、障りなく行き着き⑤ぬ。

夜もやうやうほのぼのとする程になりぬれば、道行《みちゆき》人も、ここもとはいとあやしと咎むる人もあれば、ものむつかしく恐ろしき事、⑥この世にはいつかは覚えん。⑦ただ一筋に亡きになし果てつる身なれば、足の行くにまかせて、はや山深く入りなむと、うちも休まぬままに、苦しく耐へがたきこと、死ぬ[B]なり。入る嵐の山の麓に近づく程、雨ゆゆしく降りまさりて、向への山を見れば、雲の幾重ともなく折り重なりて、行く先も見えず。からうして※3法輪の前過ぎぬれど、果ては山路に迷ひぬるぞ、すべき方なきや。惜しからぬ命も、ただ今ぞ心細く悲しき。いとどかきくらす涙の雨[C]降り添ひて、来し方行先も見えず、思ふにも言ふにも足らず。今閉ぢめ果てつる命なれば、身の濡れ通りたること、伊勢の海人《あま》にも越えたり。

いたく※4まはりはてにければ、松風の荒々しきを頼もし人にて、これも都の方よりと覚えて、蓑笠など着てさへづり来る女あり。⑧小童の同じ声なると物語するなりけり。これや桂の里の人ならんと見ゆるに、ただ歩みに歩み寄りて「これは何《なに》人ぞ。あな心憂。御前は人の手を逃げ出で給ふか。また口論などをし給ひたりけるにか。何故かかる大雨に降られて、この山中へは出で給ひぬるぞ。いづくよりいづくを指しておはするぞ。あやしあやし」とさへづる。何と言ふ心にか、舌をたびたび鳴らして、「あないとほし、いとほし」と繰り返し言ふぞ⑨嬉しかりける。

しきりに身の有様を尋ぬれば、「これは人を恨むる⑩にもあらず。また口論とかやをもせず。ただ思ふことありて、この山の奥に尋ぬべきことありて、夜深く出でつれど、雨もおびただしく、山路さへまどひて、来し方も覚えず行先もえ知らず。死ぬべき心地さへすれば、ここによりゐたるなり。同じくはそのあたりまで導き給ひてんや」と言へば、いよいよとほしがりて、手をひかへて導く情けの深さぞ、仏の御しるべにやとまで、嬉しくありがたがりける。程なく送りつけて帰りぬ。

出典は「新日本古典文学大系51　中世日記紀行集」（岩波書店）
なお、表記で一部改めたものがある。

語注
※1　この後に「私もその後邸を出た」の意が省略されている。
※2　北山……京都の地名。後の「西山」「嵯峨」「嵐の山」「桂」も同じ。
※3　法輪……京都の法輪寺。
※4　まはりはてにければ……回り道をしてしまったので。

問一　傍線部②「宿直人」、④「現」の読みを、現代仮名遣いで、ひらがなで答えよ。
問二　文中の空欄［A］～［C］に入る助詞として最も適当なものを、次のア～カの中からそれぞれ一つずつ選び、記号で答えよ。ただし、同じ記号は二度使えないものとする。
　ア　だに　　イ　さへ　　ウ　ばや　　エ　ばかり　　オ　つつ　　カ　より

問三　傍線部①「ぬ」、⑤「ぬ」、⑩「に」の助動詞の文法的意味を、それぞれ漢字で答えよ。

問四　傍線部③「かくても人にや見つけられん」、⑥「この世にはいつかは覚えん」、⑧「小童の同じ声なると物語するなりけり」をそれぞれ現代語訳せよ。

問五　傍線部⑦「ただ一筋に亡きになし果てつる身」とあるが、これと同じ内容を表す言葉を、本文中からそれぞれ十字以内で二つ抜き出して答えよ。

問六　傍線部⑨「嬉しかりける」とあるが、作者がこう思った理由を、四十五字以上五十字以内で説明せよ。

問七　本文について説明した文として適当なものを、次のア～オの中からすべて選び、記号で答えよ。

ア　出奔の夜は、宿直が門を開けるのがいつもよりも早かった。

イ　かすかに見覚えていた道だったので一人で行くのに不安はなかった。

ウ　嵐山の麓までは人目につかず、見咎められることもなかった。

エ　道中、しだいに雨が強くなり、ずぶ濡れになってしまった。

オ　尼寺のあたりまで導いてくれた女性は、仏の化身であった。

問八　この文章の作者である阿仏尼が記した、日記文学の作品名を漢字で答えよ。

(☆☆☆◎◎◎)

【三】次の漢文を読んで、後の問いに答えよ。(ただし、設問の都合上、訓点を省略した箇所がある)

荊《けい》※1人与二呉人一将ニレ戦ハントス。荊ノ師※2①寡、呉ノ師衆シ。荊ノ将軍子《し》

嚢《なう》曰ハク、「我与二呉人一戦ハバ、必ズ敗レン。敗リ二王ノ師ヲ一、辱メ二王ノ名ヲ一、虧《かく》ハ※3二壌土ヲ一、

②忠臣不忍為也。」不シテレ復《まう》サ二於王一ニ而遁《のが》レ※4、至リ二於郊一※5ニ、③使人復於王曰、「臣請フ死セント。」王曰ハク、「将軍之遁レタルハ也、以テ二其ノ為一ルヲレ利也。今誠ニ利ナラバ、将軍何ゾ X 。」子嚢曰ハク、「遁ルル者無クンバレ罪、則チ後世之為ルニ王ノ臣一者、④将皆依不利之名而効臣遁。若クンバレ是ノ則チ荊国ハ終ニ為《ら》レント※6二天下ニ撓《よわ》メ一ニ。」遂ニ伏シテレ剣ニ而死ス。王曰ハク、「請フ成サント二将軍之義ヲ一。」乃チ⑤為《つくり》ニ二之桐棺※7三寸ヲ一、加フ二斧《ふ》※8鑕《しつ》ヲ其ノ上ニ一。（中略）荊之為スコトレ国ヲ四十二世矣、⑥嘗テ有リ二乾谿※9・白公之乱一矣、嘗有リ二鄭《てい》※10襄《じょう》州侯之避一矣、而モ今猶ホ為ルハ二萬乗之大国一、其ノ時ニ有レバナリ三臣如キモノ二子嚢一ノ与《か》。⑦子嚢之節ハ、非ザル三独リ厲《はげ》マスノミニ二一世之人臣ヲ一也。

出典は「新編漢文選2　呂氏春秋　中」（明治書院）
なお、省略した部分と、表記で一部改めた部分がある。

語注

※1　荊……春秋時代の国の一つである楚の異称。直後の「呉」も同時代の国の一つ。
※2　師……軍勢　※3　壌土……領土　※4　遁……退却する
※5　郊……郊外　※6　為天下撓……天下諸国に痛めつけられる
※7　桐棺三寸……粗末な棺　※8　斧鑕……処刑の道具
※9　乾谿・白公之乱、※10　鄭襄州侯之避・・・……どちらも荊で起こった反乱や国の乱れ。

問一　傍線部①「寡」、⑥「嘗」の読みを、現代仮名遣いで送り仮名も含めて、ひらがなで答えよ。

問二　傍線部②「忠臣不忍為也」とあるが、この時の子嚢の心情の説明として最も適当なものを、次のア～オの中から一つ選び、記号で答えよ。

ア　自分が呉を相手に戦ったら必ず敗れてしまうので、忠臣として王に意見すべきかどうか思い悩む気持ち。

イ　自分が呉に軍勢を与えたら王の軍は必ず敗れてしまうので、忠臣としてひそかに退却を進言しようと決断する気持ち。

ウ　自分が呉とともに戦えば王の軍は必ず敗れるので、忠臣として王の今後を心配せずにいられない気持ち。

エ　自分が呉と戦っても今は勝ち目はないので、軍勢を整えてから忠臣として死ぬまで戦おうと決意する気持ち。

オ　自分が呉と戦っても敗れることは間違いないので、忠臣として王に損害を与える戦いはできないと思う気持ち。

問三　傍線部③「使人復於王曰」を書き下し文に改めよ。

問四　傍線部④「将皆依不利之名而効臣遁。」は、「みな不利という口実により、私が退却したのにならおうとするでしょう」という意味である。これに従い白文に返り点を付けよ（送り仮名は不要）。

将皆依不利之名而効臣遁。

問五　本文中の空欄 X に入る最も適当な語を、本文中から漢字一字で抜き出して答えよ。

問六　傍線部⑤「為之桐棺三寸、加斧鑕其上」とあるが、王がそのようにした理由を、九十字以上百字以内で説明せよ。

問七　傍線部⑦「子囊之節、非獨厲一世之人臣也」の内容について、次の空欄部分を補って説明せよ。

（「厲」は「鼓舞する」の意）

子囊の忠節が＿＿＿＿＿＿ということ。

（☆☆☆◎◎◎）

解答・解説

【中学校】

【一】一　a 寓(話)　c 謙虚　二　b 竜のあごの下のさかさの鱗に触れると怒ってその人を殺すという故事　三　言語が一つであれば意思疎通が便利になり争いなどもなくなるという理想に対して、言語多様性を守ることも必要だとする考え。(五十八字)　四　戦争や紛争がなくなり、人々が国家の垣根を意識しないで暮らせる社会　五　イ

〈解説〉一　a 「寓話」とは、教訓や風刺を含めたたとえ話のことである。　二　「逆鱗に触れる」とは、目上の人の怒りを買うという意味である。　三　「単一言語幻想」と「逆向きのベクトル」が、具体的にどのようなものであるかを説明する。傍線部①直前の内容をふまえると、「単一言語幻想」とは、言語が一つになれば、戦争や紛争などがなくなるというものである。「逆向きのベクトル」とは、これとは反対のこと、つまり、言語を一つにしないことによって起こる現象を指している。　四　傍線部②より前の文脈に着目する。これまで一貫して述べられてきたことは、「単一言語幻想」というものであり、これは、言葉が一つになれば、争いごとがなくなるという考えである。しかし、今現在、世界はこのような社会とはなっていないことを筆者は述べている。　五　最後の段落に着目する。それまでに国際化という観点から言語研究の歴史をふり返った後、これからの言語学の方向性を述べている。

【二】一　「話題」が「走る」という擬人法を用いて、汽車が走る速さと同じように矢継ぎ早に話題が繰り出されている様子を感じさせる効果が考えられる。　二　朴訥な某さんからは、想像しがたい恋の話題が出たこと

に対して、直接尋ねるわけでもなく話をつないだから。(五十字)　三　ア　四　こくのあるきみを白く包んでいる菓子は、見た目が上品なだけでなく某さんの包んだ恋の話を連想させるから。(五十字)　五　大っぴらに語られる恋もよいかもしれないが、包む恋には風情や情緒が感じられる。(三十八字)　六　B　引用　C　批評

〈解説〉一　車窓から目についたものを次々に話題にしている様子が描かれている。次々に変わる様子を「走る」と表現している。　二　傍線部②前後に着目する。筆者は父の言葉を聞いて、「じかでない受けかたをして接穂を誘うものなのか」と述べている。恋の話題に無骨に触れるわけでなく、風景から連想したとして話をつないだ父のやり方に、「上手なものだ」と思ったのである。　三　空欄Aより前に出てきている花は桜である。また、空欄Aの直後の「色も香もありやなしの夢のごときもの」とあるため、おぼろげな雰囲気に見えるア「遠山桜」が適当である。　四　菓子がどのような菓子であったかに着目する。こくのある餡を包んだ様子が上品で、某さんの話にふさわしいものであったためである。　五　傍線部④の直後に着目する。若い人たちの恋愛ばなしは「大っぴらに開きすぎ」「風情が浅い」という印象を受けている。筆者は「恋は一生の花である」と考えていることもふまえて、端的にまとめる。　六　「読むこと」を学年に応じてどのように学習させていけばよいかを問う問題である。学習・成長過程に応じて活動範囲を広げていることをふまえることが大切である。

【三】一　A　いみじ　二　身内の集まりではなく、公式な席に出ていきことに感動を直接的に表すことは時代にそぐわないと感じているから。　三　ウ　四　目に入る全てのものに、心をまかせてしまってはいけない。　五　心というものに、心をまかせてしまってはいけない。

〈解説〉一　空欄Aより三段落後に「昔をいみじとしのび」とある。どちらも、昔は良かったと考えるという内容になる。　二　「晴」とは、ここでは、「晴れがましい、正式」という意味である。晴れがましい場所に出席するという意味になる。　三　「眉目」は「みめ」と読む。姿形の美しいさまを表す。四字熟語に「眉目秀麗」というものもある。　四　傍線部③の前の内容に着目する。昔の人は風流を好み、花鳥風月の移り変わりを見逃すことはなかった。しかし、「今は時代あらたまりて、おもしろきこともさるほどにて(時代は変わり、風流を好むこともほどほどである)」とある。それなのに昔のように振る舞っていると、「人目に余る」と筆者は考えているのである。　五　「まじき」は、打消推量の助動詞「まじ」の連体形、「なり」は、断定の助動詞「なり」の終止形である。二つを合わせて「〜してはいけない」という意味になる。

【高等学校】

【二】問一　③　夜警　④　保障　問二　国民社会の管理者　問三　ア　問四　さまざまな機能を国家と社会に分離し、再度組織化することで、近代デモクラシーが機能してきたから。(四十七字)　問五　実際とは異なること(九字)　問六　社会的希望を得られず、自分の人生に意義を感じられなくなってしまうということ。(三十八字)　問七　グローバル化の社会は、個人に自己実現の機会を分配していないという点で、正常なあり方ではないという見方を表現している。　問八　【目標】　文章の構成や展開を確かめ、内容や表現の仕方について評価したり、書き手の意図をとらえたりすること。　【言語活動】　現代社会について論じた別の評論を用いて、比べ読みの活動を行う。授業の展開は、まず各自でこの文章の段落分け、要約を行い、それをグループで評価し合う中で、文章の要点を見つけ、ワークシートにまとめ直す。次に、比較対象となる教材を読み、内容や表現に着目して両者の共通点と相違点を挙げて、同様にグループで評価し合う。相違点については、どちらが自分たちの実感に近いかについても話し合う。最後にこの文章の書き手がどのような視点から考えを述べているかをワークシートに記入する。

〈解説〉問一　文脈を読み取り、それにふさわしい漢字を書く。④の「保障」には同音異字が複数あるので注意する。　問二「グローバル化時代において」は「美観の管理人」であるが、それまでの国家はどうであったかを文章中から探す。　問三　第三段落・第四段落に着目する。グローバル化時代において国家は、自国が魅力的な投資先であることをアピールしなければならず、「もはや社会に介入し、そこに希望を分配しようという意欲をもたなくなってい」るとある。　問四　傍線部⑤のあとの第十一段落に着目する。近代デモクラシーは、「あえて多様な機能を分離して、それを再度機能的に組み合わせる」方法で、可能になったと述べられている。この部分を指定字数にまとめる。　問五　傍線部⑥の直前に着目する。国家のさまざまな区別や価値観に対して中立的であるかどうかは、実際は違うかもしれないが、という文脈となる。　問六「漂流」と表現されている部分を具体的に説明する。〈私〉とは、ここでは個人のことである。デモクラシーが作用する場を失うとは、「国家と社会の相互補完／ライヴァル関係のバランス」が失われることであり、つまり、「国家が社会の喪失を放置、もしくは促進する」状態である。そうなった場合、個人は社会から「自己実現の機会」を分配されない状態となると筆者は述べている。　問七　本文を通して筆者は、自己実現の機会を分配されないグローバル化社会を懸念している。カギ括弧をつけることで、懸念をより強く表現している。　問八　高等学校学習指導要領　解説　国語編（平成22年6月）第2章　第1節　国語総合の目標は、「国語を適切に表現し的確に理解する能力を育成し、伝え合う力を高めるとともに、思考力や想像力を伸ばし、心情を豊かにし、言語感覚を磨き、言語文化に対する関心を深め、国語を尊重してその向上を図る態度を育てる。」である。また、国語総合の「C　読むこと」の⑴指導事項のエの「表現の仕方を評価すること、書き手の意図をとらえることに関する指導事項」で、「文章の構成や展開を確かめ、内容や表現の仕方について評価したり、書き手の意図をとらえたりすること。」と示されている。内容や表現の仕方について評価するためには、様々な種類の文章に触れ、内容や表現の仕方について、その価値、優劣、是非などを判じる必要がある。これらをふまえ授業を展開していくことがのぞましい。

【二】問一　②　とのいびと　④　うつつ　問二　A　ア　B　エ　C　イ　問三　①　強意　⑤　完了　⑩　断定　問四　③　こうしていても人に見つけられるだろうか。　⑥　人生でいつ感じただろうか。いや一度も感じたことはない。　⑧　同じ声(の調子)の少女(子ども)と話をしているのであったよ。　問五　惜しからぬ命／閉ぢめ果てつる命　問六　大雨の降る山の中で道に迷い、心細く思っていた時に、女性が自分に声をかけ、気の毒がってくれたから。(四十八字)　問七　ア・エ　問八　十六夜日記

〈解説〉問一　②　「宿直」とは、宮中などに夜間泊まり、警備などをすることである。　問二　いずれも副助詞が入る。Aは「～すら」という意味を持つ「だに」、Bは「～くらい」という意味の「ばかり」、Cは「～までも」という意味の「さへ」が入る。　問三　①　直前に「出づ」の連用形があり、「ただ今」と、これから出ようとしている様子を表しているところから、助動詞「ぬ」の終止形で、強意の意味であることが分かる。⑤　直前に「着く」の連用形があり文末であるところから、助動詞「ぬ」の終止形で、完了の意味である。⑩　直前が「恨む」の連体形で、直後に「あり(あらず)」があるところから、断定の助動詞「なり」の連用形である。　問四　③　「人にや」の「にや」は、断定の助動詞「なり」の連用形＋係助詞「や」であり、文末に推量の助動詞「む」の連体形があるため、「～だろうか」という意味になる。　⑥　「いつかは」の「か」は係助詞であり、ここでは反語の意味を持つ。　⑧　「小童の」を「小童で」と解釈すると分かりやすい。「同じ声」は「小童」の特徴を表していることが分かる。　問五　「一筋に」は「ひたすらに」、「亡きになし」とは

「ないものとする」の意味である。ただひたすらに亡くなってしまう我が身である、という意味になる。これと似た意味のものを探す。　問六　第二段落に着目する。「果ては山路に迷ひ」、「ただ今ぞ心細く悲しき」と思っていたところ、少女を連れた女性に会い「あないとほし(なんとかわいそうに)」と声をかけてくれている。それが「嬉しかりける」の理由である。　問七　第一段落に「今宵しもとく開けて出でぬる音すれば(今宵に限って早く(門が)開いた音がしたので)」とある。また、第二段落に「身の濡れ通りたること、伊勢の海人にも越えたり(体が濡れた様子は、伊勢の海人も上回っている)」とある。よって、ア・エが適当である。
問八　自分の息子と夫の先妻の子どものとの間で遺産相続問題が起こり、その訴訟のため、京都から鎌倉まで旅をした時の日記である。

【三】問一　①　すくなく(して)　⑥　かつて　問二　オ　問三　人をして王に復さしめて曰はく
問四　将下皆依二不利之名一而効中臣遁上　問五　死　問六　子嚢は、王に無断で退却した自分が無罪だったら今後臣下が自分にならうようになり、荊は諸国に痛めつけられると考え自ら死んだ。王はその忠義を成就するために、子嚢を処刑したことにしようと考えたから。(九十五字)　問七　同時代の臣下ばかりでなく、その後何代も臣下の心を鼓舞した。
〈解説〉問一　基本的な読みの問題である。①「寡」は人が少ないという意味である。反対は直後にある「衆」である。　問二　傍線部②の直前の会話文に着目する。呉と戦えば「必ず敗れん」、敗れれば「王の名を辱め、壌土を虧く」とある。この内容にふさわしいものを選ぶ。　問三　使役を表す「使」が使われ、「使《ム》二A《ヲシテ》…《セ》一」のように読む。また、「於」は置き字なので読まない。　問四　「将」は再読文字であり、「〜するつもりだ」と訳す。「而」は置き字なので読まない。「名」は問題文の訳では「口実」、「臣遁」は「私が退却した」、「効」

は「ならおう」にあたる。このことをふまえて返り点を付ける。　問五　空欄Xの前の「将軍」は子嚢のことである。「何」があるため、王は「なぜ将軍はXと(言うのか)」という訳になる。直前の子嚢の使者の言葉を受けての発言であるため、使者の言葉から当てはまる内容を探す。　問六　文章中程の子嚢(の使者)の会話文に着目する。王に無断で「遁るる者罪無くんば(退却した者に罪がなければ)」、皆それにならって退却するようになってしまい、荊国は「天下に撓められん(諸国に痛めつけられる)」と述べている。王は子嚢の気持ちを汲んだのである。　問七　「一世」とは「同時代・同世代」という意味。つまり傍線部⑦は、子嚢の話は、子嚢と同時代の臣下を励ましただけではない、という意味になる。同世代だけでなく、それ以後にも影響を与えたことを端的にまとめる。

二〇一九年度　実施問題

【中学校】

【一】次の文章を読んで、一～五の問いに答えよ。

　白湯の入ったマグカップからぬるい白湯をすすりたい。そう思う私がマグカップを摑もうとするとき、私の脳はその属性である色、かたち、大きさ、位置(距離と方向)、その歴史(いつから机の上にあるのか)等を集め、総合し、イメージを作ります。そしてそれが記憶の中にある、白く、しかし薄汚れ、内側がコーヒーの染みでこげ茶色に変色したカップと一致するとき、目前のカップを私のマグカップだと判断します。このように、私の外側の対象は、私の内側の記憶内容と照合され、合致するとき、モノとなるのです。モノとは、私によって理解、説明、制御、言語化された外側の対象です。

　モノとなったマグカップは私の内側へaホソクされ、生涯私に白湯を、あるいはコーヒーを提供し続ける役を担い続けるかのように見えます。しかし、そうではなく、モノ化とは、その対象が新たな対象となって私の外側の世界に生み出される生成の過程でもあるのです。なぜなら、モノも生きものも、新しい行動を創発しようとする「心」を持つからです。そしてその機会は、以下の例のように、偶然訪れます。

　あるとき私は、少々分厚い書類のbタバを捲っていました。不器用なくせに手荒な私のせいで、タバを止めていたホチキスの針がはずれてしまいました。私は針を抜いて捨て、机の中からホチキスを出し、タバの右上隅をはさみ、強めに力を加えました。

ガチャリと音が響きました。しかし、針はうまく止まりませんでした。書類の裏側では針がその二本の足を真っすぐ出していました。力がうまく加わらず、足が曲がらなかったのです。そして気づくと、私はいつものマグカップを手に取り、その底でホチキスの針の足をゴンゴンと叩いて曲げ、書類をタバね終えました。私は咄嗟に、マグカップをハンマーのように使ったのです。

このような、よくありそうな出来事の中に、実は「①マグカップの心」が現れています。私の机の上の薄汚れた白い陶器は、飲み物を提供するという意味において、マグカップというモノです。ところが、「そのマグカップは、ハンマーへと生まれ変わった」のです。多くの読者は、こう反論するのではないでしょうか。「それは正確な表現ではない。『あなたが』、ハンマーとして使用したのである。マグカップが自ら生まれ変わった、というわけではない」と。

一方、私は、マグカップは私によってハンマーへ変えられただけではない、と感じ、そして、理解しています。私は毎朝、マグカップにコーヒーを注ぎ、昼に白湯を注ぎます。その繰り返しで、マグカップは飲み物を入れるためのモノとしてのあり様を確立されていきます。

ところで、私が毎日飲み物を飲み、マグカップを机の上に置く度に、それは音を立てているはずです。しかし、私の意識は、その音を知りません。マグカップを、飲み物を入れるモノとして理解する私の意識にとって、マグカップの音は、確かに存在するのに、「隠れている」のです。したがってその音は、私に制御されることなく、マグカップによって「自由に奏でられている」のです。

マグカップを構成する陶土の粒たちは、私が机の表面にそのマグカップの底を当てるとき、どの程度振動するのかを、「自ら」決めるのです。私の意識には感じられない、対象におけるこのような「隠れた活動体」こそ、「心」なのです。心とは、外からうかがい知ることができないけれど、対象の内部に間違いなく存在する、何者かです。

　こうして、容器というモノとして確立されていくマグカップは、その心の現れである机との接触音を同時に生み出しているのです。マグカップは、私の意識によって［A］され、制御されたことで、逆に、私のｃスキをついて、自由に接触音を作る機会を得たのです。

　ところで、このマグカップの音を、私は感知しないと言いましたが、私の心はそれを感知しているのです。マグカップを使う私における心、すなわち私の［B］は、無意識下の私の活動です。カップを机に置くとき、私の指先は、無意識に、カップが生み出す振動を感知しているはずです。カップが容器として扱われるとき、このように、私の心とカップの心の隠れた相互作用が進行しているのです。

　上記のような、私の心とモノの心の相互作用は、②私の意識が展開する世界には現れません。ところが、偶然をきっかけに現れることがあるのです。その一例が、マグカップがホチキスの針の足を叩くハンマーとして使われた現象です。

　机の上を見渡し、何かよい道具はないかと思いを巡らせる私において、周囲のモノゴトを、特定の意味を備えるものとしてとらえようとする「意識の箍《たが》」は緩くなっています。私の意識が、「針を叩かなくてはならない。固いものを叩く道具とはハンマーだ。ゆえに、道具箱を取りに行こう」と推論していれば、カップはハンマーとして用いられなかったでしょう。

　偶然にも、「何かないかなあ」という、無目的にも近い探索を実行した私の意識が、無意識下の私の指の感覚の記憶、すなわち、心が感じた「カップが生み出す自由な振動の記憶」を、検知したのです。「あ、これでいいや」とマグカップで針を叩こうとした私の脳内で生じたのは、そのような過程であったと思うのです。

こうして考えてみると、「ひらめき」とは、決してまったくの無から有を作り出すことではないことがわかります。それは、③緩んだ意識が心の隠れた活動を偶然に任せて掬い取る過程です。

私の心の活動の一つは、モノ化させた対象に潜む心の活動と意識との隠れた相互作用です。対象がマグカップの場合、それは、マグカップが机との接触で作りだす音を、無意識の内に感知する活動です。

この意味で、マグカップは私によってハンマーへ受動的に変えられただけではないと、私は確かに感じ、そして、マグカップはハンマーへ能動的に生まれ変わる可能性を常に備えていた、すなわち、「マグカップは常に何者かへ生まれ変わろうとしていた」と理解できるのです。

森山徹『モノに心はあるのか』より（一部表記等を改めた）

一　本文中の「ａホソク」「ｂタバ」「ｃスキ」のカタカナを漢字に直して記せ。（楷書で正確に書くこと）

二　(1)　A　に入る言葉は何か。本文中より三字で抜き出して記せ。

(2)　B　に入る言葉は何か。本文中より六字で抜き出して記せ。

三　「①マグカップの心」の説明として、最も適当なものはどれか。次のア～エから一つ選び、記号で記せ。

ア　私の心がモノとして理解する、対象の内部

イ　私の心が無意識下で感知する、机との接触音

ウ　私の心が制御することで生み出される、外側の対象

エ　私の心が推論する、陶土の粒が生み出す振動

四　「②私の意識が展開する世界には現れません」とあるが、その理由を説明せよ。

五　「③緩んだ意識が心の隠れた活動を偶然に任せて掬い取る過程」とあるが、どのようなことを指している

か。七十字以上八十字以内で記せ。

（☆☆☆◎◎◎）

【二】次の文章を読んで、一～六の問いに答えよ。

中学の三年の時だつた。三学期の試験をすませた後で、休暇中読む本を買ひつけの本屋から、何冊だか取りよせた事がある。夏目先生の虞美人草なども、その時その中に交つてゐたかと思ふ。が、中でも一番大部だつたのは、*樗牛《ちょぎゅう》全集の五冊だつた。

自分はその頃から非常な濫読家だつたから、一週間の休暇の間に、それらの本を手に任せて読み飛した。勿論樗牛全集の一巻、二巻、四巻などは、読みは読んでもむづかしくつて、よく理窟がのみこめなかつたのに違ひない。が、三巻や五巻などは、相当の興味を以て、しまひまで読み通す事が出来たやうに記憶する。

その時、始めて樗牛に接した自分は、あの名文から甚よくない印象を受けた。と云ふのは、中学生たる自分にとつて、どうも樗牛は嘘つきだと云ふ気がしたのである。

それには外にもいろいろ理由があつたらうが、今でも覚えてゐるのは、あの「わが袖の記」や何かの美しい文章が、如何にも空々しく感ぜられた事である。あれには樗牛が月夜か何かに、三保の松原の羽衣の松の下へ行つて、大に感慨悲慟する所があつた。あすこを読むと、どうも樗牛は、好い気になつて流せる涙を、ふんだんに持ち合わせてゐたような心もちがする。或いは持ち合わせてゐなくつても、文章の上だけで臆面もなくa滂沱《ぼうだ》の観を呈し得たやうな心もちがする。その得意になつて、泣き落してゐる所が、甚自分には感心出来なかつた。人を欺くか、己を欺くか、どこかで嘘をつかなければ、到底ああ大袈裟には、おいおい泣ける訳のものぢやない。――そこで、自分は一も二もなく樗牛を嘘つきだときめてしまつたのである。だからそれ以来、①二度とあの「わが袖の記」や何かを読まうと思つた事はない。

それから大学を卒業するまで、約十年近くの間、自分は全く樗牛を忘れてゐた。ニイチェを読んだ時も思ひ出さなかつたのは、自分ながら少々不思議な気もするが、事実であつて見れば、勿論どうすると云ふ訳にも行かない。所が卒業後間もなく、赤木桁平《あかぎこうへい》君と一しょに飯を食つたら、君が突然自分をつかまへて樗牛論を弁じ出した。そうして［A］だとか何とか云つて、いろいろ樗牛を褒め立てた。が、自分は依然として樗牛は嘘つきだと確信してゐたから、［A］でも何でも彼は嘘つきだからいかんと云つて、どうしても赤木君の説に服さなかつた。その時は遂にそれぎりで、樗牛はえらいともえらくないともつかずにしまつたが、殆十年近くも読んだ事のない樗牛を又覗いて見る気になつたのは、全くこの議論のおかげである。

自分はその後間もなく、秋の夜の電燈の下で、書棚の隅から樗牛全集をひつぱり出した。五冊揃へて買つた本が、今はたつた二冊しかない。あとは大方売飛ばすか、借しなくすかしてしまつたのであらう。が、幸、その二冊の中には、あの「わが袖の記」のはひつてゐる五巻がある。自分はその一冊を紫檀の机の上へ開いて、静に始から読んで行つた。

無論そこには、厭味な涙があつた。いや、詠歎そのものさへも、既に時代と交渉がなくなつてゐたと云つても差支へない。が、それにも関らず、あの「わが袖の記」の文章の中にはどこか樗牛と云ふ人間を彷彿させるものがあつた。さうしてその人間は、［B］を極めた七めんだうな辞句の間に、やはり人間らしく苦しんだりもがいたりしてゐた。だから樗牛は、嘘つきだつた訳でも何でもない。唯中学生だつた自分の眼が、この樗牛の裸の姿をつかまへそくなつただけである。自分は樗牛の慟哭には微笑した。が、その最もかすかな吐息には、幾度も②同情せずにゐられなかつた。――日は遠く海の上を照してゐる。海は銀泥を湛へたやうに、広々と凪ぎつくして、息をする程の波さへ見えない。その日と海とを眺めながら、樗牛は砂の上に蹲《うずくま》つて、生と云ふ事を考へる。死と云ふ事を考へる。或は又芸術と云ふ事を考へる。が、樗牛の思索は移つて行つても、周囲の景物には更に変化らしい変化がない。暖い砂の上には、やはり船が何艘も眠つてゐる。さつきから倦まずにその上を飛んでゐるのは、大方この海に多い鴎であらう。と思ふと又、向うに日を浴びてゐる漁夫の翁も、相不変《あいかわらず》網をつくらふのに余念がない。かう云ふ風景を眺めてゐると、病弱な樗牛の心の中には、永遠なるものに対する惝怳《しやうくわう》が汪然として湧いて来る。日も動かない。砂も動かない。海は——目の前に開いてゐる海も、さながら白昼の寂寞に聞き入つてでもゐるかの如く、雲母《きらら》よりも眩《まぶし》い水面を凝然と平に張りつめてゐる。樗牛の吐息はこんな瞬間に、始めて彼の胸から溢れて出た。——自分はかういう樗牛を想像しながら、長い秋の夜を、何時までもその文章に対してゐた。が、同情は昔とちがつて、惜しげもなくその美しい文章に注がれるが、しかも樗牛と自分との間には、まだ何かが挟まつてゐる。それは時代であらうか。いや、それは唯、時代ばかりであらうか。③——自分はかう自分に問ひかけた時、手もとにない樗牛の本が改めて又読みたかつた。それを今まで読まずにゐるのは、従つてこの問に明白な答を与へ得ないのは、全く自分の怠慢である。さう云へば今年の秋も、もう何時か小春になつてしまつた。

芥川龍之介「樗牛の事」より

注　※樗牛……高山樗牛、明治時代の日本の文芸評論家、思想家。

一　「a滂沱《ぼうだ》」の意味を説明せよ。

二　「①二度とあの「わが袖の記」や何かを読まうと思つた事はない」とあるが、そのように思った理由を四十字以上五十字以内で説明せよ。

三　[A] にあてはまる言葉は何か。最も適当なものを次のア～エから一つ選び、記号で記せ。

ア　指南役　イ　監視役　ウ　先覚者　エ　監督者

四　[B] にあてはまる言葉は何か。最も適当なものを次のア～エから一つ選び、記号で記せ。

ア　紆余曲折　イ　因果応報　ウ　虚心坦懐　エ　雲散霧消

五　「②同情せずにゐられなかつた」とあるが、何に対する同情か。説明せよ。

六　「③――自分はかう自分に問ひかけた時、手もとにない樗牛の本が改めて又読みたかつた」とあるが、それはなぜか。「自分(筆者)」の過去の経験に基づく考えと現在の考えとを比較して説明せよ。

(☆☆☆◎◎◎)

【三】次の文章を読んで、一～五の問いに答えよ。

*同じ帝、狩いと①かしこく好みたまひけり。陸奥國、磐手の郡よりたてまつれる御鷹、よになく②かしこかりければ、になうおぼして、御手鷹にしたまひけり。名を磐手となむつけたまへりける。それを③かの道に心ありて、預り仕り給ひける大納言にあづけたまへりける、夜晝これをあづかりて、とりかひ給ほどに、いかがしたまひけむ、そらしたまひてけり。④心肝をまどはしてもとむるに、さらにえ見出ず。山々に人をやりつつもとめさすれど、さらになし。自らもふかき山にいりて、まどひありきたまへどかひもなし。このことを奏せでしばしもあるべけれど、二三日にあげず御覧ぜぬ日なし。いかゞせむとて、内裏にまいりて、御鷹の失せたるよしを奏したまふ時に、帝物も宣はせず。⑤きこしめしつけぬにやあらむとて、又奏したまふに、面をのみまもらせ給うて物も宣はず。たいだいしとおぼしたるなりけりと、われにもあらぬ心ちしてかしこまりていま

すかりて、「この御鷹の、求むるに侍らぬことを、いかさまにかし侍らむ。などか仰せ言もたまはぬ」と奏したまふに、帝、

「⑥いはでおもふぞいふにまされる」と宣ひけり。かくのみ宣はせて、異事も宣はざりけり。御心にいといふかひなく惜しくおぼさるるになむありける。これをなむ、世の中の人、本をばとかくつけける。もとはかくのみなむありける。

注　＊同じ帝…ならの帝

日本古典文学大系『大和物語』より

一　次の語の、ここでの意味をそれぞれ記せ。

①かしこく　　②かしこかり

二　「③かの道」とあるが、内容を具体的に説明せよ。

三　「④心肝をまどはして」とあるが、このような心情を抱いた理由を説明せよ。

四　「⑤きこしめしつけぬにやあらむ」を現代語訳せよ。

五　「⑥いはでおもふぞいふにまされる」とあるが、掛詞を踏まえて現代語訳せよ。

（☆☆☆◎◎◎）

【高等学校】

【一】次の文章を読んで、後の問いに答えよ。

時間を表す言葉をもたない民族が、かつて北米大陸に住んでいた。ネイティブアメリカンのスー族である。

そのスー族保留地に、視学官[※1]として赴任した人の話を、文化人類学者E・T・ホールが伝えている(『沈黙の言葉』國弘正雄訳、南雲堂)。

スー族は、「遅刻する」とか、「待つ」といった言葉ももたない。言葉をもたないとは、すくなくともそれに対応する観念がないということである。観念がないだけで終わらない。それに対応する行動ができないことをも、意味する。

だからたとえば、①定刻に発車するバスに乗る、という行動をとることができない。すくなくとも、とてもできにくい。ある時刻をめざし、その時刻にバス停に来て、まだ現在化していない「未来時」のバスの到着を待つことが、どうしてもできないわけだ。

そこで、かの視学官は人々に、「時間とはなんのことなのかを教える」必要があったが、それがなかなかむつかしい。そこで、定刻までに来て、待たなければ、バスに乗り遅れ不利益(痛い目)にあうことを、身をもって教えなければならなかったという。

以上のことは、いろんなことを教えてくれる。

まず、時間(計測時間・時刻)は〈観念〉だということ。しかも、しつけと同じように、後天的に教え込まれた習慣的約束ごとにすぎぬ、ということである。[A]、「時間を持つ」ためには、「教育(schooling)」しなければならない。その教育にあたり、身をもって痛い目にあうことも必要になる。[B]、「強制的掟」が、時間という観念だということである。

つぎに、時間は人生を支配するということである。個々人がそれぞれ自由に気の赴くまま生きれば、その社会はばらばらな行動の錯綜現象となる。そうなってくるだろう集団や組織の自然発生的生存を、ある一定の方向でまとめあげ秩序だてようとすれば、「統制原理」が必要になる。その場合、ニュートラルな顔つきをした統制原理は、抵抗も少ないから好都合。そこで、時間観念の登場ということになる。

　こうして時間観念が統制原理となって、ぼくたちの生活を支配することとなった。しかも、大権力のように、上空飛行をして力ずくで支配するのではない。ぼくたちの内部に、「教養」や「常識」となって、ごく〈自然なこと〉のように、忍び込む。そして、主体的に、②自らが自らの生命活動を律する装置として、内面から規律力を発揮しはじめる。「微視的権力装置」の③面□□如である(「自己を監視する自己＝超自我」の誕生)。だとすると、④今ここの瞬間を生きようとすることは、ぼくたちの生活を牛耳る支配原理の中枢を撃つ作業であり、そのままで反体制行動にならざるをえない。

　ともあれ、時間観念が、ぼくたちの社会生活のおおもとのところを支配する、おおきな原理になっているのである。たとえば、高度に時間に支配されたこの工業化社会。その社会に育つ子供たちはみな、早期に、「時間を学ぶ」。時計とカレンダーがつくりあげる、複雑なシンボル体系を読みとり、それに服従するしつけ(自己制御法)を、学ぶ。

　しかし、いったんシンボル体系を学習してしまうと、「時間」は学習しなければ存在しない観念だ、ということを忘れてしまう。路傍の小石や、夜空に星が存在するのと同様に、時間(線型時間観念)も自然に存在するものであるかのように、思いこんでしまう。時間が、人為的に構想された約束事のパラメーターであることを、まったく忘れてしまう。だから時計などの計時器をつかって、時間記号に従って〈時刻〉を読みとったり、あるいは時刻に合わせて行動を調整することが、ごく当然の所作となる。そうしないほうがどうかしている(狂ってる)というわけだ。そのシンボル体系の狡猾さ、優秀さといったらない。

　たとえば春。狭い庭先にもウグイスがわたってきて、啼く。「ホーホケキョ」。
どうしてもそう聴こえてしまう。あらためて耳を澄ますと、じつはもっと複雑で微妙な音色だ。ホーゥオ・

トォウィエウォのようにも聞こえる。クォーウエコイにも、フォーホテキョにも聞こえる。が、なにげなく「自然な態度」で聞いてしまうと、はなからまぎれもなく「ホーホケキョ」。幻聴ではない。リアルにそう聞こえてしまう。そう聞こえないほうがどうかしている(狂っている、尋常じゃない)ほど、「自然」だ。

なぜか。いうまでもなく、長年にわたる学習過程で、聴覚器官に刷り込まれてしまっているからだ。ぼくたちの感覚が――「過去化するワーム[※2]」によって――記号化(観念化＝麻痺)してしまっているからである。

このように、知覚能力すら文化的編成体である。それと同様、時間意識や時間観念もまた、学習過程を通じ文化的に形成された二次的自然なのであり、そのような「自然的編成体」となって、ぼくたちの現実経験を織り上げている。

「時間」といえば、まるで川の流れのようなあの直線時間のイメージが、ごく自然に意識の中に流れてやまない。そしてあきらかに、時間をめぐる観念や実存姿勢が、ぼくたちの知覚や思考や行動をコントロールする自己制御装置となって働いている。それがさらに、実社会のしくみによって強化され、実生活で助長され、もはや第二の自然といっていいかたちで、ぼくたちの生活や思考をかたちづくる。こうして、「時間の厳格な支配を受ける社会の成員の時間体験」(エリアス[※3]『時間について』井本・青木訳、法政大学出版局)ができあがる。

エリアスもいうように、時間意識や時間体制はあくまでも、ぼくたちが社会化する過程で第二次的にうめこまれたものである。「当事者は生まれつき備わったものと思う」のだが、そして「あらゆる人間に普遍的な贈り物」と考えがちなのだが、とても文化的でローカルな観念。しかもそれは、「逃げることができない強制力」。成長過程でおおくの強制システムをぼくたちは埋め込まれたり習得したりするが、時間意識はそのようなものの模範的典型だという(前掲書)。

そんないきさつで形成された「自然」であるから、「時間意識も時間の制御法もちがうひとに出会う」と、とたんに違和感を覚えてしまう。それほど深くぼくたちは、時間意識や時間の統御法に、染め上げられているわけだ。

さてでは、グローバル化したぼくたち現代人の時間意識は、どんなものだろう。

くりかえすことになるが、それは、無限の過去から無限の未来へ向けて一方的に流れゆく線型状の時間表象である。〈今ここ〉で生きているぼくたちの現在を横切り、たちまち果てしない過去のなかへ消えていく、⑤仮借のない不可逆的な流れ。しかも、カレンダーの年数や増え続ける年齢数によって象徴されるような、成長や老化や死滅をもたらす過酷な流れである。そんな流れとしての時間意識が、払っても払っても、ぼくたちの「共通の」時間意識、時間機制となって宿る。そのことを、もはやだれもうたがわないだろう。

だが、⑥そうした時間常識や時間規制は、「第二の自然」。後天的にできた文化的産物にすぎない。

出典は、古東哲明「瞬間を生きる哲学〈今ここ〉に佇む技法」(筑摩書房)。

なお、一部省略した部分がある。

語注

※1　視学官……学事の視察・統制・監督を任務とした行政官。

※2　ワーム……Write Once Read Manyの略号。一度書き込まれたデータはその後、繰り返し何度でも読み出しができるという、データ貯蔵方式のこと。

※3　エリアス……ドイツの社会学者(一八九七年～一九九〇年)。

問一　空欄［A］、［B］に入る最も適当な語句を、それぞれ次の中から選び、記号で答えよ。ただし、同じ記号は二度使えないものとする。

ア　しかし　　イ　つまり　　ウ　だから　　エ　たとえば　　オ　さらに

問二　傍線部③について、文意を踏まえて空欄に一字ずつ適語を入れ、四字熟語を完成させよ。

問三　傍線部⑤「仮借のない」の意味を答えよ。

問四　傍線部①「定刻に発車するバスに乗る、という行動をとることができない」とあるが、なぜか。三十五字以上四十字以内で説明せよ。

問五　傍線部②「自らが自らの生命活動を律する装置」について、この部分と同じ内容を表す箇所をここより後の本文中から二十五字以上三十字以内で探し、初めと終わりの四字を抜き出して答えよ。

問六　傍線部④「今ここの瞬間を生きようとすることは、ぼくたちの生活を牛耳る支配原理の中枢を撃つ作業であり、そのままで反体制行動にならざるをえない」とはどういうことか。次のア～エの中から最も適当なものを一つ選び、記号で答えよ。

ア　今ここの瞬間を生きようとすることは、現代社会を支配する不可逆的な時間観念への抵抗と新しい時間観念の確立の表れであるため、生活を束縛する時間に翻弄される現代人の精神的な解放を意図する行動になるということ。

イ　今ここの瞬間を生きようとすることは、過去から未来へと流れる時間観念を踏まえてその時その時を大切にする考えに立脚しているため、刹那的な利を追求することで発展を遂げた文明社会に警鐘を鳴らす行動になるということ。

ウ　今ここの瞬間を生きようとすることは、過去から未来へと一方向的に流れるものと捉える時間観念に依拠していないため、社会生活を支配し工業化社会に秩序をもたらす時間観念という統制原理に反する行動になるということ。

エ　今ここの瞬間を生きようとすることは、線型的な時間観念とは異なる円環的な時間観念の立場から時間を捉えているため、線型的な時間観念に無意識的に支配されて消費社会を生きている我々を啓蒙する行動になるということ。

問七　傍線部⑥「そうした時間意識や時間規制は、『第二の自然』」とあるが、どういうことか。八十字以上九十字以内で説明せよ。

問八　平成二十一年三月に告示された「高等学校学習指導要領」の「国語総合」の「内容」C読むこと(1)エに「文章の構成や展開を確かめ、内容や表現の仕方について評価したり、書き手の意図をとらえたりすること。」という指導事項がある。この指導事項に関して、あなたは、どのような単元を設定して授業を展開していくか。単元名を明らかにした上で、生徒が自分自身の考えの深まりを実感できるような授業展開例を述べよ。

(☆☆☆◎◎◎)

【二】次の文章を読んで、後の問いに答えよ。

大納言の姫君、二人[※1]ものしたまひし、まことに物語に書きつけたるありさまに劣るまじく、何事につけても生ひ出でたまひしに、故大納言も母上も、①うちつづきかくれたまひにしかば、いと心細き古里に、ながめ過したまひしかど、はかばかしく御乳母だつ人もなし。ただ、常に候ふ侍従、弁などいふ若き人々[※2]のみ候へば、年に添へて人目まれにのみなり行く古里に、いと心細くておはせしに、右大将の御子の少将、知るよしありて、いとせちに聞えわたりたまひしかど、②かやうの筋は、かけても思し寄らぬことにて、御返事など思しかけざりしに、※3少納言の君とて、いといたう色めきたる若き人、何のたよりもなく、二所御とのごもりたるところへ、導ききこえてけり。

もとより御志ありけることにて、姫君をかき抱きて、御帳のうちへ入りたまひにけり。思しあきれたるさま、例のことなれば書かず。

おしはかりたまひにしも過ぎて、③あはれに思さるれば、うち忍びつつ通ひたまふを、父殿聞きたまひて、「④人のほど、くちをしかるべきにはあらねど、何かは、いと心細きところに」など、許しなくのたまへば、思ふほどにもおはせず。⑤君も、しばしこそ忍び過したまひしか、さすがに、さのみはいかがおはせむ。さるべきに思し慰めて、やうやううちなびきたまへるさま、いとどらうたく、あはれなり。昼など、おのづから寝過したまふ折、見たてまつりたまふに、いとあてに、らうたく、うち見るより心苦しきさましたまへり。何事もいと心憂く、人目稀なる御住ひに、人の御心もいとたのみがたく、いつまでとのみながめられたまふに、四五日いぶせくて積りぬるを、「思ひしことかな」と心細きに、⑥御袖ただならぬを、われながら、いつ習ひけるぞと思ひ知られたまふ。

人ごころあきのしるしのかなしきにかれ行くほどのけしきなりけり

「など手習に馴れにし心なるらむ」などやうに、うちなげかれて、やうやう更け行けば、ただ、うたたねに御帳の前にうち臥したまひにけり。

少将、内裏より出でたまふとておはして、うち叩きたまふに、⑦人々おどろきて中の君起したてまつりて、※4わが御方へ渡しきこえなどするに、やがて入りたまひて、大将の君の、あながちにいざなひたまひつれば、※5初

瀬へ参りたりつるほどのことなど語りたまふに、ありつる御手習のあるを見たまひて、

　常磐《ときは》なる軒のしのぶを知らずしてかれ行くあきのけしきとや思ふ

と書き添へて見せたてまつりたまへば、いと恥かしうて、御顔引き入れたまへるさま、いとらうたく児《こ》めきたり。

出典は、「日本の古典　堤中納言物語　無名草子」（小学館）。
なお、表記等で一部改めたものがある。

語注
※1　二人……文中に登場する、姉の「姫君」と妹の「中の君」。
※2　若き人々……若い女房。
※3　少納言の君……「姫君」付きの女房。
※4　わが御方…「中の君」の部屋。
※5　初瀬……長谷寺。今の奈良県桜井市にある。

問一　次のア～エで用いられている二重傍線部「なり」の文法的働きとして、波線で示した本文中の三か所の「なり」のいずれにも当てはまらないものを一つ選び、記号で答えよ。
ア　これは竜のしわざにこそありけれ。この吹く風は、よき方の風なり。
イ　かぐや姫を養ひたてまつること二十余年になりぬ。
ウ　宮、なほかの、ほのかなりし夕べをおぼし忘るる世なし。
エ　秋の野に人まつ虫の声すなり我かとゆきていざとぶらはむ

問二　傍線部①「うちつづきかくれたまひにしかば」、②「かやうの筋は、かけても思し寄らぬことにて」、⑦「人々おどろきて中の君起したてまつりて」をそれぞれ現代語訳せよ。ただし、②については「かやうの筋」の具体的内容を明らかにすること。

問三　傍線部③「あはれに」とあるが、この言葉から、誰が誰のことをどのように思っていることがわかるか。説明せよ。

問四　傍線部④「思ふほどにもおはせず」について、このような状況になったのはなぜか。三十五字以上四十字以内で説明せよ。

問五　傍線部⑤「君も、しばしこそ忍び過したまひしか、さすがに、さのみはいかがおはせむ」とあるが、この部分を説明した文として最も適当なものはどれか。次のア～エの中から一つ選び、記号で答えよ。

ア　当初は自分の元へ通う少将を避けるように振る舞っていた姫君が、少将を受け入れるようになっていったということ。

イ　しばらくは姫君の元に通うのを我慢していた少将が、姫君に会いたい気持ちに逆らえなくなっていったということ。

ウ　姉の姫君の元を少将が訪れるのを甘受していた中の君が、姉への嫉妬心から耐えられなくなっていったということ。

エ　少将を待つ主人の様子を静観していた少納言の君が、少将の不義理を苦々しく感じるようになっていったということ。

問六　傍線部⑥「御袖ただならぬ」とあるが、この部分は誰のどのような状態を描写しているか。五十五字以上六十字以内で説明せよ。

問七 [　　]で示した和歌について、次の問いに答えよ

（1）この和歌で用いられている修辞法を漢字で答えよ。

（2）（1）の修辞法に注意してこの和歌を現代語訳せよ。

問八 本文について説明した文として適当なものはどれか。次のア～オの中からすべて選び、記号で答えよ。

ア 大納言には二人の娘がいたが、二人とも特筆すべき器量を備えていなかったため、ひなびた古い地に暮らしていた。

イ 姫君が少将に抱えられて寝所へ連れられた場面については、物語によくある場面という理由で、詳述されていない。

ウ 少将が通わなくなった大納言邸では、姫君が悲しさで朝起きれなくなるほど、気の毒な光景が見られるようになった。

エ 父親から無理やり誘われたため、初瀬参りに行っていたと、少将は訪問できなかった理由について姫君に語った。

オ 困難を克服し愛を成就しようという少将の歌を聞いた姫君は、少将の着物の袖に自分の顔を埋め、うれしさを表現した。

（☆☆☆◎◎◎）

【三】次の漢文を読んで、後の問いに答えよ。（ただし、設問の都合上、訓点を省略した箇所がある）

古之学者必有師。師者所以傳《つたへ》道受業解惑也。人非生而知之者。①孰能無惑。惑而不従師、其為惑也、②終不解矣。生乎吾前、其聞道也、③固先乎吾、吾従而師之。④生乎吾後、其聞道也、亦先乎吾、吾従而師之。吾師道也。夫庸《なんゾ》知其年之先後生於吾乎。是故無貴無賤、無長無□、道之所存、師之所存也。

嗟乎、師道之不傳也久矣。⑤欲人之無惑也難矣。古之聖人、其出※1人也遠矣。猶且従師而問焉。今之衆人、其下聖人也亦遠矣。而恥学於師。是故聖益聖、愚益愚。⑥聖人之所以為聖、愚人之所以為愚、其皆出於此乎《か》。

出典は、「新釈漢文大系　唐宋八大家読本」（明治書院）。

ただし、表記と訓点を改めた部分がある。

語注

※1　人……後出の「衆人」と同じ。

問一　傍線部②「終」、③「固」の読みを、現代仮名遣いで送り仮名も含めて、ひらがなで答えよ。

問二　傍線部①「孰能無惑」について、すべてひらがなにした書き下し文と解釈の組み合わせとして最も適当なものを次のア～エの中から一つ選び、記号で答えよ。

ア　いずくんぞまどひなくあたふるや　　惑いもなく生活できるわけがない

イ　いずれかまどひなくあたふる　　誰か惑いを持たずに生活できるのか

ウ　なんぞよくまどひなからんや　　惑いを持たずにいられるわけがない

エ　たれかよくまどひなからん　　誰にも惑いというものはある

問三　傍線部④「之」の指示内容は何か。本文に即して説明せよ。

問四　傍線部⑤「欲人之無惑也難矣」は「人が惑いをなくしたいと願っても難しい」という意味である。これを参考にして返り点を施せ。

問五　傍線部⑥「聖人之所以為聖、愚人之所以為愚、其皆出於此乎」とあるが、この部分はどのようなことを述べているか。「此」の指示内容を明らかにして九十字以上百字以内で説明せよ。

問六　空欄□に入る語として最も適当なものを次のア～エの中から一つ選び、記号で答えよ。

ア　廉　　イ　短　　ウ　少　　エ　低

問七　次は、この漢文について教員を志す学生たちがしている会話の一部である。これを読んで後の問いに答えよ。

学生A　本文の「生乎吾後、其聞道也、亦先乎吾、吾従而師之。」の部分は、『論語』「子罕」に収録されている一節に通じるものがあると感じているんだよね。

学生B　実は、私も気になっていて、『論語』をひも解いたんだよ。この一節だよね。

> 子曰《ハク》、【　X　】。焉《クンゾ》知《ラン》二来者之不《ルヲ》一レ如《カ》レ今《ニ》也。四十五十《ニシテ》而無《クンバ》レ聞《ユルコト》焉、斯《コレ》亦不《ル》レ足《ラ》レ畏《ルルニ》也已。
>
> 出典は、「新釈漢文大系　論語」（明治書院）。

学生C　この一節は「自分よりも年下の若者であっても、可能性を秘めており、将来どれほどの人物になるのかわからないため、侮らずに敬うべきだ」という意味を表す「　I　」ということわざの出典だよね。【　X　】の部分を書き下し文にしたものがそのまま「　I　」ということわざになっているんだよね。

問　　I　　に入ることわざを答えよ。

（☆☆☆◎◎◎）

解答・解説

【中学校】

【一】一 a 捕捉 b 束 c 隙 二 (1) モノ化 (2) 隠れた活動体 三 イ 四 「心」は対象の内部に存在し、意識には感じることができないから 五 私の心が無意識の内に感知していたマグカップの振動を「ホチキスの針の足を叩くよい道具はないか」と無目的に近い探索を実行した私の意識が、偶然に記憶を検知すること。(七十九字)

〈解説〉一 a 文脈の中で語句の意味を捉えた上で、漢字を考えること。aは「つくり」に、cは字形に注意する。 二 空欄補充は、空欄前後の語句や文と整合するように設問の字数に応じて補充することが必要である。 (1) マグカップが「私」の意識とどのようにかかわるかについては、第一段落で「私の外側の対象は、私の内側の記憶内容と照合され、合致するとき、モノとなる」と述べ、続く第二段落で、マグカップが、私の意識によって生み出された外側の対象となることを述べている。 (2) 筆者は、第二段落の三文目で、「モノも生きものも、新しい行動を創発しようとする『心』を持つ」と述べている。また、第八段落で、マグカップを置くときの音の振動を、意識外の対象の隠れた活動体＝「心」の動きだと述べている。 三 先の二の(2)の説明でも触れたが、「心」とは、私の意識には感じられない(無意識下の)、マグカップの「隠れた活動体」のことである。これらを踏まえ、第十段落の「カップを机に置くとき、私の指先は、無意識に、カップが生み出す振動を感知しているはず」だという部分を押さえる。 四 傍線部②は、直前の「上記のような、私の心とモノの心の相互作用」を前提としている。これは第十段落末尾の「私の心とカップの心の隠れた相互作用」である。「私の心とモノの心」は、隠れた活動体として、それぞれ内部に存在し、無意識に働くことを踏まえてまとめる。　五　「緩んだ意識」とは、ハンマーを意識的に求めたがそれが見つからないとき、ハンマーに代わるモノを求める意識に変わることをいう。「心の隠れた活動」(無意識下の私の指の感覚の記憶の喚起)を、無目的に近い探索を実行した私の意識が感知したプロセスをまとめる。

【二】一　涙のとめどなく流れるさま　二　樗牛が感慨悲慟する場面の文章にそらぞらしさを感じ、何かに対して嘘をついているときめつけたから。(四十七字)　三　ウ　四　ア　五　移ろいゆく自分の思索と永遠に感じられる周囲の景物との差異に対する樗牛の思い。　六　中学生時代は樗牛の美文に嫌悪感をいだいていたが、時を経て改めて相対したところ、人間らしく同情する部分があった。しかし、樗牛の思索に対しては腑に落ちない点があり、その原因を確かめようとしたから。

〈解説〉一　a　「滂」も「沱」も「涙の流れるさま」という意味。両者を合わせ、「涙の盛んに流れ落ちるさま」をいう。　二　樗牛の「わが袖の記」の美しい文章がそらぞらしく感じられたことや、三保の松原の羽衣の松の下で感慨悲慟する場面の描写が誇張されていて感心できないなどから、樗牛が嘘つきだと感じていることを字数内にまとめる。　三・四　空欄には、文脈上、整合する言葉をあてはめる。一つ目のAの後の「いろいろ樗牛を褒め立てた」をヒントにする。Bは、直後の「～を極めた七めんだうな辞句の間に、～苦しんだりもがいたりしてゐた」をヒントにする。　五　「同情せずにゐられなかつた」のは、「わが袖の記」の樗牛の「かすかな吐息」である。傍線部②以下に、その吐息について、文章内容(樗牛の「生や死、芸術」への思索と永遠の自然(海)の風景や人間の営みを凝視し続けた姿)が述べられている。　六　筆者は、中学三年の時、樗牛の文の美しさをそらぞらしく感じていたが、大学卒業後、友人の赤木君が樗牛を先覚者だと評価したことをきっかけに「わが袖の記」を再読し、樗牛の裸の姿を見て同情し共鳴するところを多く感じている。しかし、樗牛の生き方や考え方と自分のそれとの間に何か挟まるもの(違和感)がある。それを確かめるため、改めて樗牛の作品を手にしたい、というのである。

【三】一 ① 非常に ② 利口である 二 鷹狩りの道 三 帝が大切にしていた鷹を預かったが、逃がしてしまったから。 四 お耳に入らないのだろうかと思って 五 磐手のことを、黙って心中に思っているのは、口に出す以上につらいのだ。

〈解説〉一 ① 「かしこく」は「かしこし」(形容詞・ク活用)の連用形で、おそろしい感情を表すところから、「おそろしいくらいはなはだ。非常に。たいそうひどく。」の意味。 ② 「かしこかり」は、「かしこし」の連用形であるが、こちらは「賢い。利口である。」の意味。 二 「かの道」とは、「鷹狩りの道」のことをいう。帝は、鷹を大切に思い、鷹狩りの道に心得がある大納言にお預けになったのである。 三 「心肝をまどはして」の「肝」は「心」と同じ意味。「まどはして」は「混乱させること。動揺させること。」の意味。帝の鷹を預かり面倒を見ていた大納言は、鷹を逃がしてしまい、心を混乱させてしまったのである。 四 「きこしめしつけぬにやあらむ」の「きこしめしつけぬ」は、「聞き付く」の尊敬語「聞こしめし付く」(カ行下二段動詞)の未然形に、打消の助動詞「ず」の連体形「ぬ」が接続した形。「にやあらむ」の「にや」は、断定の助動詞「なり」の連用形+疑問の係助詞「や」のついたもの。「あらむ」は、「あり」(補助動詞ラ変)+「む」(推定の助動詞)。「お耳にたっしないのだろうか」と訳す。 五 「いはでおもふぞ」の「いはで」(言わないで)には、鷹の「磐手」が掛けてある。「磐手のことは、口に出して言わないで、心で思っているほうが」の意味。「いふにまされる」は、「口に出していうよりもいっそうつらいのだ」と訳す。

【高等学校】

【一】問一　A　ウ　B　イ　問二　面目躍如　問三　見逃したり許したりしない　問四　時間を表す言葉を持たないスー族には、時間という言葉に対応する観念がないから。（三十八字）　問五　ぼくたち〜制御装置　問六　ウ　問七　過去から未来へと不可逆的に流れ、生得的かつ普遍的なものとして我々が捉える時間意識や時間機制は、集団や組織が社会化する過程で学習を通じて文化的に形成された産物であるということ。（八十七字）　問八　単元名…読み比べたことを共有して考えを深めよう　授業展開例…事前準備として本文と同じく、時間について論じた文章を用意する。その上でまず、二つの文章を読み比べて、「共通点と相違点をまとめよう」という課題を生徒に与えまとめさせる。次にグループを作り、まとめたものを共有させる。その際、「共通点と相違点」の質的な内容に注意させる。例えば、どちらの文章も「時間」論であるという共通点も、比較の視点をより個々の記述に焦点化することで相違点となることもある。構成について比較することもできる。読み比べの際には、どの視点軸で文章を取り出すかによって、ものの捉え方は異なることを自覚させる。再度同じ課題を与え、最初にまとめたものからの変容について自己評価させる。

〈解説〉問一　空欄補充は、空欄前後の文と整合する言葉を選ぶことが必要である。Aの前文は、「時間」（観念）が後天的に教え込まれた習慣的約束ごとであることを述べ、Aの後の文は、その約束ごとを教育する必要性を述べている。Aには、前に述べたことを理由に、次のことを述べる接続詞が入る。Bには、その前の文の教育上の「痛い目にあう」経験を次に要約するための「すなわち」の意の副詞「つまり」が入る。　問二　③の前文にある「時間観念」の人間の生活を内面から規律し支配する姿への形容が当てはまる。「高い評価に値する活躍をして、いきいきとしているようす」の意味を持つ「面目躍如」である。　問三　「仮借のない」の「仮借」とは、「見逃す。許す。」の意味。　問四　時間を表す言葉を持たないスー族にとって、「定刻」という言葉もなく、その例として、「バスの発車時間に遅れる」とか「バスの時間を待つ」などの行動をとることができない、というのである。　問五　「自らが自らの生命活動を律する」ことをいう。そして「ぼくたちの生活」とは、時間観念の働き(統制原理)が、規律力をもって「ぼくたちの生活を支配する」とは、「ぼくたちの生活」に後天的に教え込まれた習慣的約束ごとである「時間観念」の統制原理は、「ぼくたちの知恵や思考や行動をコントロールする自己制御装置」として機能するのである。　問六　「今ここの瞬間を生きようとすること」が「ぼくたちの生活を牛耳る支配原理の中枢を撃つ作業(営み)」というのは、時間観念にとらわれず気の赴くまま自由に生きることが、線型的時間の統制原理に反することになる、ということである。その結果、社会生活の秩序維持に反することになることを述べている。　問七　筆者は「時間」(観念)は、後天的(人為的)な習慣的約束ごとであり、集団や組織による秩序維持のための人為的約束ごととして生まれたものである、とし「時間意識や時間観念もまた、学習過程を通じ文化的に形成された二次的自然」と述べている。このことをドイツの社会学者エリアスの言葉を借りて「時間意識や時間体制はあくまでも、ぼくたちが社会化する過程で第二次的にうめこまれたものである」と再び述べている。過去から未来への不可逆的な線型上の時間表象である流れとしての時間意識・時間規制を「第二の自然」(人為的、後天的文化遺産)とする説明を要約して、解答としてまとめる。
問八　「国語総合」の「C　読むこと」のエは、「表現の仕方を評価すること、書き手の意図をとらえることに関する指導事項」であり、中学校第三学年の「ウ　文章を読み比べるなどして、構成や展開、表現の仕方について評価すること。」を受けたものである。エの指導内容を踏まえ、「文章の構成や展開を確かめる」単元、「内容や表現の仕方についての評価」をする単元、「書き手の意図をとらえる」単元を設定の対象にして、グループ学習によるアクティブラーニングを考えてみよう。「主体的、対話的な深い学び」を教育目標にして生徒が自分自身の考えの深まりを実感できる授業計画を立案する。また、「言語活動例」も導入し、授業内容の充実を図ってみよう。

【二】問一　エ　問二　①　続けてお亡くなりになってしまったので　②　自分が恋愛をするようなことは、全くお考えにもならないことで　⑦　(お付きの)人々は目を覚まして中の君をお起こし申し上げて
問三　少将が姫君のことを愛しく思っているということ。　問四　少将が姫君の元に通うことに対して、後ろ盾のないことを理由に父殿が反対したから。(三十九字)　問五　ア　問六　姫君の、少将の訪問が途絶えた不安な日々が経過し、やはり自分への愛情が冷めたのだと心細く感じて涙で袖を濡らしている状態。(五十九字)　問七　(1)　掛詞　(2)　人が心さびしくなる秋の兆しが感じられるときに、愛しいあの人が自分に飽きてしまったことが悲しい上に、私からあの人は離れていく、そんな枯れゆく秋の風情であるなあ。
問八　イ・エ

〈解説〉問一　それぞれに「なり」について確認する。なお、解説の便宜上A・B・Cを付す。A「なり行く」(カ行四段活用動詞)、B「あはれなり」(形容動詞・ナリ活用・活用語尾)、C「けしきなり」(断定の助動詞)である。選択肢ア～エと検討すると、ア「風なり」は、C「けしきなり」。イ「なりぬ」は、A「なり行く」。ウ「ほのかなり」は、B「あはれなり」と文法的働きは同じである。エ「声すなり」の「なり」は、伝聞推定の助動詞となる。　問二　①　「うちつづきかくれたまひにしかば」の「かくれ」は、「かくる」(ラ行下二段活用動詞)の連用形で、「亡くなる」の意味。「にしか」は、完了の助動詞「ぬ」の連用形「に」＋過去の助動詞「き」の已然形「しか」で、「～してしまった」と訳す。　②　「かやうの筋は、」とは、前の文「いとせちに聞えわたりたまひしかど」(とても熱心に求婚をお続けになったが)に関わる。「こんな色めかしい方面(恋愛)のことは」の意。「かけても思し寄らぬこと」の「かけても」は、下に打消の語を伴い、「いささかも。全く。決し

て。」の意の副詞。「思し寄らぬ」は、「思し寄る」(ラ行四段活用動詞)の未然形＋打消の助動詞「ず」の連体形で、「念頭におおきにならない。」と訳す。⑦「人々おどろきて」の「人々」は、侍女(お付きの者)たちのこと。「おどろきて」の「おどろき」は、「おどろく」(カ行四段活用動詞)の連用形で、ここでは「目をさまし」と訳す。「中の君起したてまつりて」の「たてまつり」は、謙譲の補助動詞「たてまつる」(ラ行四段活用動詞)の連用形。「(中の君を)お起し申し上げて」と訳す。問三「あはれに」は、「あはれなり」(形容動詞・ナリ活用)の連用形で、「かわいい。いとしい。」の意味。少将の姫君への恋慕である。問四「思ふほどにおはせず」とは、「心で愛しく思うほどには、姫君の所にはお出かけにならない」ことをいう。その理由は、少将の父親が、人柄は別に不足はないが、「何かは、いと心細きところに」(両親を失い心細い生活をしている姫君の所)へ少将が通うのに難色を示したからである。問五「君も、しばしこそ忍び過したまひしか」の「忍び過したまひ」は、「姫君が少将を避けるように隠れなどしてお過ごしになった様子」をいう。「さのみはいかがおはせむ」は、「そうとばかりはおできにならない」と訳す。この解釈を踏まえ、適切な説明を選ぶ。問六「御袖ただならぬ」は、姫君の袖が涙でただならぬくらい濡れていることをいう。その前の文「人の御心(少将の愛情)もいとたのみがたく～『思ひしことかな』心細きに」を踏まえて、姫君の心の痛みを読み取る。問七（1）和歌の「あき」に、「秋」と「飽き」、「かれ行く」に「枯れ行く」と「離れ行く」の掛詞を用いている。（2）歌意は、「人の心に秋の兆候がきざしても悲しいものなのに、今はあの人の足も遠のき、枯れゆく秋の末のけしきであるよ。」問八　アは、冒頭に「まことに物語に書きつけたるありさまに劣るまじく、何事につけても生ひ出でたまひしに」とあり誤り。ウは、本文中に書かれていない。オは、文末に「御顔引き入れたまへるさま」(姫君の顔を自分の着物の袖にお隠しになる様子)とあり誤り。

【三】問一　②　ついに　③　もとより　問二　エ　問三　自分よりも前に生まれた人で、自分よりも道について深い見識を持っている人。　問四　欲ニ人之無一レ惑也難矣　問五　聖人は一般の人よりも優れているにもかかわらず師に就いて学ぶため、ますます聡明になり、愚人は聖人よりも劣っているにもかかわらず師に就いて学ぶことを恥と考えるため、ますます愚鈍になるということ。（九十五字）　問六　ウ　問七　後生畏るべし

〈解説〉問一　②「終」は、「ついに」と読む。「しまいまで。どうしても。」の意。　③「固」は、「もとより」と読む。「もともと」の意。　問二　①　訓点、送り仮名を付すと「孰カ能タ無レカラン惑ヒ」となる。　問三「之」の指示するのは、文中の「固先乎吾、吾従而師之」の「先乎吾」（自分より先に生まれた者）。さらに「生乎吾前、其聞道也」の、「道」（道理）を自分より先に学んでいる者である。　問四　漢文の構造を踏まえ、「欲」（動詞）、無（返読文字）に注意し、返り点をつけること。　問五　⑥中の「其皆出於此乎」の「此」は、「古之聖人、其出人也遠矣。猶且従師而問焉。今之衆人其下聖人也亦遠矣。而恥学於師。」を指す。冒頭の「古之学者必有師。師者所以傳道受業解惑也。」を踏まえての作者（韓愈）の概嘆である。　問六　空欄の前の「無長」の「長」は、「年長」の意味。空欄部分と対語になっており、「年少」の「少」が入る。　問七　論語（子罕）にある「後生可畏」の書き下し文がIに入る。

二〇一八年度 実施問題

【中学校】

【一】次の文章を読んで、一〜五の問いに答えよ。

私たちは、意識的にも無意識的にも、つねに何らかのメッセージを発し、お互いを察し合いながら社会関係を築いている。そして、時には、なかなか言葉にはできない「何か」(aしばしば「空気」として扱われる)が、私たちのコミュニケーションの状況を支配し、さまざまな意思決定に影響をあたえることもある。

こうした私たちのコミュニケーションを考えるうえで、「社会的役割」という概念はとても重要である。「社会的役割」とは、私たちの日常生活において、地位や職務などに応じて期待されている、ふるまいである。私たちは、お互いの関係を理解する過程で、相手のはたらき方やふるまいに暗黙の期待を寄せる。もう少し柔らかく表現すると、「〜らしさ」への期待ということになるかもしれない。つまり、年齢や性別、役職といった、さまざまな属性に応じて、あたえられた状況にふさわしいふるまいをするよう、求められているということだ。

たとえば、日常的に行われている会議の場面を思い浮かべてみよう。形式が整えられた会議であれば、議事進行をまかされている司会者(議長)がいるはずだ。最近では、たんにb粛々と議事進行をするのではなく、よりc闊達な進行を促進する「ファシリテーター」と呼ばれる役割も求められるようになってきた。あるいは「書記」として会議でのやりとりを記録する役割を担う人もいる。会議の司会者には「司会者らしく」テキパキと議事進行をすすめることが求められる。書記は「書記らしく」、丁寧にきちんと議事録をつくるものだと期待されている。会議に出席している全員が、それぞれの役割を正しく理解し、お互いが期待どおりのふるまいをしていれば、会議という社会的な場面は、さほどストレスを感じることなく維持されていくことになるだろう。いっぽうで、何らかの「〜らしからぬ」ふるまいを目にしたときに、出席者たちは［ A ］、会議が終わったあともそのことが話題になる。役割への期待が、裏切られたと感じるからだ。

教室も、さまざまな「〜らしさ」への期待によって構成されていると理解することができる。教室では、教員は「教員らしく」ふるまうことが期待されている。当然のことながら、学生は「学生らしく」しながら教室にいることが求められている。「発話順序の交代」は、教員と学生たちが、それぞれにあたえられている役割を、適切に演じるためのルールだと言えるだろう。教員は「教員らしく」ふるまい、学生たちに講義を提供する。学生たちは、黙って前を向き、教員の話に耳を傾ける。両者がそれぞれの役割を自覚しているとき「講義らしい」場面が生まれるのである。その「①講義らしさ」を維持するためには、学生たちのよそ見やおしゃべりは禁物である。教員も、自信に満ちて淀みのない語りで、講義を進行しなければならない。

このように、社会的役割という概念を思い浮かべながら発想すると、たとえば会議室は、そこに集う人びとが共同で演技を行う、ひとつの「舞台」として理解することができるだろう。居合わせた人びとは、会議室という「舞台」で、それぞれに期待された役割を全うしながら「会議」という演目に関わるのである。社会学者のアーヴィング・ゴッフマンは、私たちの日常的な社会関係を演劇に見立てて論じた。たとえば、会議の時間が「本番」であるとするならば、その「仕込み」「リハーサル」、そして「舞台裏」も存在することになる。会議の準備にさいしては、部屋の確保から資料のコピー、案内状の送付や飲み物の手配にいたるまで、一連の「舞台装置」が必要になる。会議を招集する立場であれば、「配役」も重要である。そもそも誰を会議に呼ぶのか、どのような席次にするか、議事はどうするか。何か重要な案件がある場合には、うまい「脚本」が必要になる。いっぽう「役者」として声がかかった場合には、あたえられた役割を全うすべく、全体のストーリーや「結末」を理解したうえで、「役作り」に励まなければならない。逆に、自分の「役回り」や「脚本」が受け容れがたいものであるならば、事前に交渉したり、あるいは本番に騒ぎを起こすことを企てたりするのである。上述のような会議の場合には、「観客」の存在まで考える必要はないかもしれない。閉じた会議室のなかでのやりとりが、dトドコオりなく進行すれば、ひとまず問題はないからである。

いっぽう、これが、シンポジウムやパネルディスカッションなどと呼ばれる形式の集まりになると、状況は一気に複雑になる。「観客」という存在が加わるからである。まずは、人びとを惹きつける「演題」が必要だ。「配役」がプログラムとして公開されれば、それによって「集客力」が問われる。会場へのアクセスや、近隣の環境も無視できない。有料の場合には、「料金」(値ごろ感)が足をはこぶかどうかを決める大きな要因になる。幕が開いて、閉じるまでのあいだ、役者たちは一体となって「演じる」ことに没頭する。そのためのチームづくりも必要になる。そして公演がはじまると、役者たちは、観客の反応をつうじて、自分たちのパフォーマンスの善し悪しを知ることになる。無反応なのか、それとも総立ちで拍手を送ってもらえるのか。一人ひとりの役割の理解と演じ方が、相互に影響をあたえ合いながら、コミュニケーションがかたどられるのである。

また、「観客」の存在が想定される場合には、「舞台裏」を見られないようにしておく必要があるだろう。使わない什器や余分な資料などが散らかっていたら、舞台は台無しになる。決められた段取りや台詞について、本番の最中に確認するようでは困る。舞台の上でのパフォーマンスこそが重要なのであるから、演目を淀みなくすすめるためには、余計なものを観客の目に晒すようなことは避けたい。コミュニケーションの「場」をつくるさいには、私たちの舞台を成り立たせているさまざまなモノ・コトを、上手に見せる(あるいは見せないためのⓘ調整や工夫が要求されるのである。

このように、私たちは、日常生活のなかで、さまざまなコミュニケーションの場面に身を置いている。社会的役割が明確でない場合もあるが、つねにその時・その場にふさわしいと思われるふるまいを要求されると考えていいだろう。そして、演技に見立てているとはいえ、それは、偽りのものではない。私たちが向き合う社会関係は、まちがいなく本物である。事前にシナリオが共有されている場合には、無駄なく、そして無理なくシナリオどおりに演じきることが、私たちには求められている。その時・その場の「空気」とも密接に関連しながら、適切な演じ方が期待されているということだ。

言うまでもなく、私たちの日々のコミュニケーションは、演劇のようにシンプルではない。そもそもシナリオがない場合も多い。社会関係を理解しながら自分の役割を演じるとはいえ、あらかじめ「結末」がわかっている場合はそれほど多くはない。また、シナリオがあったとしても、本番では何が起こるかわからない。事前の準備や予行演習は必要だが、つねに予期せぬ展開がありうるのだ。

加藤　文俊『会議のマネジメント』より(一部表記等を改めた)

一 (1) 本文中の「しばしば[a]」の品詞を記せ。
(2) 本文中の「粛々[b]」の意味を記せ。
(3) 本文中の「闊達[c]」の漢字の読み方をひらがなで記せ。
(4) 本文中の「トドコオ(り)[d]」のカタカナを漢字に直して記せ。(楷書で正確に書くこと)

二 [A] に入ることばは何か。次のア～エから最も適当なものを一つ選び、記号で記せ。

ア　孤独感を抱き　　イ　違和感を覚え　　ウ　反射的に受容し　　エ　恣意的に解釈して

三 「①講義らしさ」とあるが、ここでは具体的にどのようなことを指しているか。次の条件に従って具体的に記せ。
条件1 「役割」ということばを用いること。
条件2 三十字以上四十字以内で書くこと。
四 「②調整や工夫が要求される」とあるが、「シンポジウム」には、「会議」と違う調整や工夫が要求されるのはなぜか。八十字以上百字以内で記せ。
五 本文の叙述の説明として、最も適当なものはどれか。次のア～エから一つ選び、記号で記せ。
ア コミュニケーションの場面を具体的に取り上げ、それらを社会的役割の観点から比較・分析している。
イ コミュニケーションを演劇の一場面として捉え、その社会関係を観客の視点から比較・分析している。
ウ コミュニケーションを構成するシナリオを例示し、その効果を社会的場面を通して比較・分析している。
エ コミュニケーションの場における問題を提起し、その解決策を社会学者の演習を通して比較・分析している。

(☆☆◎◎◎)

【二】次の文章を読んで、一～七の問いに答えよ。

学生だったころから三十になるかならない年齢のころまで、私は音楽の中で声楽というものにはどうしても馴染めないでいた。特にイタリアの晴れやかなベル・カントが駄目だった。理由は自分にもよくわからない。

思うに、その余りの晴れがましさが我が内部にうずくまっている劣等感をいやおうなしに刺激したからではなかろうか。青年は常に故なき劣等感のかたまりとして生きているから。

もう一つは、西洋の声楽の余りにもみごとに調整された「音」としてのａイ容と迫力を前に、私がこう感じていたためではなかったかと思われる。「これはもう、①言葉ってもんじゃないではないか！」

邦楽における歌唱だって、そんなことを言えば「言葉」とは思えないほど「音」の要素が強いではないか、というようには当時の私は考えなかった。邦楽というものに接する機会がほとんどなかったからにすぎないのだが。

つまりそのころの私には、「言葉」そのものが何やらひどく狭い範囲でしか考えられなかったということになるのだろう。私はたぶん「言葉」というものをひどく大事に思っていて、その場合の「言葉」とは、大ホールの隅々にまで響き渡る朗々たる声楽家の声によって表現されるようなものではなく、むしろ目によって文字の間から吸い上げられ、私の内部でひそかに反響しながら我が脳髄のいずこかにそっと着陸し、「詩」とよばれるものの本質をなす見えないものの中核部分を形づくってゆくはずのものであるようであった。

こういうアタマが、イタリア・オペラの絶唱にうっとり聴きほれることは困難だった。ベル・カントはかなわない、クロワザの唱うボードレールの《旅への誘い》のようなものなら耳を傾けもしようが、それにしたって声楽よりは器楽の方がなんぼかいい。そのようにこの［Ａ］はひとり力んで考えていたらしい。

いつのまにかそういうコンプレックスは消えて、歌手の声の一粒一粒の粒子運動そのものが、実は音楽の「言葉」にほかならないと気がついた。私の中で「言葉」の概念そのものが、多少幅も広がれば深さも少しは加わったためだろうと勝手ながら思っている。

ところで、今私がよく考えていることは、声と文字表現の違いということである。それはどういうことか。

私が今こうして書いている文章には、句読点がある。それは当然のこととして、私にも他のほとんどすべての人にも容認されている。けれども、日本語の文章にテンやマル、カッコ、カギカッコ、ダッシュ、疑問符、感嘆符その他、実にたくさんの文章記号が入ってきたのは、明治になってからのことであって、それ以前には、これらの記号は使われなかった。もちろん例外は多少あるとしても、日本人がいっせいにテンやマルを文章につけだしたのは明治初年代からのことである。明治六年に『小学国語読本』がこれを採用したときから、文章表記における革命的変化への道も開かれたらしい。

なぜテンやマルを使うようになったのかと言えば、もちろんそれは西洋の影響による。あちらの文章を見ると、テン、マルその他の記号が文章の重大な要素として使われているではないか。だからあれだけ論理的な思考が可能になったのだ、と当時の人々が考えたかどうかは知らないが、結果としてはまさにそうだった。従来テンもマルもカッコもなかった日本の文章にそれらが導入されると、人々は文章というものの、とくに［B］な意味の追求に熱心になった。テンもマルも、元来がそういう働きをするものとして西洋でも用いられたのだから当然である。

テンやマルのおかげで、私たちはずいぶん精密な文章が書けるようになった。このことは火をみるよりあきらかか。

けれど、私はこのごろしばしば思うのだが、日本人が文章を声とともに読むという習慣を喪失してゆく端緒も、さかのぼれば明治初年のテン、マル文の導入にまで行きつくのではなかろうか。

声というものには、テンもなければマルもない。カッコなんて、声のどこにもつけられない。その点に関する限り、江戸以前の日本語文章は、声の生理に即して書かれていた点で、本質的に現代日本語よりも「声」と固く結びついていたということができる。

その面に関してなら、歌人たちの書いたものにたくさんの重要な証言があったし、俳人松尾芭蕉も弟子たちに、「句成らずんば②舌頭に千転せよ」といつも言っていたという。

むべなるかな、あの人たちの書いた文章は、声にあげて読めば読むほど理解もしやすいのだ。彼らは皆、テンやマルやカッコを使わずに、さらさらと筆を走らせただけだった。テンやマルなしでも、筋も通れば息も通っている文章を書くことはできるということを、昔の日本人は当然の了解事項としていた。③どう見ても彼らの方が、「声」との親密な共同生活者としては我々よりもずっと上だった。

近ごろ考えていることの一つを言えば、そういうことである。

大岡　信『「忙即閑」を生きる』より

一　本文中の「aイ」と同じ漢字を用いているものはどれか。次のア～エから一つ選び、記号で記せ。

ア　イ心伝心

イ　イ気消沈

ウ　イ口同音

エ　イ風堂々

二　「①言葉ってもんじゃないではないか」とあるが、筆者は「言葉」をどのようなものと捉えていたか。本文中の言葉を用いて説明せよ。

三　A　にあてはまることばは何か。次のア～エから一つ選び、記号で記せ。

ア　井の中の蛙

イ　水を得た魚

ウ　馬の骨
エ　同じ穴の狢《むじな》

四　[B]にあてはまる言葉は何か。本文中から抜き出して記せ。

五　「②舌頭に千転せよ」とあるが、どのような意味か。説明せよ。

六　「③どう見ても彼らの方が、「声」との親密な共同生活者としては我々よりもずっと上だった」とあるが、筆者が述べようとしたことは何か。本文中の言葉を用いて六十字以上七十字以内で説明せよ。

七　次は、中学校学習指導要領「国語編」の第三学年「読むこと」の目標である。[a]、[b]にあてはまることばをそれぞれ記せ。

> 目的や意図に応じ、文章の展開や表現の仕方などを[a]しながら読む能力を身に付けさせるとともに、[b]を通して自己を向上させようとする態度を育てる。

（☆☆◎◎◎）

【三】次の文章を読んで、一～五の問いに答えよ。

世に語り伝ふること、まことは①あひなきにや、多くは皆空言也。あるには過ぎて、人は物を言ひなすに、まして年月過、境も隔たり②ぬれば、言ひたきままに語りなして、筆にも書きとどめぬれば、やがて定まりぬ。道々の物の上手のいみじきことなど、頑なる人のその道知らぬは、そぞろに神のごとくに言へど、道知れる人は、更に信起こさず。音に聞くと見る時とは、何事も変る物なり。

かつ顕るるをも顧みず、口に任せて言ひ散らすは、やがて浮きたることと聞ゆ。又、我もまことしからずは思ながら、人の言ひしままに、鼻のほどおこめきて言ふは、その人の空言にはあらず。げにげにしくところどころうちおぼめき、よく知らぬよしして、さるからつまづま合せて語る空言は、恐ろしきことなり。我がため面目あるやうに言はれぬる空言は、③人いたくあらがはず。皆人の興ずる空言は、ひとり、「さもなかりし物を」と言はむも詮なくて、聞きゐたるほどに、証人にさへなされて、いとど定まりぬべし。とにもかくにも、空言多き世なり。ただ常にある、めづらしからぬ事のままに心得たらむに、④よろづは違ふべからず。下ざまの人の物語りは、耳驚く事のみあり。よき人は怪しき事を語らず。

かくは言へど、仏神の奇特、権者の伝記、さのみ信ぜざるべきにはあらず。是は、世俗の空言をねんごろに信起こしたるもおこがましく、「よも」など言ふも詮なければ、大方はまことしくあひしらひて、ひとへに信ぜず、又疑ひ嘲けるべからずと也。

注　※鼻のほどおこめきて言ふは……小鼻のあたりを動かして言う嘘は
　　※詮なくて……無意味に思われてだまっている

新日本古典文学大系『徒然草』より

一　次の語の品詞をそれぞれ記せ。
　①あひなき　②ぬれ

二　「③人いたくあらがはず」とあるが、「人」を明らかにして現代語訳せよ。

三　「よろづは違ふべからず」とあるが、どのようにしていれば間違いがないと述べているか。説明せよ。
四　筆者は、教養がある人の「空言」に対する姿勢についてどのように述べているか。説明せよ。
五　あなたが、本文を中学三年の授業で扱う場合、生徒が古典に親しむことをねらいとして、どのような言語活動を通して指導をするか。具体的に答えよ。なお、現代語訳は生徒に配付することとする。

（☆☆◎◎◎）

【高等学校】

【一】次の文章を読んで、後の問いに答えよ。

科学革命の第一幕はコペルニクス[※1]による天文学の革命、すなわち天動説(地球中心説)から地動説(太陽中心説)への転換によって幕を開けた。これは天上の物体(天体)の運行に関する古来の説明体系を根底から覆すものであった。［A］、コペルニクスがなおも固執した「一様な円運動」の原理をはじめ、古代天文学のすべてのドグマ[※2]が一掃されるためには、ケプラー[※3]の登場を待たねばならなかった。それと同時に、ケプラーによって初めて、天体の運動を物理的な力によって説明する道が開かれたのである。

他方、地上の物体の運動については、中世末期にビュリダン[※4]らによって「インペトゥス(impetus)理論」が唱えられ、物体の本性に即した「自然運動」の概念を基盤とするアリストテレス[※5]の運動論から脱却する動きが始まった。インペトゥス(勢い)とは物体の質量と速度に比例する一種の運動力であり、これが運動する物体の中に注ぎ込まれることによって、投射運動や自由落下の加速度運動のような変則的運動が可能になると考えられたのである。だが、インペトゥス理論はアリストテレス的存在論を前提していた点であくまでも過渡的理論であり、真の意味で近代力学の基礎を築いたのはガリレオ[※6]であった。彼は運動論の革新をなしとげたのみならず、自然観そのものの根本的転回をもたらしたからである。②「質的」自然観から「量的」自然観へというガリレオが踏み出した決定的一歩は、彼の『偽金鑑識官』(一六二三年)の一節に見ることができる。

哲学は、眼のまえにたえず開かれているこの最も巨大な書[すなわち宇宙]のなかに、書かれているのです。しかし、まずその言語を理解し、そこに書かれている文字を解読することを学ばないかぎり、理解できません。その書は数学の言語で書かれており、その文字は三角形、円その他の幾何学図形であって、これらの手段がなければ、人間の力では、そのことばを理解できないのです。それなしには、暗い迷宮を虚しくさまようだけなのです。

ここで「哲学」とは自然哲学ないしは今日の自然科学のことと考えてよい。通常「宇宙という書物は数学の言葉で書かれている」と要約されるこの一句は、自然界が数学的構造をもっており、それを支配する法則は数量的に表現された変数間の関数関係によって定式化できることを主張している。その意味で、③この言葉は近代科学の方法論的マニフェストとでも言うべきものである。

物体の自然本性に基づく「質的空間」から数学的に規定可能な等方等質の「量的空間」へのこのような転換を可能にしたのは、ガリレオによる一次性質と二次性質との区別であった。彼は物体のもつ諸性質のうち、形、数、運動、大小、時空位置などを「一次性質」と呼び、これを物体から分離することのできない実在的性質と考えた。それに対して、物体の色、音、味、匂いなどは人間の感覚器官を通じてのみ現れる見かけ上の性質であると考え、これらを「二次性質」と呼んだ。ガリレオが「わたしたちのうちに、味、匂い、音を生じさせるのに、外的物体について、その大きさ、形、数、遅いもしくは速い運動といった以外のものが必要であるとは思いません。そのうえ、耳、舌、鼻をそぎとってしまったら、形、数、運動はたしかにのこりますが、匂いも、味も、音もまったくのこりはしないと判断します」と述べているように、一次性質は感覚器官から独立の客観的性質であるのに対し、二次性質は感覚器官とともに生成消滅する主観的性質にすぎないのである。

　ガリレオはこの区別に基づいて、自然界を構成する実在的性質は定量的に測定可能な一次性質のみであると考え、数量化できない定性的な二次性質を自然認識の対象から除外した。同様の操作は、物体の本性を長さ・幅・深さから成る「延長」に求めたデカルト[※7]によってもなされている。こうした感覚的性質の排除によって、質的差異をもたない空虚な空間の中を「無色・無音・無味・無臭」の物体が数学的法則にしたがって運動する、という近代科学的な自然観が成立したのである。その後の科学の歴史は、色や音など定性的な二次性質を次々に測定可能な物理量として数量化し、数学の言葉に④ホンヤクしていく過程であったと言ってよい。

　現象学の創始者フッサール[※8]は、このような自然観の転換を「ガリレオによる自然の数学化」と呼んだ。彼によれば、われわれ人間が生きている世界は、二次性質や心的述語(嬉しい、悲しい、痛い、等)に彩られ、感覚や感情に満ち溢れた「生活世界(Leben swelt)」なのである。だが、客観的な一次性質の間の数量的関係のみを考察する物理学によっては、この生活世界のあり方を⑤ジュウゼンに把握することはできない。それゆえフッサールはガリレオについて「物理学の、したがってまた⑥物理的自然の発見者ガリレオは、発見する天才であると同時に隠蔽する天才でもあるのだ」と述べている。ガリレオは振り子の等時性や落体の法則を発見した天才であると同時に、生き生きとした直接経験の世界、すなわち生活世界を「数式の衣」で覆い隠してしまった、というのである。

B、自然科学が考察の対象を数学的に記述可能な一次性質の領域に限ることそれ自体に問題があるわけではない。また、そのことによって科学理論が精密化を推し進め、多大の技術的成果を挙げてきたことも認められてよい。しかし、そこからさらに歩を進め、⑦数学的自然科学が記述する物理的世界こそ客観的な真の実在であり、感覚や感情に満ちた生活世界を主観的―相対的な二次的所産であると考えることを、フッサールは本末転倒として批判するのである。

フッサールによれば、生活世界はいっさいの認識に先立ってあらかじめ与えられている感覚的経験の世界であり、科学的認識にとっても普遍的な「意味基底」としての役割を果たしている。つまり、科学的知識がもつ客観性や普遍妥当性も、前科学的な生活世界的経験の明証性に根をおろし、そこに基盤をもっている。ところが、その事実を覆い隠し、忘却させたことによって、ガリレオは生活世界を「隠蔽する天才」でもあったのである。

出典は、野家啓一「科学哲学への招待」(筑摩書房)。なお、一部省略した部分がある。

語注

※1　コペルニクス……ポーランドの天文学者(一四七三年～一五四三年)。
※2　ドグマ……教義、教説。
※3　ケプラー……ドイツの天文学者(一五七一年～一六三〇年)。
※4　ビュリダン……フランスの哲学者(一三〇〇年～一三五八年)。
※5　アリストテレス……ギリシアの哲学者(前三八四年～前三二二年)。
※6　ガリレオ……イタリアの物理学者(一五六四年～一六四二年)。
※7　デカルト……フランスの哲学者(一五九六年～一六五〇年)。
※8　フッサール……ドイツの哲学者(一八五九年～一九三八年)。

問一　空欄 A 、 B に入る最も適当な語句を、それぞれ次の中から選び、記号で答えよ。ただし、同じ記号は二度使えないものとする。

ア　つまり　イ　もちろん　ウ　ところで　エ　たとえば　オ　しかし

問二　傍線部④、⑤のカタカナを漢字に改めよ。

④　ホンヤク　⑤　ジュウゼン

問三　傍線部①「固執」の意味を説明せよ。

問四　傍線部②「『質的』自然観から『量的』自然観へというガリレオが踏み出した決定的一歩」について説明した次の文の□にはどのような言葉が入るか。本文中から八字で抜き出して答えよ。

ガリレオは物体のもつ諸性質から、物体の色、音、味、匂いなどの□を試みることで、「質的」自然観から「量的」自然観への転換という自然観そのものの根本的転回を図ったということ。

問五　傍線部③「この言葉は近代科学の方法論的マニフェストとでも言うべきものである」とあるが、どういうことか。五十字以上六十字以内で説明せよ。

問六　傍線部⑥「物理的自然の発見者ガリレオは、発見する天才であると同時に隠蔽する天才でもあるのだ」について、この部分と同じ趣旨を持った例はどれか。次のア～エの中から最も適当なものを一つ選び、記号で答えよ。

ア　手にとっただけでその商品の重さがわかる職人の感覚は、実際の重量を測れる器具の機能を脅かすものである。

イ　コロンブスが新大陸を発見したという説明は、以前からその地に暮らしていた民族の存在を無視している。

ウ　光の明るさを「照度」として数値化するとき、そこには木漏れ日を心地よく感じるといった実感は含まれない。

エ　食事を食品の「熱量」のみでとらえることは、どれだけの種類の食品を食べたのかという数量を考慮していない。

問七　傍線部⑦「数学的自然科学が記述する物理的世界こそ客観的な真の実在であり、感覚や感情に満ちた生活世界を主観的―相対的な二次的所産であると考えることを、フッサールは本末転倒として批判するのである」とあるが、フッサールがこのように批判するのはなぜか。八十字以上九十字以内で説明せよ。

問八　本文について説明した文として適当なものはどれか。次のア～エの中からすべて選び、記号で答えよ。

ア　筆者はガリレオが著した『偽金鑑識官』の一部を引用することで、ガリレオが数量的に自然界を把握しようとしていたことを説明している。

イ　ビュリダンらによって唱えられた「インペトゥス理論」はそれまで主流派だったアリストテレスの運動論と対置される革新的な理論であった。

ウ　ガリレオは物体の性質を二つに区別したが、そのうち感覚器官から独立した、形、数、運動などの主観的で実在的な性質を「一次性質」と呼ぶ。

エ　フッサールは「自然の数学化」の過程で生まれた物理学だけでは、感覚や感情に満ちた生活世界のありようを捉えることはできないと唱えた。

（☆☆☆◎◎◎）

【二】次の文章を読んで、後の問いに答えよ。

一宮[※1]すで①に初冠めして、深宮の内に人とならせ給ひし後、御才学もいみじく、容顔も世に勝れておはせしかば、春宮に立たせ給ひなんと、世の人時めきあへりしに、関東[※2]の計らひとして思ひの外に、後二条[※3]の院第一の御子春宮に立たせ給ひしかば、一宮に参り仕へし人々も、皆望みを失ひ、宮も世の中よろづうちしをれたる御心地して、明暮はただ詩歌に御心を寄せ、風月に思ひを傷ましめ給ふ。②折節に付けたる御遊びなんどあれども、さして興ぜさせ給ふこともなし。さるに付けては、いかなる宮腹、一の人の御女などをかくと③仰せらるるとも、御心を尽くさせ給ふまではあらじとおぼえしに、御心に染む色もなかりけるにや、これをと思しめされたる御気色もなく、ただ独りのみ年月をぞ送らせ給ひける。ある時関白左大臣家にて、なま上達部・殿上人、あまた集めて絵合せのありけるに、洞院左大将の出だされたりける絵に、【源氏[※4]の優婆塞《うばそく》の宮の御女、すこし真木柱に居隠れて［A］を調べ給ひしに、雲隠れしたる月の、にはかaにいと明くさし出でたれば、④扇ならでも招きつべかりけりとて、［B］を揚げてさしのぞきたる顔つき、いみじく臈たけて匂やかなる気色を、いふばかりなく筆を尽くしてぞ書きたりける。】一宮この絵を御覧ぜられ、限りなく御心に懸かりければ、この絵をしばらく召し置かれて、見るに慰む方もやとて、返す返す御覧ぜらるれども、⑤御心さらに慰まず。昔漢の李夫人含泉殿の病の床bに臥してはかなくなり給ひしを、武帝悲しみに堪へかねて、反[※6]《はん》魂香《ごんかう》を焼かれしに、李夫人の面影煙の中にほのかに見えたりしを、似絵に描かせて⑥御覧ぜられしかども、「言はず、笑はず、人を愁殺せしむ」と武帝の嘆き給ひなんも、げcに理と思ひ知らせ給ふ。我ながらはかなの心迷ひかな、まことの色を見てだにも、世は皆夢の中の現とこそ思ひ捨つることなるに、こはそも何事のあだし心ぞや。⑦遍昭僧正の歌を貫之が、「歌の様は得たれども、実少なし。絵にかける女を見ていたづらに心を動かすがごとし」といひし、その類にもなりぬるものかなと思ひ捨て給へども、なほ⑧あやにくなる御心胸に満ちて、限りなき御物思ひになりければ、かたへの色異なる人を御覧じても、御目をｄだにもめぐらされず。まして⑨時々の便に付けてこと問ひ通はし給ふ御方様へは、一村雨の過ぐるほどの笠宿りに立ち寄るべき心地も思し召さず。

出典は、「新編日本古典文学全集　太平記」（小学館）。なお、表記等で一部改めたものがある。

語注

※1　一宮……後醍醐天皇の第一皇子、尊良親王。
※2　関東……鎌倉幕府第十四代執権、北条高時。
※3　後二条の院第一の御子……後二条天皇の第一皇子、邦良親王。
※4　源氏の優婆塞の宮……『源氏物語』の登場人物、宇治の八宮。
※5　李夫人……中国前漢の武帝からの寵愛を受けた女性。
※6　反魂香……死者の魂を呼び返すという香。

問一　本文を内容上二つのまとまりに区切る場合、第二のまとまりに相当する部分の最初の五字を本文中から抜き出して記せ。

問二　本文中の【　】は、『源氏物語』「橋姫」の次の引用部分を踏まえたものである。この引用部分から、空欄［A］、［B］に入る適当な語をそれぞれ過不足なく抜き出して記せ。

内なる人、一人は柱にすこしゐ隠れて、琵琶を前に置きて、撥《ばち》を手まさぐりにしつつゐたるに、雲隠れたりつる月のにはかにいと明くさし出でたれば、「扇ならで、これしても月はまねきつべかりけり」とて、さしのぞきたる顔、いみじくらうたげににほひやかなるべし。

出典は、「新編日本古典文学全集　源氏物語」（小学館）。

問三　傍線部①「に」と文法的働きが同じものを次のa～d（いずれも本文中のもの）の中から一つ選び、記号で答えよ。

a　雲隠れしたる月の、にはかにいと明くさし出でたれば
b　昔漢の李夫人含泉殿の病の床に臥してはかなくなり給ひしを
c　武帝の嘆き給ひなんも、げに理と思ひ知らせ給ふ
d　色異なる人を御覧じても、御目をだにもめぐらされず

問四　傍線部②「折節に付けたる御遊びなんどあれども、さして興ぜさせ給ふこともなし」とあるが、一宮がこのような状態であるのはなぜか。五十字以上六十字以内で説明せよ。

問五　傍線部③「仰せらるる」、⑥「御覧ぜられ」の敬語の敬意の対象は誰か。次のア～オから選び、それぞれ記号で答えよ。

ア　一宮　イ　洞院左大将　ウ　いかなる宮腹、一の人の御女など　エ　武帝　オ　李夫人

問六　傍線部④「扇ならでも招きつべかりけり」、⑥「御心さらに慰まず」をそれぞれ現代語訳せよ。ただし、④については何を「招く」のかを、⑤は「御心」の具体的内容を明らかにすること。

問七　傍線部⑦「遍昭僧正の歌」とあるが、『古今和歌集』「仮名序」において、紀貫之は遍昭僧正（僧正遍昭）の次の和歌を「歌のさまは得たれども、まことすくなし」として挙げている。この和歌について説明した

文として適当なものはどれか。後のア～エの中から一つ選び、記号で答えよ。

あさみどり糸よりかけて白露を玉にもぬける春の柳か

ア　「あさみどり」が「糸」に係る枕詞に、「よりかけて」が「縒りかけて」と「寄りかけて」の掛詞になっている。しなやかな春の柳の枝に、輝く白露が身をまかせるようについている情景を詠んだものである。

イ　「あさみどり」が「糸」に係る枕詞になっており、また、「より」「かけ」「ぬけ」が「糸」の縁語となっている。芽吹いたばかりの柳の枝に白露が糸を通した玉のようについている情景を詠んだものである。

ウ　「より」が「縒り」と「因り」の掛詞になっており、「柳の枝」を「糸」に「白露」を「玉」になぞらえる見立てになっている。浅緑の柳の枝に白露が点々とついている装飾品のような様を詠んだものである。

エ　「あさみどり糸よりかけて」が「白露」を導く序詞に、「みどり」「露」「柳」が「春」の縁語となっている。緑と白の色彩を対比させ、若々しい柳の枝に白露が瑞々しくついている様を詠んだものである。

問八　傍線部⑧「あやにくなる御心」を具体的に表している言葉はどれか。本文中から四字で抜き出して記せ。

問九　傍線部⑨「時々の便に付けてこと問ひ通はし給ふ御方様へは、一村雨の過ぐるほどの笠宿りに立ち寄るべき心地も思し召さず」とあるが、どういうことか。ここまでの内容を踏まえた上で、主体を明らかにして四十字以上五十字以内で説明せよ。

（☆☆☆☆◎◎◎◎）

【三】次の漢文を読んで、後の問いに答えよ。（ただし、設問の都合上、訓点を省略した箇所がある）

※1魏《ノ》文侯①燕飲《シ》、②皆令諸大夫論己。或《イハ》言《ヒ》二君《ノ》仁《ナルヲ》一、或《イハ》
言《ヒ》二君《ノ》義《ナルヲ》一、或《ヒハ》言《フ》二君之智《ナルヲ》一也。至《ル》二於※2任座《ニ》一。任座曰《ハク》、「君《ハ》不
肖《ノ》君也。得《テ》二※3中山《ヲ》一不《シテ》三以《テ》封《ゼ》二君之弟《ヲ》一、而以《テ》封《ジタリ》二君之子《ヲ》一。
③是以知《ルト》二君之不肖《ナルヲ》一也。」④文侯不説、知於顔色。任座
趨《はしりテ》而出《ツ》。次及《ブ》二※4翟《てき》黄《かう》《ニ》一。翟黄曰《ハク》、「君《ハ》賢君也。臣聞《ク》、其《ノ》主
賢《ナル》者《ハ》、其《ノ》臣之言⑤直《ナリ》。今者任座之言《ハ》直《ナリ》。是以知《ル》二君
之賢《ナルヲ》一也。」文侯喜《ビテ》曰《ハク》、「可《キ》レ反《ス》歟《かト》。」翟黄⑥対曰《ハク》、「⑦奚為不
可。臣聞《ク》、⑧忠臣《ハ》畢《クシテ》二其《ノ》忠《ヲ》一、而不《ト》三敢《ヘテ》遠《ザケ》二其《ノ》死《ヲ》一。座⑨殆尚《ホ》在《ラント》二
於門《ニ》一。」翟黄往《キテ》視《レバ》レ之《ヲ》、任座在《リ》二於門《ニ》一。以《テ》二君《ノ》令《ヲ》一召《ス》レ之《ヲ》。任

座入ルニ、文侯下リテレ階ヲ而迎フレ之ヲ。⑩終ニ座ヲ以テ為ニ上客一ト。文侯ニ
微カリセバ二 A 一、則チ幾ド失ヒシナラン二忠臣ヲ一矣。上、順ヒテ二乎主ノ心ニ一以テ顕セルハ二賢
者ヲ一、其レ唯ダ B 乎。

出典は、「新編漢文選　呂氏春秋」(明治書院)。ただし、表記と訓点を改めた部分がある。

語注
※1　魏文侯…戦国時代の魏国の君主。
※2　任座…魏国の大夫。
※3　中山…戦国時代の国名。
※4　翟黄…魏国の大夫。

問一　傍線部①「燕飲」、⑤「直」について、それぞれ次の問いに答えよ。
(1)　傍線部①「燕飲」の意味を説明せよ。
(2)　傍線部⑤の「直」と同じ意味・用法を持つ語を含む熟語として最も適当なものを次のア～エの中から一つ選び、記号で答えよ。

ア　直行　イ　宿直　ウ　直後　エ　安直

問二　傍線部②「令諸大夫論己」に、返り点及び送り仮名を施せ。

問三　傍線部③「是以」、⑥「対」、⑨「殆」の読みを、送り仮名も含めて、ひらがなで答えよ。

問四　傍線部④「文侯不説、知於顔色」について説明した次の文の［Ⅰ］、［Ⅱ］に入る言葉をそれぞれ指定された字数で答えよ。

> 中山国の統治に関して［Ⅰ（二十字以上二十五字以内）］と任座が発言したため、文侯は［Ⅱ（五字以内）］と感じ、その心情が顔色に出たということ。

問五　傍線部⑦「奚為不可」をすべてひらがなにした書き下し文として最も適当なものを次のア～エの中から一つ選び、記号で答えよ。

ア　なんすれぞふかならん

イ　いかんぞふかとなす

ウ　いづくんぞかならざらん

エ　あにふかとなさんや

問六　傍線部⑧「忠臣畢其忠、而不敢遠其死」とはどういうことか。説明せよ。

問七　傍線部⑩「終座以為上客」とあるが、「文侯」が「任座」を「上客」にしたのはなぜか。本文に即して六十字以上七十字以内で説明せよ。

問八　空欄［A］、［B］に入る語の組み合わせとして最も適当なものを次のア～エの中から一つ選び、記号で答えよ。

ア　A　任座　B　文俟
イ　A　翟冀　B　文俟
ウ　A　翟冀　B　翟冀
エ　A　任座　B　任座

（☆☆☆◎◎◎◎）

解答・解説

【中学校】

【二】一　(1) 副詞　(2) 静かにおごそかなさま。　(3) かったつ　(4) 滞　二　イ　三　教員は淀みなく語り、学生たちは黙って話に耳を傾け、両者が役割を自覚し演じること。(四十字)　四　シンポジウムは、会議と違い「観客」の存在が加わることで、演題や料金などの準備だけでなく、パフォーマンスに集中させるために舞台裏を見られないようにするなどのコミュニケーションの場を作る必要があるから。(九十九字)　五　ア

〈解説〉一　(1) 副詞は、主に用言(動詞・形容詞・形容動詞)を修飾する言葉である。　(2) 読みは「しゅくしゅく」で、「何が起こっても、予定通り着実に行う様子」という意味もある。意味がわからない場合は、問題文で「闊達」と対比して述べられていることを踏まえて考えるとよい。　(3)「度量が広く、小事にこだ

わらないさま」という意味がある。(4)「物事がつかえて順調に進まない状態になる」という意味で、類義の熟語として「停滞」があげられる。　二　空欄Aを含む段落は、前段の例証となっている。前段はコミュニケーションを考える上で、私たちが「社会的役割」に「暗黙の期待を寄せる」ことが書かれているが、空欄Aの前に「いっぽうで、」とあることからも、空欄後の文意は反転していることを踏まえて考えよう。　三　条件1の「役割」がヒントになるだろう。講義における「教員」と「学生」の役割についての記述は、傍線部①を含む段落にある。「両者がそれぞれの役割を自覚し」、「適切に演じる」とき、『講義らしい』場面が生まれる」とあることから、それぞれの役割を具体的に記した箇所を抽出し、制限字数内にまとめればよい。　四　シンポジウムと会議との相違は「観客」の存在にある。したがって、本文の第六~七段落で述べられている内容を制限字数内にまとめればよい。　五　イは「観客の視点」が誤り。ウは本文中にシナリオの例示はない。エは本文中に書かれていない。

【二】一　エ　二　声楽の声と違い、視覚的に吸い上げられ、私の内部で「詩」の本質の中核部分を形づくるもの。　三　ア　四　論理的　五　何度も口にすること。　六　江戸時代以前の日本人は、句読点などの記号を用いなくても、声の生理に即して文章を書き上げることで、論理性を高めることができていたということ。(六十九字)　七　a　評価　b　読書

〈解説〉一　「威容」は威勢のあるりっぱな姿、という意味である。アは以心伝心、イは意気消沈、ウは異口同音、エは威風堂々である。それぞれの四字熟語の意味も確認しておくこと。　二　傍線部①の二段落後で、「その場合の『言葉』とは、」から、「そのころの私」が「ひどく大事に思ってい」た言葉について説明している。その内容をまとめればよい。　三　アは自分の狭い知識や考えにとらわれて、他の広い世界のあることを

知らないで得々としているさま、イはその人に合った場で生き生きと活躍するようす、ウは素性のはっきりしない者をあざけっていう語、エは一見関係がないようでも実は同類・仲間であることのたとえである。空欄直後の「ひとり力んで…」がヒントになるだろう。　四　句読点の効用は、「論理的な思考」を可能にしたことにある。また、句読点は「元来がそういう働きをするものとして西洋でも用いられた」ことを踏まえて考えればよい。　五　江戸時代以前の日本語の文章は、本質的に現代日本語よりも「声」と固く結びついていたことを踏まえて考えるとよいだろう。なお、「舌頭」は舌の先・言葉、「千」は数が多いことを意味する。

六　傍線部③では「彼ら」と「我々」とが対比されていることに注目すること。ここでの「彼ら」とは江戸時代以前の日本人のことであり、句読点などを用いず、声の生理に即して書くことで筋も通れば息も通っている文章を書くことができたと述べている。　七　学習指導要領は体系的に理解することが大切である。各学年とも各領域の目標は、相互の密接な関連の上に成り立っており、指導事項と言語活動例などが系統的・段階的に体系化されている。それを前提に、出題の「第三学年『読むこと』の目標」を理解しておくこと。

【三】一　①　形容詞　②　助動詞　二　名誉ある嘘を言われた人は、ひどく否定したりしない。

三　人の言うことを、当たり前で珍しくないことと思っていること。　四　教養のある人は、奇怪なことを語らない。　五　テーマ…「現代における『空言』について考えよう」　内容…『徒然草』(鎌倉時代)で述べられている「空言」と現代の「空言」を比較し、友人と話し合うことを通して自分の考えを深める言語活動を設定する。

〈解説〉一　①「あい(ひ)なし」(ク活用)の連体形で、「不本意だ・おもしろくない」という意味である。

②　完了の助動詞「ぬ」の已然形である。　二　この「人」については、傍線部③の直前に注目すること。つ

まり、「我がため面目あるやうに言はれぬる空言」を言われた「人」を指す。副詞「いたく」は下に打消の語を伴い「大して、さほど…ない」、「あらがふ」（ハ行四段）は「否定する」といった意味である。　三　傍線部④の現代語訳は「万事間違いないはずである」である。直前の「ただ常にある、めづらしからぬ事のままに心得たらむに、」に目的語をつけてまとめればよい。「心得」（ア行下二段）は「理解する、判断する」という意味である。　四　後文で「下ざまの人」と「よき人」とが対比的に語られていることに注目する。「よき人」は「教養がある人」のこと。「怪し」（シク活用）は、ここでは「不思議だ、変だ」の意味だが、その他に「身分が低い・みすぼらしい」といった意味がある重要な単語である。　五　問題文の「ねらい」から、伝統的な言語文化に親しむ観点を持った「言語活動」を工夫する必要があることに注意する。現代語訳を生徒に配布することがヒントになるだろう。古語と現代語の意味の相違は、古文を楽しむことにつながる一方、生徒が古文を苦手とする一因にもなっている。その点を踏まえながら効果的な活動を考えたい。

【高等学校】

【一】問一　A　オ　B　イ　問二　④　翻訳　⑤　十全　問三　自分の主張を曲げない　問四　感覚的性質の排除　問五　数学的構造を持つ自然界を支配する法則は定式化できるというガリレオの自然観が、近代科学の発展の拠り所となったということ。（五十九字）　問六　ウ　問七　生活世界は全ての認識に先立つものであり、科学的認識にとっても普遍的な「意味基底」となるというフッサールの考えを踏まえると、むしろ物理的世界が生活世界の二次的所産であるといえるから。（八十九字）　問八　ア、エ

〈解説〉問一　A　空欄前後の文脈は逆接の関係にあることから、「しかし」が適切である。　B　「もちろん」は下に続く部分について「間違いない」と念を押す言葉で、その後に条件を付けて用いることもある。　問二　⑤は「万全」を意味する。「従前」ではないことに注意すること。　問三　「こしゅう(こしつ)」と読む。

「固」は「かたく・しっかりと」、「執」は「しつこく取りつく」という意味がある。　問四　設問文の「八字」、および問題で示された「物体の色、音、味、匂い」の総称が解答に含まれること等がヒントになる。第五～六段落で示されている具体的内容から該当する語をあてはめればよい。「二次性質との区別」と考えた人もいるかもしれないが、第六段落最初の一文から「区別」はあくまでも「排除」のための過程にすぎないことがわかるため、解答としては不十分と考えられる。　問五　「マニフェスト」とは宣言(書)、声明(書)のことであり、問題文中では近代科学の発展の拠り所と位置づけられる。③の前にある「その意味で、」とあるが、指示内容は前文である。　問六　フッサールは、ガリレオが「自然界を構成する実在的性質」を「一次性質」のみであると考え、「感覚的経験の世界」の「数量化できない定性的な二次性質」を「自然認識の対象から除外し」、覆い隠したと述べているのである。ウの「木漏れ日を心地よく感じ取るといった実感」は「二次性質」である。問七　最終段落の内容をまとめればよい。数学的自然科学と感覚的経験の世界の対比を生かしながらまとめること。　問八　イ　インペトゥス理論はアリストテレス的存在論を前提としていた点であくまでも過渡的な理論であるとしている。　ウ　形、数、運動などの「一次性質」は感覚器官から独立の客観的性質であり、「主観的」ではない。

【二】問一　ある時関白　問二　A　琵琶　B　撥　問三　c　問四　自分が皇太子になるという周囲や自分の期待に反し、後二条の院第一の御子が皇太子に立ったことで、一宮は失意の中にあったから。(六十字)　問五　③　ア　⑥　エ　問六　④　扇でなくても(撥でも)月をきっと招き寄せることができたよ　⑤　絵に描かれた女性を慕う一宮の恋心は全く慰められなかった　問七　イ　問八　あだし心　問九　絵の女性に恋した一宮は、親交のあった女性に対しても、少しも興味を持たなくなってしまったという

こと。(四十九字)

〈解説〉問一　第一のまとまりには、皇太子に立つことができず、女性に懸想すらできなくなった一宮の絶望感が語られている。それに対して、第二のまとまりには、絵合せで手に入れた絵の女性を激しく恋慕する一宮の心中が、第一のまとまりとは対比的に語られている。作品世界を構造的に捉えることが大切である。

問二　A　空欄直後に「調べ」(バ行下二段)があることに着目する。「音楽を奏する」の意であるから、引用部分から楽器を見出せばよい。　B　空欄直前の④は引用部分の「扇ならで、これしても月はまねきつべかりけり」に相当する。「揚げてさしのぞ」いた物は、引用部分の「これ」が指すものであるから、引用部分からそれを見出せばよい。　問三　①は副詞「すでに」の一部である。aは形容動詞「にはか」(ナリ活用)の活用語尾、bは場所を示す格助詞、dは副助詞「だに」の一部である。　問四　「遊び」は管弦の遊び、「興ず」(サ変)はおもしろがる、「さして」(副詞)は下に打消の表現を伴って「これといって、たいして」という意味である。②の直前に「皆望みを失ひ、宮も世の中よろづうちしをれたる御心地して」とあることに注目する。

問五　③「仰す」(サ行下二段)は「言ふ」の尊敬語で、「らる」は尊敬の助動詞であり、語り手から動作主に対する敬意を表す。該当の傍線箇所を含む一文で語り手は、皇太子に立てず失望した「宮」の女性に対する心情や様子を語っている。　⑥「御覧ず」(サ変)は「見る」の尊敬語である。武帝の反魂香について語り手が語る例話の中に該当の傍線部がある。　問六　④「で」は打消の接続助詞、「つ」は完了の助動詞(終止形)で強意を表す。また、「べかり」は推量の助動詞「べし」の連用形で可能を、「けり」は過去の助動詞(終止形)で詠嘆の意を表す。傍線部直前にある「雲隠れしたる月の、にはかにいと明くさし出でたれば、」の「月」に着目すること。「ば」は接続助詞で、ここでは完了の助動詞「たり」の已然形に接続し、原因・理由を示している。　⑤「さらに」(副詞)は下に打消の表現を伴って「まったく、いっこうに」の意を表す。「一宮この絵を御覧ぜられ、限りなく御心に懸かりければ、」とあることから、一宮は絵に描かれた女性に激しく執心していたことがわかる。　問七　「ぬく(貫く)」(カ行四段)は「穴に通す、刺し通す」の意。「ぬく」の意を反映して「柳(の枝)〔糸〕」と「白露〔玉〕」との関係を適切に説明したものを解答する。枕詞・序詞・掛詞・縁語など、和歌の修辞法については一度整理しておくこと。なお、「見立て」はある事柄を他の事柄になぞらえたり、見なしたりする技法のこと。　問八　「一宮」の「御心」を読み取る問題である。武帝の反魂香の例話から遍昭僧正の歌の例話への語りには、「一宮」の「はかなの心迷ひ」「あだし心」「あやにくなる御心」「限りなき御物思ひ」などが畳み掛けるように語られている。文脈に即して適切に読み取ることが大切である。形容動詞「あやにく」(ナリ活用)は「意地が悪い、憎らしく思われる」という意味である。　問九　⑨は「親交のあった女性に対しても、にわか雨をやり過ごす程度の雨宿りにさえ立ち寄るお心持ちにはなられない」と、絵に描かれた女性に恋した「一宮」の心情を表している。

【三】問一　(1)　酒宴を開くこと　(2)　ア　問二　令ム二諸大夫ヲシテ論ゼ一レ己ヲ

問三　③　ここをもって　⑥　こたへて　⑨　ほとんど　問四　Ⅰ　弟でなく子どもに任せた自分のことを愚かな君主である(二十五字)　Ⅱ　不快なこと　問五　ア　問六　忠臣というのは忠義を尽くして、決して死を恐れはしないということ。　問七　君主が賢人であれば、臣下は君主におもねることなく直言を述べるという翟黄の言葉を聞き、直言を述べた任座を大切な家臣として認識したから。(六十七字)

問八　ウ

〈解説〉問一　(1)「燕」は同音の「宴」を借りて、酒盛りを表す。(2)「直」は様々な意味・用法を持つ。アは「まっすぐだ」、イは「とのいする」、ウは「すぐに」、エは「値段・価値」を示す。任座は率直に発言したのでアが同じ意味・用法を持つものとわかる。　問二　使役形に注意して訓点を付ける。「諸大夫に命じて、自分のことを論評させた」ということ。　問三　③　前文を受けて「こういうわけで、だから」という意味である。　⑥　多く目上の人の問いに答える場合に用いる。　⑨　「きっと、恐らく」という意味である。問四　Ⅰ　直前の任座の発言内容をまとめればよい。任座は文侯のことを愚かな君主であると述べている。Ⅱ　「説」は「よころブ」と読み、「心に満足して嬉しく思う」の意を示す。　問五　「どうしてできないことがありましょうか、いや、できます。」（反語）の意味である。疑問形、反語形など基本的な句法は暗記しておくこと。　問六　「不敢…」は「決して…しない」という強い否定を表す。「敢不…(乎)」（反語形）と一緒に覚えておくとよい。　問七　翟黄の進言を理解すること。翟黄の進言に賢者を自負した文侯は喜び、直言した任座を特に丁寧にもてなす賓客としたのである。　問八　A、Bを含む本文の終わりの二行には、語り手の人物評価が述べられている。Aは、文侯が忠臣を失わずに済んだのは誰がいたからかを考える。Bは、賢者を顕彰させた人物を本文中から読み取ればよい。「顕」は功績などを称えて、広く世間に知らせることを意味する。

二〇一七年度　実施問題

【中学校】

【一】次の文章を読んで、一〜六の問いに答えよ。

　哲学については、ものごとを深く考え抜くことという暗黙の了解がある。ものごとをよりベーシックな視点から捉えなおすという、[a]茫洋としたイメージである。おなじように、哲学的思考といえばだれしも「根源的」とか「根元的」といった形容を思い浮かべる。ここで「根源的」とはドイツ語でursprünglich、つまりは「源泉(Ursprung)に立ち返って」という意味だし、「根元的」は英語でradical、字義的には「根っこ(radix)から」、ひいては「徹底的に」ということを意味する。より基礎的な次元からものごとを捉えなおすという意味では、哲学はたしかに深く問い、考えようとする。けれども哲学は同時に、その「深い」ということじたいも問題にする。思考が「深い」とはどういうことか。ものごとの深みへと下降していってはたしてこれが最後の底といえるものにほんとうに到りつくのか。そのような「基底」―― 究極の「根拠」(Grund)ないしは「基盤」(fundamentum)―― といったものがほんとうに存在するのか。むしろそのような幻想らしきものが哲学というものを支えてきたのではないか……と。「深さ」の思考そのものを批判的に[b]ギンミするということも、哲学はずっと同時におこなってきたのである。

　そういう哲学の思考にアプローチしようとしてひとがまずぶつかる問いは、哲学はそもそも研究として取り組まれる一つの学科なのかどうかという問題であろう。

ふつうの学問なら、まずはそれが対象とする領域を劃定し、さらにそれにアプローチする方法を明示することで、当の学問を定義することから始める。じっさい、大学のなかにある諸学科の講義は、医学、生物学から数学、法学、経済学、言語学まで、いずれも、まずは当該学科の定義から始められる。これはどういう学問で、何をどんな方法で問い、分析するか、というふうに。

ところが哲学研究の対象となるものといえば、自然哲学、歴史哲学、数理哲学、科学哲学、法哲学、経済哲学、宗教哲学、芸術哲学、さらには価値の哲学、認識の哲学、存在の哲学……と一つ一つ挙げてゆけばすぐわかるように、何でもありである。特定の対象領域というものが哲学にはないのである。

また、方法はといえば、これまた千差万別で、かつては観念論や実在論、唯心論や唯物論、合理主義や経験主義、現代であれば、マルクス主義哲学から論理実証主義、プラグマティズム、分析哲学、現象学、解釈学的哲学、さらにシステム理論や構造主義理論、記号学などを加えれば、それぞれの流派がそれぞれの方法論をもってそれぞれの世界像を切り結ぶ。哲学の名のもとでだれもが従う[A]方法などというものは、哲学には存在しないのである。だから、哲学とは何かと問えば、一人ひとり答えが違うということが起こる。大げさにいえば哲学者の数だけ哲学の定義があるといえそうなありさまだ。

しかしこうもいえる。たとえば医学。医療とは何か？　病を治すことであるにしても、病とは何か？　身体機能の不全あるいは故障、劣化のことなのか？　そもそも身体をボディ(物体)の一つとして捉えることができるのか？　また「心の病」のばあい、治すというのはどういうことか？　はたしてそれは、トラブルが発生したその暮らしの場所に戻れるようにすることなのか？　このような問いが立ち上がってきたら、それはもう哲学のゾーンに入っている。医学から哲学へ領域をc跨ぐという意味ではなくて、医療が哲学といういとなみを開始しているという意味である。あるいは、歴史学。過去の出来事という、そもそも現存しないもの、つまりは検証ということがおよそ不可能なものについて科学ということが成り立つのか、と問いだしたときには、もう哲学の思考領域に立っている。政治学や経済学と哲学を対比しても、医学や工学、物理学、芸術学や言語学と対比しても、おなじことがいえる。政治あるいは経済とはどういう現象であるか？　技術とは何か？　よい技術／わるい技術というものがはたしてあるのか？　物質とは何か、運動とは、時間・空間とは、と問うときに、そもそもそれらが「存在する」ということはおなじ意味でいわれることなのか？　いやそもそも何かが存在しているとはどういうことか？　芸術とは「美」の創造といえるのか？　言葉とは何か、と言語について言語で問うことは言語の本質を逸することにならないか？　そして①それらを論ずることが現存する知の網目のなかでどのような位置を占めるのかをも問う。

哲学はこのように、人びとのふだんの理解の構造、言述の構造そのものを問いただしてゆく。さらにそのように問いただす哲学というといとなみそのものをも問いただす。それは、何かについて語りながらその語りそのものの妥当性とその根拠を問う。いってみれば、メタレヴェルからの問いである。哲学が「知の知」といわれるゆえん、学問の可能性そのものに立ち返って論じ、学問を基礎づける「基礎学」(Grundwissenshaft)といわれてきたゆえんである。

そういう科学基礎論として、哲学はとりあえずアカデミックな活動の基礎にあるものといえるが、だからといって象牙の塔のなかに籠もっているわけではない。地味ではあるが、現代では、たとえば生命科学・技術や先進医療の倫理的な問題にコミットするし、情報倫理や工学倫理、企業倫理にも、さらには研究倫理そのものにも、コミットする。《応用哲学》《応用倫理学》といわれる哲学の分野である。そういう分野では、科学研究や教育をめぐる国や自治体の審議会や専門委員会にも参加してきた。ささやかではあるし、ときに②それでもって社会の現実にかかわっていると錯覚してしまうことがあるにしても。

一方でしかし、哲学は学問ではない、すくなくとも学問の一つではないとする意見もある。この考えによれば、哲学は、ひとが人として生きてゆくうえで、あるいはひとが他の人たちとともに社会生活をいとなむうえで外すことのできない、ほんとうに大事なものは何かと問うものでもあり、ひとが人として絶対に逸してはならないこと、踏み越えてはならないことが何であるかを問いただすものである。この意味で、哲学は学問というよりは、人びとの生活そのものをいわば軸として、背骨として支えてきたものである。社会構築の理念として掲げられてきたものである。それを再確認する作業として、さらにそれを未来に向けて提示するものとしても、哲学はあるというのである。

その意味では、たとえば経営においてこれだけはゆるがせにできない、これを外したらこの会社でなくなるといった社是（コーポレイト・アイデンティティ）を貫いているのであれば、その企業には哲学があるということになる。じっさい、dショクサン興業に取り組んだ明治の起業家には哲学があった。いまこの社会にすぐに必要なものは何かという問い、そういう公共的なニーズの探求が、私的利益の拡大以上に起業家を駆っていた。それはたんなるビジネスチャンスとして目の前にあるものではなかった。おなじように、料理においてここだけは手が抜けない、何かを食べる、あるいは戴くというのはこういうことだというものを出したいという調理師がいれば、そこにも哲学があるといえる。自由・平等・博愛を国家の基本とする国もそうした理念＝哲学を骨格として成り立っているといえる。アカデミズムの哲学研究者たちは、論理的にきちんと基礎づけられていないという理由で、それらをたんなる人生論、処世訓、世界観にすぎないと言い捨てたりしてきたのだが。

鷲田　清一『哲学の使い方』より

一　本文中のａ、ｃの漢字の読み方をひらがなで記せ。

a茫洋　c跨ぐ

二　本文中のb、dのカタカナを漢字に直して記せ。（楷書で正確に書くこと）

bギンミ　dショクサン

三　[A]に入る言葉は何か。次のア～エから一つ選び、記号で記せ。

ア　懐疑的　イ　相対的　ウ　革新的　エ　普遍的

四　①それらを論ずることが現存する知の網目のなかでどのような位置を占めるのか　とあるが、どのようなことを指しているか。説明せよ。

五　②それ　とあるが、どのようなことを指しているか。次の条件に従って記せ。

条件1　「象牙の塔」という言葉を用いること。

条件2　三十一字以上四十字以内で書くこと。

六　筆者は「哲学」をどのようなものであると述べているか。次の条件に従って記せ。

条件1　「学問」という言葉を用いること。

条件2　五十一字以上六十字以内で書くこと。

（☆☆☆◎◎◎）

【二】次の文章を読んで、一～六の問いに答えよ。

私の住んでいる狭山市は武蔵野の一画で、欅の巨木が多い。その裸の風格の目立つのが、冬である。緑の葉に覆われた春夏の欅も、もちろん、好ましいけれど、葉を落とした欅には別の趣きがある。主要な数本の枝から無数のこまかな梢へと、次第に細く分かれてゆく道すじがすべてむき出しに見え、空にひろがった梢の全体は、太い幹の上部で、ゆるやかな球形ないし半球形をなしている。そのこまかな梢の全体は、日光や風をとらえるための緻密な網であることが、この時季、鮮明にわかるのである。

裸の欅を眺めていて私がaとりわけ強く惹かれるのは、梢の細さと幹の太さとの際立った対照である。それがはっきりしていながら、その魅力の実質が、なぜか長い間わからなかった。

私が東京都内から狭山市に移ったのは、昭和四十七年の秋である。移ってすぐ、狭山の風物にしたしみをおぼえ、中でも、裸の欅に惹かれた。何度か①その姿の魅力を言葉にしようと試みて成功しなかった。そして或るとき或ることに気付いた。

欅のような巨木になる能力は、木自身をできるだけ多くの細い枝へと分けてゆく力だということに気付いたのだ。幹を太くする力と、幹を多くの枝に分けてゆく力とは、一見、方向が逆である。一方は集中、他方は分散である。木全体を生長させる力としてこの二つは同質であるが、私の注目したのは②分散の力であった。端的に言えば、欅の枝の多いこと、梢の繊細さである。

単純に考えて、樹木が多くの枝を持つということは、それだけ多くの葉を持ち得るということであり、光合成をいとなむ葉の表面積をひろげることでもある。

この推測を灌木(低木)にあてはめてみると事柄がもっとはっきりする。狭山は茶所として知られているが、この茶の木は主要な幹と側枝との区別が曖昧で、似たような太さのものが根もとから分かれて地上にひろがっている。それは、特定の一本だけが主幹になることを嫌い、互いに牽制しあって同じ太さを保っているような、そんな印象さえ与える。枝の数もさほど多くはない。茶の木に巨木志向がないらしいことは、枝の少ない姿からも想像がつく。

茶の木が低いのは灌木だからであり、欅が高くなるのは喬木(高木)だからであると言えば説明がついたことになりそうなものだが、それでは説明にならない。なぜ或る木は高くなり、或る木は低いのか、である。

この二つを分ける尺度を、私は樹木の分枝能力(筆者の造語だが)の強弱と考えてみたい。分枝能力とは、木が自分自身を多くの枝に分けひろげる能力のことだが、喬木といわれるものはその能力が強く、灌木は弱いのではあるまいか。

では、その能力に、なぜ強弱の差があるのだろうか。

分枝には何ほどかの苦痛が伴う、というのが私の想像である。苦痛というのが人間の感覚になぞらえすぎる状態だとすれば、これを、煩瑣、面倒、厄介と言い替えてもいい。要は、分枝という行為に煩わしさが伴うだろうというのが私の想像なのである。分枝能力が強いというのは、そういう厄介を克服してゆく力が強いということ、あるいは、煩瑣を煩瑣としない快活な生命力に恵まれているということであって、それが巨木の資質だろうと思うわけである。

私の想像する③巨木の資質を巨人の資質になぞらえるのは、いささか卑俗であるが、人間の大きさというものも、精神活動の領域で、常人以上に多くの梢を張り出すことのできる人、快活な分枝能力の持ち主と考えても誤りではなさそうである。

[B]とのこういう関係は、多分、[C]の関係とも同じなのであろう。このことも忘れたくはない。

ただ、根のひろがりを私たちは見ることができなくて残念であるが、④リルケは天使の位置を借りて、根をこんなふうに見せてくれる。

天使たちから眺めたら

木々の梢は
空から水を吸い上げる根かもしれない
また
地中深くの橅《ぶな》の根は
静かな梢と見えるかもしれない
（橅も落葉喬木—筆者註）

狭山市内の欅の多くは農家の敷地内に見られる。数本あるいは十数本が接近して生えており、樹高二十メートルのものは珍しくない。私の近くの農家には三十メートルのものもある。これらは、もともと防風林として植えられたものらしいが、今ではその本数も減っているようで、狭山市の場合は、主要な欅その他の樹木が市長名で保存指定を受けている。

今はまだ立春をすぎたばかり。狭山の欅は、豊富で繊細な分枝の軌跡を空にひろげて風に吹かれている。間もなく梢の端々に無数の芽が兆す。その芽のひとつひとつは微熱を帯びるだろう。微熱は、やがてすずしげな新緑に変わり、淡いけむりのように外部に漂い出て、欅をやわらかにつつむだろう。

吉野　弘「花と木のうた」より

一　とりわけ[a]　とあるが、品詞を記せ。
二　その姿の魅力[①]　とあるが、筆者の考える欅の魅力とは何か。本文中から抜き出して記せ。
三　分散の力[②]　とあるが、このことを言い換えた言葉は何か。本文中から四字で抜き出して記せ。
四　[B]、[C]に当てはまる組み合わせはどれか。次のア～エから一つ選び、記号で記せ。

ア　B　幹と根　　C　根と枝
イ　B　梢と枝　　C　根と枝
ウ　B　幹と枝　　C　幹と根
エ　B　梢と根　　C　幹と根

五　③巨木の資質を巨人の資質になぞらえるのは、いささか卑俗であるが　とあるが、この表現から読み取ることができる筆者の思いとは何か。次のア～エから一つ選び、記号で記せ。

ア　樹木の分枝能力を人間の生命力に喩えるという有り触れた考え方に躊躇する思い
イ　樹木の自然界における摂理と人間の感覚との関係を推察することに謙遜する思い
ウ　樹木の快活な生命力について人間の高尚な表現技巧を用いることに逡巡する思い
エ　樹木の分枝と人間の精神活動の大きさを煩瑣として捉える傲慢さを甘受する思い

六　④リルケは天使の位置を借りて　とあるが、この詩を引用することでどのような効果があると考えられるか。本文中の言葉を用いて六十一字以上七十字以内で説明せよ。

（☆☆☆◎◎◎）

【三】次の文章を読んで、一～五の問いに答えよ。

今は昔、三河入道寂昭といふ人、唐にわたりてのち、唐の王、①やんごとなき聖どもを召しあつめて、堂をかざりて、僧膳をまうけて、経を講じ給けるに、王のたまはく、「今日の齋莚は、※手ながの役あるべからず。おのおの我鉢を飛せやりて、物はうくべし」とのたまふ。其心は、日本僧を試んがためなり。

さて諸僧、一座より次第に鉢を飛せて、物をうく。三川入道末座につきたり。其番にあたりて、鉢をもちて立たむとす。「いかで。鉢をやりてこそうけめ」とて、②人々制しとどめけり。寂昭申けるは、「鉢を飛する事は、べつの法を行ひてするわざなり。しかるに、寂昭いまだこの法を伝行はず。日本國に於ても、此法行ふ人ありけれど、末世には行ふ人なし。③いかでか飛さん」といひてゐたるに、「日本の聖、鉢遅し鉢遅し」と〔A〕、日本の方に迎て、祈念して云、「我國の三寶、神祇たすけ給へ。恥見せ給な」と念じ入りてゐたる程に、鉢こまつぶりのやうにくるめきて、唐の僧の鉢よりもはやく飛て、物をうけて帰ぬ。その時、王よりはじめて、「止ごとなき人なり」とて、④拝けるとぞ申伝たる。

新日本古典文学大系『宇治拾遺物語』より（一部表記等を改めた。）

注　※手なが……酒宴の膳を運び給仕する役

一　①やんごとなき　とあるが、ここでの意味を記せ。
二　②人々制しとどめけり　とあるが、なぜ人々は制しとどめたのか、説明せよ。
三　③いかでか飛さん　とあるが、現代語訳せよ。
四　〔A〕に入る言葉は何か。次のア～エから、一つ選び、記号で記せ。
　ア　なきければ
　イ　せめければ
　ウ　とりければ
　エ　いりければ
五　④拝ける　とあるが、誰のどのような行為に対して拝んだのか、説明せよ。

（☆☆☆◎◎◎）

【高等学校】

【一】次の文章を読んで、後の問いに答えよ。

資本主義――それは、資本の無限の増殖を目的とし、利潤を永続的に追求していく経済活動の総称である。

資本主義の歴史は古い。それは「ノアの洪水以前」から、商業資本主義というかたちで存在していた。太古からこの地球で活躍していた商業資本主義とは、※1マルクスの言葉を借りれば、「いろいろな世界のあいだの隙間にいたエピクロスの神々のように」生きていた。たとえば古代メソポタミアの商人は、すでに六千年以上も前から、大きな船団を組んでユーフラテス川を行き来したり、小さな隊商を組んで砂漠地帯を渡ったりして、石英ガラスや黒曜石や天然アスファルトなどさまざまなモノを広範に交易していたことが知られている。かれらは地理的に離れたふたつの市場のあいだに入り込み、一方の市場で安いモノを他方の市場で高く売って、利潤を生みだしていたのである。そして、①このような商人資本の活動によって、太古から近代まで、地球上に点在する大小遠近さまざまな市場が、紆余曲折を経ながらも次第次第に結びつけられていくことになった。だが、商業資本主義のもとでは、その結びつきはあくまでも一次元的なものでしかなく、市場が地球の表面を二次元的におおっていくことはなかった。点と線の外へ一歩足を踏み出すと、いまだに市場化されていない地域が茫漠とひろがっていたのである。

十八世紀後半からの産業革命とともにイギリスに登場した産業資本主義は、十九世紀から二十世紀にかけて西ヨーロッパや北アメリカや日本にも根をおろすことになった。それは、大量のスモッグを吹き上げる近代的工場で大量に生産される工業製品を安価に売りさばく場として、それぞれの国民国家の内側にいわゆる国民市場(national markets)を形成していくことになる。スモッグが地球をおおいはじめるのとほぼ比例して、それまで地球上に点在していただけであった市場も、その表面を二次元的におおいはじめることになる。市場をとおして大部分の経済活動がいとなまれる市場経済が世に登場したのである。しかしながら、産業資本が産業資本として利潤を生みだすためには、農村共同体に滞留する過剰な労働人口や海外からの移民の圧力によって都市の工場労働者の賃金がその生産性にくらべて低く抑えられていることが必要であり、しかもその産業資本自体、経済的な自立をもとめる国民国家、とりわけ後発の国民国家によって、さまざまな方法で外国との競争から保護されていた。たしかに近代の産業資本主義のもとで、市場経済はおおいなる拡大をとげることになったが、それが支配する領域は依然として部分的であり、しかも国民国家ごとに色分けされたままであった。

②二十世紀の最後の四半世紀、市場経済は言葉の真の意味で「グローバル化」しはじめることになる。

それは、農村共同体に滞留していた過剰な労働人口が枯渇し、海外からの移民も制限され、もはや国内では低賃金で労働者を調達できなくなってしまった先進資本主義国の産業資本が、相対的に賃金の安い発展途上国や新興工業国に積極的に投資するようになったからである。それはまた、規模の経済性をもとめて巨大化し、国内市場を狭く感じるようになったおなじ先進資本主義国の産業資本が、ＧＡＴＴ(関税と貿易に関する一般協定)にもとづく数次の多国間交渉によって関税率や輸入割当などが大幅に引き下げられた機会に乗じて、国民国家の国境を越えて積極的に販売活動をおこなうようになったからでもある。それはさらに、グローバル化と同時に進行するいわゆるポスト産業化の流れのなかで、コンピューターのキーボードをたたくだけで瞬時に情報の伝達や資金の移動をおこなうことが可能になり、金融を中心とした商業資本が、古き良き時代における遠隔地交易とは比較にならないほどわずかな価格の差異をもとめて、積極的に資本移動をおこなうようになったからでもある。

資本主義とは、それまで市場化されていなかった地域を市場化し、それまで分断化されていた市場と市場とを統合していく。そして、まさにこのような資本主義の力によって、ついに市場は地球全域をおおいつくし、グローバル市場経済が成立することになった。地球がまさにひとつの市場経済になってしまったのである。

もちろん、地球がひとつの市場経済になったといっても、地域と地域のあいだの賃金の格差が消え去ってしまうことはないだろうし、国と国とのあいだの価格の差異は残りつづけていくだろう。いや、一部のひとびとは、グローバル化から避難するためのニッチ（棲み分け空間）として、自給自足的な地域共同体を意識的に作りはじめさえするだろう。そして、もちろん、③ポスト産業化のなかでくりかえされていく「創造的破壊」としての技術革新や新製品開発は、たえず市場を攪乱し、グローバル市場経済をけっして静態的にはしておかないだろう。

しかしながら、重要なことは、このような格差や差異やニッチや攪乱は、すべてグローバル市場経済の「内部」における格差や差異やニッチや攪乱でしかないということである。産業資本主義の時代に国民国家の内側で成長をとげていた国民市場の場合は、一歩国境を越えると、そこにはそれぞれ独自の変動パターンをしめす数多くの国民市場がひかえていた。また、おなじ国境のなかにも、まだ資本主義に浸食されていない農村共同体と、その農村共同体からの人口圧力によって市場の論理を貫徹しえない労働市場をかかえていた。そして、その中心には、国民国家全体の立場から国民市場を統御することを使命とした中央政府と中央銀行が、④ゲンゼンとしてそびえ立っていた。だが、グローバル市場経済には、このような意味での「外部」はもはや存在しない。それは、人類が歴史上はじめて経験するまさに「純粋な市場経済」にほかならないのである。

そして、この「純粋な市場経済」とは、まさに「純粋」であるがゆえに「危機」に満ちたものになるはずである。ほかでもない、市場経済とは、効率化すればするほど不安定性が増していくという、根源的な「　A　」をかかえた存在だからである。その市場経済が、あの※2アダム・スミスの「見えざる手」を⑤曲がりなりにもはたらかせることができたのは、⑥市場経済を「不純」にするさまざまな「外部」の存在が、その本来的な不安定性の発現を一定程度におさえてきたからなのである。だが、その「外部」は消えてしまった。もはや市場経済の本来的な不安定性の発現をおさえるものはなにもない。グローバルな金融市場は、※3ケインズの「美人コンテスト」原理に支配される投機活動によって、これからくりかえし危機をひきおこすことになるだろう。グローバルな市場経済全体は、基軸通貨を基軸通貨とする「予想の無限の連鎖」を崩壊させてしまうドル危機に、いつの日か直面することになるだろう。

くりかえそう。「アダム・スミスの時代」である二十一世紀とは、アダム・スミスのいう「見えざる手」がその力をますます失ってしまう時代なのである。

わたしたちは後戻りすることはできない。共同体的社会も社会主義国家も、多くはすでに遠い過去のものとなった。ひとは歴史のなかで、自由なるものを知ってしまったのである。そして、いかに危機に満ちていようとも、ひとが自由をもとめ続けるかぎり、グローバル市場経済は必然である。自由とは、共同体による干渉も国家による命令もうけずに、みずからの目的を追求できることである。資本主義とは、まさにその自由を経済活動において行使することにほかならない。⑦資本主義を抑圧することは、そのまま自由を抑圧することなのである。そして、資本主義が抑圧されていないかぎり、それはそれまで市場化されていなかった地域を市場化し、それまで分断化されていた市場と市場とを統合していく運動をやめることはない。

二十一世紀という世紀において、わたしたちは、純粋なるがゆえに危機に満ちたグローバル市場経済のなかで生きていかざるをえない。そして、この「宿命」を認識しないかぎり、二十一世紀の危機にたいする処方箋も、二十一世紀の繁栄にむけての設計図も書くことは不可能である。

出典は、岩井克人『二十一世紀の資本主義論』(筑摩書房)。

語注

※1　マルクス……カール・マルクス。ドイツの経済学者、哲学者(一八一八年～一八八三年)。

※2　アダム・スミスの「見えざる手」……英国の経済学者アダム・スミス(一七二三年～一七九〇年)が唱えた主張。市場経済の働きにより需要と供給は自然と調節されると考え、この作用を「見えざる手」とした。

※3　ケインズの「美人コンテスト」原理……英国の経済学者ジョン・M・ケインズ(一八八三年～一九四六年)が唱えた原理。投資家の行動を「百枚の写真から最も美人だと思う人に投票し、最も票を集めた人に投票した人達に賞品を与える新聞投票」になぞらえ、金融市場では、必ずしも業績のよい投資対象に投資家が集まるとは限らず、風評や先行きの期待感等による要素が大きいと論じた。

問一　空欄［Ａ］に入る四字熟語を次の語群から選び、漢字で答えよ。

【語群】

たきぼうよう　　にりつはいはん　　だいどうしょうい　　じょうとうしゅだん

問二　傍線部④「ゲンゼン」を漢字に改めよ。

問三　傍線部⑤「曲がりなりにも」を同じ意味で別の言葉に言い換えよ。

問四　傍線部①「このような商人資本の活動」を端的に表現した箇所を本文中から漢字五字で抜き出して答えよ。

問五　傍線部②「二十世紀の最後の四半世紀、市場経済は言葉の真の意味で『グローバル化』しはじめることになる」とあるが、それはなぜか。七十五字以上九十字以内で説明せよ。

問六　傍線部③「ポスト産業化のなかでくりかえされていく『創造的破壊』としての技術革新や新製品開発は、たえず市場を攪乱し、グローバル市場経済をけっして静態的にはしておかないだろう」とはどういうことか。次のア～エの中から最も適当なものを一つ選び、記号で答えよ。

ア　技術や新製品の革新は、新たなものを作るという点において創造的であり、既成の技術価値を下げてしまう点で破壊的であるということ。

イ　市場のグローバル化への対抗手段として開発される技術や商品は、グローバル市場経済の安定性に影響を与えるものになるということ。

ウ　新製品や新技術の開発はポスト産業化のなかで争われ、そのたびに人類は新しい別の市場経済の構築を否応なく求められるということ。

エ　ポスト産業化を背景に生み出される技術や製品は、常にグローバル市場経済に何らかの影響や変化をもたらす可能性があるということ。

問七　傍線部⑥について、「市場経済を『不純』にするさまざまな『外部』の存在が、その本来的な不安定性の発現を一定程度におさえてきたからなのである」とあるが、「市場経済を『不純』にするさまざまな『外部』」を具体的に説明した箇所を本文中から三十五字以上四十字以内で探し、初めと終わりの四字を抜き出して答えよ。

問八　傍線部⑦「資本主義を抑圧することは、そのまま自由を抑圧することなのである」とあるが、それはなぜか。五十字以内で説明せよ。

（☆☆☆◎◎◎）

【二】平成二十一年三月に告示された「高等学校学習指導要領」の「国語総合」の「内容」A話すこと・聞くこと(1)エに「話したり聞いたり話し合ったりしたことの内容や表現の仕方について自己評価や相互評価を行い、自分の話し方や言葉遣いに役立てるとともに、ものの見方、感じ方、考え方を豊かにすること。」という指導事項がある。この指導事項に関してあなたは、どのような単元を設定して授業を展開していくか。単元名を明らかにした上で、生徒が自分自身の考えの深まりを実感できるような授業展開例を述べよ。

（☆☆☆◎◎◎）

【三】次の文章は『落窪物語』の一節である。少将が姫君のもとを通い始めてから新婚三日目を迎えることになり、姫君の家では侍女のあこぎが三日夜の餅の準備をしていた。本文は少将の家の場面から始まる。これを読んで、後の問いに答えよ。

暗うなるままに、雨いとあやにくに、頭さし出づべくもあらず。少将、※1帯刀に語らひたまふ。「口惜しう。①かしこにはえ行くまじかめり。この雨よ」とのたまへば、「ほどなく、いとほしくぞ侍らむかし。さ侍れど、あやにく②なる雨は、いかがはせむ。心のおこたりならばこそあらめ。③さる御文をだにものせさせたまへ」

とて、けしきいと苦しげaなり。「さかし」とて書いたまふ。

「いつしか参り来むとて、しつるほどに、かうわりなかめればなむ。心の罪にはあらねど、おろかに思ほすな」とて、帯刀も、

「ただ今参らむ。君、おはしまさむとしつるほどに、かかる雨bなれば、口惜しと嘆かせたまふ」と言へり。

かかれば、いみじう口惜しと思ひて、帯刀が返事に、

「④いでや、※2『降るとも』と言ふこともあるを、いとどしき御心ざまにこそあめれ。さらに聞こえさすべきにもあらず。御みづからは、何の心地のよきにも、『来む』とだにあるぞ。かかるあやまりし出でて、かかるやうありや。さても世の人は、※3『今宵来ざらむ』とか言ふcなるを。おはしまさざらむよ」と書けり。君の御返りには、ただ、

⑤世にふるをうき身と思ふわが袖のぬれはじめける宵の雨かな

とあり。

持て参りたるほど、⑥戌の刻も過ぎぬべし。灯のもとにて見たまひて、君も、いとあはれと思ほしたり。帯刀がもとdなる文を見たまひて、いみじうくねりためるは。げに今宵は三日の夜なりけるを。物のはじめに、ものあしう思ふらむ。いといとほし、雨は、いやまさりにまされば、思ひわびて、⑦頰杖つきて、しばし寄り居たまへり。帯刀、わりなしと思へり。うち嘆きて立てば、少将、「しばしゐたれ。いかにぞや。行きやせむとする」「徒歩からまかりて言ひ慰めはべらむ」と申せば、君、「さらば、我と行かむ」とのたまふ。うれしと思ひて、「いとようはべるなり」と申せば、「大傘一つまうけよ。衣脱ぎて来む」とて、入りたまひぬ。帯刀、［A］求めにありく。

出典は、「新編日本古典文学全集　落窪物語　堤中納言物語」（小学館）。
なお、表記等で一部改めたものがある。

語注
※1　帯刀……少将の腹心
※2　降るとも……「石上ふるとも雨につつまめや妹に逢はむと言ひてしものを」『万葉集』
※3　今宵来ざらむ……「ゆふけとふ占《うら》にもよくあり今宵だに来ざらむ君をいつか待つべき」『拾遺和歌集』

問一　傍線部①「かしこにはえ行くまじかめり」、③「さる御文をだにものせさせたまへ」をそれぞれ現代語訳せよ。ただし、①は「かしこ」、③は「さる」の指示内容を明らかにすること。

問二　傍線部②「なる」と文法的働きが同じものを次のa～d（いずれも本文中のもの）の中から一つ選び、記号で答えよ。

a　けしきいと苦しげなり。
b　かかる雨なれば、口惜しと嘆かせたまふ
c　「今宵来ざらむ」とか言ふなるを。
d　帯刀がもとなる文を見たまひて、いみじうくねりためるは。

問三　傍線部④「いでや、『降るとも』と言ふこともあるを、いとどしき御心ざまにこそあめれ」とあるが、この部分には「あこぎ」の「少将」に対するどのような気持ちが込められているか。四十字以内で説明せ

よ。

問四　傍線部⑤の和歌には二種類の修辞が用いられている。それぞれ漢字で答えよ。

問五　傍線部⑥「戌の刻」とは現在の何時頃のことか。次のア～エの中から一つ選び、記号で答えよ。

ア　午後六時頃　イ　午後八時頃　ウ　午後十時頃　エ　午前零時頃

問六　傍線部⑦「頬杖つきて、しばし寄り居たまへり」の描写から誰のどのような気持ちが読み取れるか。六十字以内で説明せよ。

問七　空欄［A］に適当な漢字一字を入れよ。

問八　本文の出典である『落窪物語』は平安時代中期に成立した作り物語である。本作品よりも前に成立した文学作品を次のア～オの中から一つ選び、記号で答えよ。

ア　雨月物語　イ　源氏物語　ウ　栄花物語　エ　住吉物語　オ　伊勢物語

（☆☆☆☆◎◎◎）

【四】次の漢文を読んで、後の問いに答えよ。（ただし、設問の都合上、訓点を省略した箇所がある）

孔[※1]文挙年十歳ニシテ、随ヒテレ父ニ①到レ洛ニ。時ニ李[※2]元礼有リテ二盛名一、

［A］②司[※3]隷校尉。詣ルレ門ニ者ハ、皆③儁《しゅん》才清称、及ビ中[※4]表ノ親戚ニシテ、

乃チ通ズ。文挙至リレ門ニ、謂ヒテレ吏ニ曰ハク、「我ハ是レ李府君ノ親ナリト。」既ニ通ジ、

④前坐ス。元礼問ヒテ曰ハク、「⑤君与レ僕有ニ何親一。」⑥対ヘテ曰ハク、「昔、先君※5仲尼、与ニ君ノ先人※6伯陽一、有リ二師資之尊一。是レ僕与君奕※7世為ニ通ス二好ヲ一也ト。」元礼及ビ賓客、⑦莫不奇之。※8太中大夫※9陳韙後レテ至リ、人以テ二其ノ語ヲ一語レル之ニ。韙曰ハク、「小時※10了了タルモ、大未⑧必佳。」文挙曰ハク、「想フニ、君小時ニハ必ズ当ニシト二了了タル一。」⑨韙大イニ※11踧踖ス。

老子者は、楚ノ苦県厲郷曲仁里ノ人也。名ハ耳、字ハ聃《たん》、姓ハ李氏。周ノ守蔵室之史也。孔子適キレ周ニ、将ニレ問ハシメント二礼ヲ於老子ニ一。老子曰ハク、「子ノ所ノレ言フ者ハ、其ノ人与骨皆已ニ朽ツ矣。独リ其ノ言在ル耳。（以下略）」

出典は、「中国古典小説選3　世説新語〈六朝Ⅱ〉」（明治書院）。
ただし、表記と訓点を改めた部分がある。

語注
※1 孔文挙・・・魯国(今の山東省)の人。名は融。
※2 李元礼・・・襄城(今の河南省)の人。後漢の清流士人の一人。
※3 司隷校尉・・官職名。漢代、国都を中心とする警察をつかさどった。
※4 中表・・・・中(父方)表(母方)の親戚。
※5 仲尼・・・・孔子の字。
※6 伯陽・・・・老子の字。他に「耼」という字もあった。
※7 奕世・・・・世を重ねること。
※8 太中大夫・・官職名。君主の侍従として相談にあずかった。
※9 陳韙・・・・人名。後漢の人。
※10 了了・・・・頭脳明晰なこと。
※11 踧踖・・・・恐れ入ること。

問一 傍線部①「到」、④「前」はいずれも動詞であるが、これらの漢字の読みを送り仮名も含めて、ひらがな(現代仮名遣い)で答えよ。
問二 傍線部②は「司隷校尉であった」という意味になるが、空欄[A]に入る漢字は何か。次のア～エの中から最も適当なものを一つ選び、記号で答えよ。
ア 也　イ 為　ウ 焉　エ 被
問三 傍線部③「儁才清称」はどのような意味か。次のア～エの中から最も適当なものを一つ選び、記号で答えよ。

ア　優れた才能を持つ者、高潔で評判の高い者
イ　秀でた才知を振りかざす者、世間から評価される者
ウ　凡庸な者、質素倹約な暮らしをする者
エ　広く学問に造詣が深い者、富貴で高い教養をもつ者

問四　傍線部⑤「君与僕有何親」の書き下し文として最も適当なものを、次のア～エの中から一つ選び、記号で答えよ。

ア　君僕と何ぞ親有らんや
イ　君僕に与ふるは何ぞ親有らん
ウ　君と僕と何の親有りや
エ　君僕に与ふるは何の親あるか

問五　傍線部⑥「対曰」について、この発話部分は『史記』「老子韓非列伝第三」の次の引用部分を踏まえていると考えられる。孔文挙は李元礼に対してどのようなことを述べようとしているのか。後のア～エの中から最も適当なものを一つ選び、記号で答えよ。

老子者《は》、楚ノ苦県厲郷曲仁里ノ人也。名ハ耳、字ハ聃《たん》、姓ハ李氏。周ノ守蔵室之史也。孔子適キレ周ニ、将ニレ問ハシメントニ礼ヲ於老子一。老子曰ハク、「子ノ所ノレ言フ者ハ、其ノ人与骨皆已ニ朽ツ矣。独リ其ノ言在ル耳。(以下略)」

出典は、「新釈漢文大系第八十八巻史記(列伝 二)」(明治書院)。
ただし、表記と訓点を改めた部分がある。

ア　古代にあったとされる孔子と老子が激論を交わした故事を端緒に、孔家と李家は互いに学問のよき好敵手であり続けているということ。
イ　その昔老子が孔子を子ども扱いして取り合わなかったように、李元礼も今の自分に対して子ども扱いをしようとしているということ。
ウ　古くは孔子と老子が学問を通じて親子の交わりを結んだように、自分も李元礼の養子となり、末永く親子の交わりを結びたいということ。
エ　かつて孔文挙の先祖の孔子が、教えを受けた李元礼の先祖の老子を師と仰いで以来、孔家と李家の関係は代々続いているということ。

問六　傍線部⑦「莫不奇之」について、
(1)　返り点及び送りがなを施せ。
(2)「之」の指示内容を明らかにして現代語訳せよ。
問七　傍線部⑧「未必佳」をすべてひらがなで書き下せ。なお「佳」はここでは名詞である。
問八　傍線部⑨「蹺大踧踖」について、「蹺」が「踧踖」したのはなぜか。本文に即して八十字以内で説明せよ。

(☆☆☆◎◎◎)

解答・解説

【中学校】

【二】一 a ぼうよう　c また(ぐ)　二 b 吟味　d 殖産　三 エ　四 ものごとそのものを問いただすことが、学問のどの領域に位置付けられるのかということ。　五 象牙の塔に籠もらずに、様々な研究にコミットしたり審議会等にも参加したりすること。(四十字)　六 学問を基礎づける「基礎学」として考えられているものであり、社会構築の理念を確認し、未来に向けて提示するものでもある。(五十八字)

〈解説〉三 Aの直前の語句「哲学の名のもとでだれもが従う」に合致するものを選ぶ。　四 ①「それらを論ずること」とは、①の前に例示されている「病とは何か」、「物質とは何か」、「言葉とは何か」などの、ものごとそのものを問いただす活動全てを指す。「知の網目」とは、「学問の領域」のことである。　五 ②「それ」は、応用哲学の分野での「科学研究や教育をめぐる国や自治体の審議会や専門委員会への参加」を指す。「象牙の塔」は、芸術家や学者などが俗世間を離れ、自分の専門領域に没頭する生活の様子のことである。哲学者が俗世間を離れて「象牙の塔」に籠もるのではなく、教育や政治に関わってきたことを述べている。
六 押さえるポイントは三点ある。まず筆者は文中で「哲学」について学問の可能性そのものに立ち返って論じ、学問を基礎づける「基礎学」と述べている。次に、哲学は学問ではないという立場から、哲学は人びとの生活を支えてきた社会構築の理念であると述べている。最後に、哲学はその社会構築の理念を再確認する作業でもあり、それを未来に提示するものでもあると述べている。以上のことをまとめる。

【二】一　副詞　二　梢の細さと幹の太さとの際立った対照　三　分枝能力　四　ウ　五　ア　六　視点を変えることで、巨木の資質を梢のひろがりだけでなく、根のひろがりからも捉えることができるという筆者の考えを視覚的に促進させる効果がある。(七十字)

〈解説〉一　a「とりわけ」とは「なかでも、ことに。」の意の副詞である。ここでは「惹かれる」を修飾している。　二　①「その姿の魅力」の「その姿」は、直前の「裸の欅(の姿)」を指す。第三段落の冒頭「裸の欅を眺めて～対照である」に筆者が裸の欅のどこに魅力を感じるのか具体的に述べられている。　三　②「分散の力」とは、「欅の枝の多いこと、梢の繊細さ(である。)」と②の直後に述べている。この内容と同義であるのが第九段落にある「木が自分自身を多くの枝に分けひろげる能力」であり、筆者の造語「分枝能力」である。　四　Bの直後の「こういう関係」は、第六～十二段落に述べられている分枝能力と幹の太さ(巨木であること)の因果関係を指す。分枝能力は第五段落にあるように「幹を多くの枝に分けてゆく力」である。Cは二つ後ろの文に「根のひろがりを～」とあることから、根に関する話題と判断できる。根は第五段落でいう「幹を太くする力」を持つ。　五　③における「なぞらえる」とは、巨木を巨人に見立てて考えることを指す。「煩瑣を煩瑣としない快活な生命力」を巨人が持っていることを、巨木が分枝することを煩瑣としないことに見立て、巨木の生命力にあふれた姿を述べている。「卑俗」は、「程度が低く俗っぽいこと」をいう。　六　文中では、筆者は視覚的に捉えることができる「梢のひろがり」の視点から巨木の資質について述べていた。しかし巨木の資質は、一見同じ視点からは捉えられない「根のひろがり」からも述べることができると筆者は考えている。そこで「天使の視点」から「根」を見れば、地中深くに毛細血管のように張った「梢」に見えるかもしれないとして、「根」と「梢」は視点を変えれば同様に巨木の資質を表すことを示している。

【三】一　高貴な　二　寂昭が鉢を飛ばすことなく、もって物をうけるために立とうとする姿を見て　三　どうして飛ばすことができようか。いや、できないであろう。　四　イ　五　寂昭が念じて、鉢を速く飛ばしたことに対して拝んだ

〈解説〉一　①「やんごとなき」は、「やむごとなき」の音便化したもので、ク活用の形容詞「やむごとなし」の連体形。「高貴な」の意である。　二　②「人々制しとどめけり」の理由は、第一段落の「今日の～うくべし」にある「鉢を飛ばせて食べ物を受けよ」との王の仰せに従わず、寂昭が鉢を飛ばさず鉢を持ったまま立とうとしたからである。　三　③「いかでか飛ばさん」の「いかでか」は、反語の副詞。「飛ばさむ」の「む」は、推量の助動詞。「どうして飛ばせましょうか。いや飛ばせないでしょう」と訳す。　四　Aは、直前に「日本の聖、鉢遅し鉢遅し」とあることから、人々が促す内容の言葉が入ると分かる。　五　④「拝ける」は、王や他の唐の僧たちの寂昭に対するものである。寂昭が日本の方に向かって祈念しているときに「鉢こまつぶり(独楽)のやうにくるめきて、唐の僧の鉢よりもはやく飛て、物をうけて帰ぬ」とある。鉢が寂昭の祈念によってくるくると回り、唐の僧の鉢よりも速く飛び、食物を受けて帰って来たことに対して唐の王たちは驚き、寂昭への尊崇の念が生じたのである。

【高等学校】

【一】問一　二律背反　問二　厳(儼)然　問三　十分ではないが。どうにかこうにか。一応。　問四　遠隔地交易　問五　先進国の産業資本が安価な労働力の確保と市場規模の拡大を外国に求めるとともに、ポスト産業化に伴う情報や資金の流れの高速化によって国境を越えて積極的に資本移動を行うようになったから。(八十九字)　問六　エ　問七　国民国家～中央銀行　問八　資本主義とは、共同体や国家からの干渉を受けずに目的を追求する自由を経済活動で行使するものだから。(四十八字)

〈解説〉問一　Aの前の文の「市場経済とは、効率化すればするほど不安定性が増していくという」内容から、「二律背反」が入る。他の選択肢は多岐亡羊、大同小異、常套手段と書く。漢字と意味を確認しておく。

問四　①「このような商人資本の活動」の「このような」は、一文前の「地理的に離れたふたつの市場のあいだに入り込み、一方の市場で安いモノを他方の市場で高く売って、利潤を生みだす(経済活動)」を指す。筆者は、この資本の活動を第五段落で「古き良き時代における遠隔地交易」と換言している。　問五　②直後の段落(第五段落)の文章は全て「それは～からで(も)ある」の形になっている。「それ」は②を指すので、この段落全体を要約すればよい。「国内では低賃金で労働者を調達できなくなった先進国の産業資本が、安価な労働力を発展途上国や新興工業国に求めるようになったこと」、「同じ産業資本が市場規模の拡大を国境を越えて求めるようになったこと」、「ポスト産業化の流れのなかで情報の伝達や資金の高速な移動が可能になったこと」の三点を押さえる。　問六　③の「創造的破壊」とは、資本の無限の増殖と利潤追求のために生み出される技術や製品の形容であり、それらが市場や市場経済を脅かすことを述べている。　問七　⑥「市場経済を『不純』にする『外部』とは、市場経済を外側から統御するものをいう。グローバル市場経済が成立する前までは、それぞれの国民市場は資本主義国家による統御や、国外の別の国民市場の影響といった外的要因を受けながら成長していた。しかしグローバル市場経済では、それらの要素は全て内的な要素になるということである。

問八　第十一段落より、資本主義とは「共同体による干渉も国家による命令もうけずに、みずからの目的を追求できるという自由」を行使できる経済的活動である。したがって、資本主義の抑圧は同時に自由の抑圧を意味する。

【二】 環境問題に関する評論教材を用いて、「話し合いを通じて考えを深めよう」という単元を設定する。まず、各自で本文を通読し、環境問題の現状に対する知見や解決策について具体的に考えさせ、意見や提案をワークシートにまとめさせる。次に四人ほどの人数でグループに分けて相互に発表したり意見を聞いたりして、グループとしての意見や提案をまとめさせる。最後に各グループの意見や提案をクラス全体で共有し、グループ内やクラス全体での交流学習を踏まえて、最初と同じ手順で意見や提案を各自のワークシートにまとめさせる。そして、最初に書いたワークシートの記述と比較させ、量的、質的な記述の違いから知見の広がりや考えの深まりを実感させ、本単元の取組や自身の変容について自己評価させる。

〈解説〉「高等学校学習指導要領解説　国語編」(平成二十一年七月)によると、「国語総合」の「内容」A話すこと・聞くこと(1)エは、「中学校学習指導要領」(平成二十年三月告示)の〔第三学年〕「内容」A話すこと・聞くこと(1)ウを受ける。そのため生徒が、自ら及び他の生徒の話すこと、聞くこと、話し合うことの活動について自己評価や相互評価をし、話し方や言葉遣いに役立てるとともに、ものの見方、感じ方、考え方を豊かにすることへ発展させることとされている。また、「国語総合」のB書くこと(1)エとの関連を考えて指導する必要も同解説は指摘している。以上のことを踏まえて授業展開例を設定する。人間、社会、自然に関する教材を選び、その教材を読んで生徒相互の意見や感想を話し合いやワークシートにまとめさせる指導などを考えるとよいだろう。ペア学習、グループ学習を導入し、アクティブラーニングを行うことも視野に入れて授業展開を図ることも重要である。その際、教材に関する基礎基本的知識については徹底指導し、その知識の活用として相互に発表したり意見交換をしたりして、自分や他者の表現を客観的に評価する能力を育むとともに、生徒同士の交流を活性化して自らのものの見方、感じ方、考え方を深めたり広げたりする指導を行うことが大切である。

【三】問一 ① 姫君の所には行くことができそうにないようだ ③ せめて雨のせいで(姫君の所に)行けそうにないという手紙だけでもお書きください 問二 a 問三 雨を理由にして恋人である姫君の元を訪ねようとしないことへの苦々しい気持ち。(三十七字) 問四 掛詞・縁語 問五 イ 問六 少将の、新婚を迎える晩に自分の来訪がない姫君を気の毒に思うものの、激しさを増す雨に打つ手がなく、困り果てている気持ち。(五十九字) 問七 傘 問八 オ

〈解説〉問一 ①「かしこにはえ行くまじかめり」の「かしこ」は、「姫君の家」を指す。「え～打消」は、不可能を表す。「まじかめり」は、打消推量の「まじ」の連体形「まじかる」+婉曲の助動詞「めり」で、「まじかる」が、「まじかん」と音便化し、撥音が脱落したものである。「行けそうもないようだ」の意である。③「さる御文をだにものせさせたまへ」の「さる」は「そのような」の意の連体詞で、「あいにくの雨で姫君の所へは行けそうもないこと」を指す。「だに」は副助詞で「せめて～だけでも」の意である。「ものせ」はサ変動詞「ものす」の未然形で、ある動作をする意の代わりにいう語である。ここでは「手紙を書くこと」をいう。「させたまへ」は、帯刀の少将への敬意である。 問二 ②の「なる」は、ナリ活用の形容動詞「あやにくなり」の連体形活用語尾である。aはナリ活用の形容動詞「苦しげなり」(形動・ナリ)の終止形。bは断定の助動詞「なり」の已然形。cは伝聞推定の助動詞「なり」の連体形。dは断定の助動詞「なり」の連体形。問三 ④「いでや『降るとも』と言ふこともあるを」は、「いやもう、『(雨が)降るとも』ということもあるのに」と訳す。あこぎは万葉の歌を引用し、雨の中でも恋人と会おうとする男性の姿を述べることで、「いとどしき御心ざまにこそあめれ(はなはだ薄情な御心もちでいらっしゃるようです)」と少将に対して苦情を述べている。 問四 ⑤の歌意は、「世にながらえるのをつらい身だと思ってきた私の袖が、今宵の雨にまだ結婚早々の君のおいでがなくて、涙にぬれはじめたことですよ」。掛詞は「ふる」(経る・降る)、「うき」(憂き・浮

き)で、縁語は「降る」、「ぬれ」、「雨」である。　問五　古時刻は、一日を十二等分し、十二支によって表された。午前0時を中心とする二時間を子(ね)とし、順に二時間ごとに十二支を配当する。「戌の刻」は、午後八時頃、もしくは午後七時から九時までの二時間を指す。　問六　⑦「頬杖つきて、しばし寄り居たまへり」は、少将が思案にくれている様子を描写している。⑦の前の文にある「げに今宵は三日の夜なりけるを。物のはじめに、ものあしう思ふらむ。いといとほし(いかにも、気がついてみると三日の夜だったのに、結婚早々に縁起が悪く思っているであろうと、ひどく気の毒に感じる)」から、思案の内容を読み取る。通い婚が主流だった当時、結婚後三日目の夜に餅を食べる儀式をもって結婚成立とし、盛大に祝う風習があった。
問七　Aの前の文に「大傘一つまうけよ(大傘を一つ用意してくれ)」とある。　問八　ア「雨月物語」は一七七六年、イ「源氏物語」は平安時代中期、ウ「栄花物語」は平安時代後期、エ「住吉物語」は鎌倉時代前期、オ「伊勢物語」は平安時代前期の成立である。

【四】問一　①　いたる　④　すすみ(て)　問二　イ　問三　ア　問四　ウ　問五　エ
問六　(1)　莫《シ》レ不《ル(モノ)》レ奇《トセ》レ之《ヲ》　(2)　弘文挙を秀才であると認めない者はいなかった
問七　いまだ　かならずしも　かならず(と)　問八　幼少時の秀才が成長しても秀才であるとは限らないとした自分の発言を逆手にとった十歳の弘文挙から、あなたは幼少時に頭脳明晰だったに違いないと当意即妙に返されたから。(八十字)
〈解説〉問一　①「到」は「いたる」と読む。「やって来る」意で、「至」と同義である。④「前」は「すすみ(て)」と読み、「導かれる」の意である。　問二　「〜であった」の意を示すには、Aに断定の助動詞「為」(たり)を入れる。　問三　③「儁才」は、「すぐれた才能を持っている人」、「清称」は「高潔の人」をいう。

問四　⑤「君与僕有何親」の「与」は「と」と読む返読文字で、並列を表す。「何」は疑問を表すので、「有」には疑問の助詞「や」をつけて「有りや」と書き下す。　問五　⑥の発話の内容を「史記」の引用部分で見ると、孔子が周に赴き、老子に「礼」について教えを受けたことが述べられている。このことについて、孔子の子孫である孔文挙は、老子の子孫である李元礼に「昔先君仲尼、与君先人伯陽、有師資之尊。」とのべ、「僕与君奕世為通好也(だから私はあなた様と代々のおつき合いなのです)」と二人の関係を明らかにしている。問六　(1)「莫不」は「ざる(もの)なし」と読む二重否定の句形であることに注意する。　(2)「之」は礼文挙を指す。「奇」は「奇才」(秀才)のことである。「莫不」の二重否定は強い肯定を示す。礼文挙が有能な人間であることを皆が認めたことをいう。　問七　「未」は、「いまダ～ず」の再読文字である。「未ダ二必ズシモ佳ナラ一」の書き下し文である。　問八　陳韙が、十歳の孔挙の有能なことに驚いていることを耳にして「小時了了、大未必佳(小さいときは頭脳明晰でも、大きくなって必ず立派になるとは限らないよ)」と言ったのに対し、「想君小時必当了了(あなたは小さいとき、さぞ頭脳明晰だったのでしょうね)」と陳韙の言葉を逆手にとった孔文挙の言葉に韙は大いに恐れ入ったのである。

二〇一六年度　実施問題

【中学校】

【一】次の文章を読んで、一〜七の問いに答えよ。

「それは本当に確かなのか？」日常生活において、この問いはわれわれが無関心ではいられない問いである。「この食品の安全性は確かなのか」、「この機械は確かに動くのか」、「あの医者の腕は確かなのか」、「このデータは確かなのか」、「彼がそう言ったというのは確かなのか」、「たとえそう言ったとしても、それは確かにあの人の真意なのか」……等々。

これらの例を見ていると、この世界に生きていくことは、どんなに不安に満ちていることか、と思えてくる。いろいろなことが「確か」ではないから、われわれは「確かさ」が気になるのである。「確かでない」ことはあまりにも多い。だから「確かでない」ことを少しでもaハイジョしたい。だからこそわれわれは、その対極にある「確かさ」を求める。

では、「確かさ」それ自体が目的として追求されると、どういうことになるだろうか。絶対に確かであると言えることが、何かあるだろうか。

われわれは通常、何の疑問もなく、椅子に自分の身体をbアズける。椅子が壊れていて、座った途端に自分の身体は後ろへ投げ出され、強く頭を打つかもしれない。そういう可能性はゼロではない。しかし、われわれは何も疑わず、どっかと椅子に腰を下ろす。あるいは、部屋から廊下へと一歩足を踏み出そうとするとき、われわれはいちいち、床が抜けないかどうかを確かめようとはしない。何も考えず、勢いよく一歩を踏み出す。

いずれの場合も、「絶対に確かか?」と言われれば、そうではない、と答えざるをえない。だが、このような疑いをあらゆるものに向け続けていれば、われわれの生活は成り立たない。「[A]」の故事にあるとおりである。

つまりわれわれは、「絶対に確かだ」と信じているわけではないことを、とりあえず「確かだろう」と見なして、行為し、生活しているのである。絶対に確かではなくても、われわれは何かを信じることができる。そして、生活していく上では、絶対的な確かさを求めるよりも、ある程度の確かさを信じられることの方が、むしろ重要である。逆に、「絶対的な確かさ」をどこまでも追求していこうとすると、このような日常生活の確かさが崩壊の危機にc瀕する。「この食品は絶対に安全なのだろうか。見えない雑菌や農薬で汚染されているのではないか。」このように疑い始めれば、何一つ安心して食べることもできなくなる。

「疑い始めたらきりがないから、疑うのをやめて[B]に生きよう」などと言いたいのではない。ここに考えるべき「哲学的」問題があると言いたいのである。絶対に確かではないことを信じて生きられるという、われわれの生き方そのものが、哲学的には、興味深い分析の対象になる。疑いうるところで、なぜ疑いをもたずに生きられるのか、というのは、それ自体問う価値のある問題である。これは「自明性」論という大きなテーマへとつながっていく問題である。

まずここでは、「確かさ」というものが、「絶対確実であるか、まったく不確かであるか」という二者択一的なものではなく、「程度差」を許容するという点に注意を促しておきたい。どこまでも疑いを募らせていては生きられないが、疑いの余地に対してまったく鈍感でもやはり生きられない。われわれが日常生活を生きる際には、何を確かと見なし、何をそうは見なさないか、という繊細な区別が、やはり働いている。

われわれは、きわめて敏感に、そのような確かさの程度差を見抜いている。見るからに頼りない古い木製の椅子に座るときには、慎重に強度を確かめてから座るだろう。何年も使われていなかった古い建物に入ったら、床が抜けないかどうか慎重に足を踏み出すだろう。たいていの人は、机上に放置された素性のわからない食品を、すぐに口に入れることはためらうだろう。だが、信頼できる人がそれを勧めたら、ためらわず口にするかもしれない。逆に、毒殺を怖れる王なら、たとえ身近な人間が持ってきたものでも、ためらわず食べることはしないかもしれない。

ここからわかるように、「確かさ」を見抜こうとするとき、われわれはいつもあるコンテクストのなかでそれを判断している。その物事を取り巻く状況や、ときに人物の信頼性が、「確かさ」の判断に大きく寄与しているのである。日常生活における「確かさ」は、つねにそれを取り巻くさまざまな現象からなるコンテクストのなかにある。このような確かさのあり方を分析することは、それ自体現象学の重要な課題であり、同時にまた、そのような「確かさ」のあり方を見ていくことが、日常的意識に没入しているときには見えてこない「現象」のあり方を明るみに出す貴重な通路ともなるのである。それは、日常的意識がそれ自身意識している事柄だけでなく、そこで①構造的に意識されないこと、それが意識されるとかえって日常的行為がうまく行われないような事柄へと考察の眼を向けていくことを意味する。

さて、「確かさ」のコンテクストを見るのとは逆に、あるものの確かさだけを単独で問い詰めていくと、われわれは最終的には「不確かさ」にぶつからざるをえない。いま座ろうとする椅子が「絶対に」確かなのか？と問われれば、いくら確認しても、次の瞬間にそれが壊れる可能性はハイジョできない。どんなに石橋を叩いても、叩き終わって足を踏み出したとき、その衝撃が最後の一撃となって橋が崩落する可能性は、やはり残っている。このような仕方で「絶対的な確かさ」を求めるかぎり、われわれはどこまでも「不確かさ」にd逢着せざるをえないのである。

先行きの見えない情況に置かれたとき、「確かなのか?」という問いは、切実な問いとしてわれわれに迫ってくる。だが、この問いを、それが指し示す方向に向かって際限なく問い続けるなら、その試みは容易に挫折し、問いそのものが意味を失ってしまうように見える。確かさを問うことは、通常は、不安な生が安心や安定を求める動きであるはずだが、むやみに確かさを問い続けると、生の不安はかえって覆いようのないものとなってしまう。なぜなら、②そのような「絶対的な確かさ」など、どこにもないように思えるからである。

田口　茂『現象学という思考』より(一部表記等を改めた。)

一　本文中のc、dの漢字の読み方をひらがなで記せ。
　c瀬する　d逢着

二　本文中のa、bのカタカナを漢字に直して記せ。(楷書で正確に書くこと)
　aハイジョ　bアズける

三　A に入る故事成語は何か。次のア〜エから一つ選び、記号で記せ。
　ア　鶏肋　イ　白眉　ウ　杞憂　エ　逆鱗

四　B に入る最も適当な言葉を本文中からさがし、漢字二字で抜き出して記せ。

五　①構造的に意識されないこと　とあるが、どのようなことを表しているか。次の条件に従って記せ。
　条件1　「椅子」という言葉を用いること。
　条件2　三十一字以上四十字以内で書くこと。

六　②そのような「絶対的な確かさ」など、どこにもないように思えるからである　とあるが、そのような状況の中で、われわれはどのように生活していると筆者は考えているか。次の条件に従って記せ。

条件1　「コンテクスト」という言葉を用いること。
条件2　五十一字以上六十字以内で書くこと。

七　次は中学校学習指導要領解説「国語編」の各学年における「C読むこと」の指導事項「自分の考えの形成に関する指導事項」の一部である。a、bにあてはまる言葉をそれぞれ記せ。なお、同じ記号には同じ言葉が入るものとする。

	自分の考えの形成に関する指導事項
第1学年	エ　文章の構成や展開、［a］について、自分の考えをもつこと。
第2学年	ウ　文章の構成や展開、［b］について、根拠を明確にして自分の考えをまとめること。
第3学年	ウ　文章を読み比べるなどして、構成や展開、［b］について評価すること。

（☆☆☆◎◎◎）

【二】次の文章を読んで、一～六の問いに答えよ。

小さい頃、オルゴールの蓋を開け、あの音色に聴き入った体験はどなたもあるだろう。ゼンマイの力がだんだん弱くなり、最後の一音が鳴り終わった瞬間の言いようのない淋しさ、そしてギッギッとゼンマイを巻き、また勢いよく奏で始めた時の晴れやかな気持ち……。

昔、私の家にあったオルゴールは、白いプラスチック板でできていて、小さな脚もついており、まるで宝石箱のようであった。そんなオルゴールを巡る記憶の芯には、蓋の蝶番の近くにあった細い針金の存在もある。私は、よく指でそれを押した。子供ながらに、それが蓋の開閉に応じて演奏をｏｎ／ｏｆｆするスイッチであることがよく分かり、聴く時には蓋を開け、止める時には閉めるという、オルゴールと人間との約束を叶えていたそのメカニズムを『ａフに落ちる世の中の巧妙さのひとつ』として、頭に刻み込んだ。

そして、オルゴールの内部の働きを止める際の、指先に伝わるほんの小さな針金の震えを、『世の中に存在する独特な感触のひとつ』として心に登録した。

大人となった今、そのことについて思いを巡らすと、さらに次のような考察も生まれる。

『開閉式のオルゴールは、「 A 」という外界の違いを蓋の開閉で判断する機構を持っていて、そのことで「 B 」というように自分の状態を遷移することができる。そして、判断する仕組みである小さな針金の突起を指で押されると、蓋が閉まったものと思い込み、音楽を止める』

——なんだか、大人になるということは、難しい語彙が増えるだけのことを証明したようにも思える、この考察の唯一面白いところは、「〜と思い込み、」というところである。子供の時、面白くて何度も押したその行為は、オルゴールにしてみれば、その都度、偽の開閉を感知させられていたことになるのだ。そして、子供のいたずら心にも忠実に反応してくれる①オルゴールの無垢さは、そのまま機械というものに対しての信頼と愛着を育んでいった。

最近は、多くの機械にコンピュータが内蔵され、外界を感知するのに様々なセンサーが取り付けられているので、オルゴール箱がやっていた『外界の状態に合わせて、自分の状態を変化させる』ということをもっと C にできるようになっている。例えば、缶コーヒーなどの自動販売機は夜遠くからでも煌々としていて目立つ。しかし、昼間っからあんなに明るくしていたのでは、このご時世、非難囂々《ごうごう》であろうが、昼間はちゃんと消えている。それは、光量を感知するセンサーがついていて、まわりが暗くなると明かりが点く仕組みになっているからである。私の大学の研究室が企画に参加している幼児教育番組の中で、子供に「センサー」というものを教えるために、昼間の明るい日差しの中、自動販売機のセンサー部分に黒テープを貼り、外界からの光を部分的にシャットアウトしたことがある。案の定、その自動販売機は夜が来た「と思い込み、」煌々と明かりを点けたのである。

専門的で難しい言葉になるが、最近の情報科学という分野では、前述のオルゴールや自販機の仕組みを、外部の入力により内部の状能を遷移させる『有限状態遷移機械《ゆうげんじょうたいせんいきかい》』という言い方をする。しかし、ここまで書いてきてなんであるが、何も、そんな機械の話をしようとこの文章を始めたのではない。実は、私自身、自分もまた、その「状態遷移機械」であることを思い知らされた出来事を体験したからなのである。

私の事務所の一部屋には、特注のソファーがある。それは、マットの位置を変えると瞬時にベッドになるものである。世の中にソファーベッドは数多《あまた》あれど、うちの事務所のものほど、ベッドには見えず、ベッドとしての機能を果たしているものはないと自負している。寝起きが一番考えごとが進むのと、とかく少なくなりがちな睡眠時間を補うために作ったのである。打ち合わせと打ち合わせの間が1時間でも2時間でも空くと、私は毛布を持ち出し、ごろっとそこに横になる。ソファーの肘掛けは平らな木でできており目覚まし時計をそこに置いて仮眠に入る。

ある夜のことである。時刻にしたら、8時頃だったと思う。次の打ち合わせが10時という遅い時刻からということもあって、そのソファーで仮眠をすることにした。背のマットをはずし、毛布を掛け、目覚ましもセットし、さあ寝ようと横になった。この数年は、メールの発達のおかげで事務所の電話はあまり鳴らない。夕食も済ませ、寝るには好条件がそろっている。

それにしても、天井の蛍光灯がまぶしい。自宅と違ってここは事務所だという公の意識と、スイッチが入口の近くにある面倒臭さで、蛍光灯を消すことまではしないのである。それに、愛用のアイピロー(アイマスクのようなもの)があるので、明るさは完璧に遮られる。まるで、自動販売機を黒テープでだました時と同じ方法である。

その時も、いつものようにそのアイピローを目の上に置き、光が入らないようにして眠りについた。1時間半後、目覚ましが鳴った。私は、もう少し寝ていたい欲求を払いのけるように、あのまぶしい蛍光灯のもとに自分をさらけ出そうと、意を決してアイピローを取った。思わず、瞼を強く閉じた。次の瞬間、真夏の海水浴の時のような容赦無い光が目に飛び込んでくるはずだ。覚悟して、ゆっくり瞼を開けた。しかし、その時、目に入ってきたのは、なんと暗くて静かな部屋の風景であった。

誰か事務所の人間が、私が寝入った後に部屋の蛍光灯を消してくれたのだ。ブラインドが下がった窓には外の街灯が薄暗く映っていた。

しかしその時、私が反射的に感じた気持ちは思わぬものだった。それは、「暗くしてもらって有り難い」というような感謝の気持ちではなく、なんと「損した」という、悔やみにも近い気持ちであった。一体、何を損したというのか。一体、何を悔やむのか。

それは、「外界がずっと明るいままと思い込んで寝てしまっていた気持ち(状態)」であった。もし、部屋が暗いと知っていたら、自分の眠りの状態はもっとリラックスした安らかなものになっていたであろうことが、はっきりと分かったのである。実は、この時までは、アイピローをして遮光すれば、物理的に瞼を通して入ってくる光はない訳だから、蛍光灯を消しているのと同じだと思っていた。自販機が昼間でも夜と判断したのと同じことが自分の内部でも行われていると思っていたのだ。

しかし、アイピローを取った瞬間にまぶしい光ではなく、安らかな暗闇があった時、初めて自分の内部状態が、瞼を透かしての物理的な光の量だけで切り替わるのではなく、アイピローの外の状態の「明るい／暗い」という②知見に大きく左右され、切り替わっていたことに気付いたのである。オルゴールの図式に当てはめてみると、あの夜、私は、外界を明るいもの「と思い込み、」少しストレスを感じる内部状態で寝ていたのである。

それ以来、同じように天井の電気を消してもらった時は、一言、「佐藤さん、蛍光灯、消しますね」と声を掛けてもらうことにしている。

だが、面白いことに、その声だけでは私の内部状態は一向に遷移することはせず、一度、アイピローをずらして、外界が暗いことを自分＝すなわち自分の脳に、直接知らしめないと状態が変わらないのである。厄介だが、その厄介さは、人間の認知の仕組みを垣間見たようで面白くもある。そう言えば、オルゴールのあの小さな針金も、内部の駆動部分の金属製の羽根に直接繋がっていた。大事な部分に触れている故の、その③危ういナイーブさが、幼い頃、記憶されたあの独特な感触の本体なのであろう。

佐藤　雅彦『考えの整頓』より

一　本文中のaの漢字を用いた四字熟語を漢字で記せ。

二　[A]、[B]にあてはまる組み合わせはどれか。次のア～エから一つ選び、記号で記せ。

ア　A　聴く人がいる／聴く人がいない　　B　音楽を奏でる／音楽を奏でない

イ　A　音楽を奏でる／音楽を奏でない　　B　聴く人がいる／聴く人がいない

ウ　A　開ける人がいる／開ける人がいない　　B　針金を押す／針金を押さない

エ　A　針金を押す／針金を押さない　　B　開ける人がいる／開ける人がいない

三　①オルゴールの無垢さ　とあるが、この表現の効果について三十一字以上四十字以内で説明せよ。
四　C　にあてはまる言葉を本文中からさがし、漢字二字で抜き出して記せ。
五　②知見に大きく左右され　とあるが、どのようなことか。ここでの意味として最も適当なものを次のア～エから一つ選び、記号で記せ。
ア　自分の内部状態が、外界のストレスから解放されることで遷移すること。
イ　自分の内部状態が、外界の物理的な光を感知することで遷移すること。
ウ　自分の内部状態が、外界を反射的に感知することで遷移すること。
エ　自分の内部状態が、外界の状態を思い込むことで遷移すること。
六　③危ういナイーブさ　とあるが、このことはどのような人間の認知の仕組みを表しているか。本文中の言葉を用いて四十一字以上五十字以内で説明せよ。

（☆☆☆◎◎◎）

【三】次の文章を読んで、一～五の問いに答えよ。

かくて春過ぎ夏闌《たけ》ぬ。秋の初風吹ぬれば、星合の空をながめつつ、あまのとわたる①かぢの葉に、思ふ事かく比《ころ》なれや。夕日のかげの西の山のはにかくるるを見ても、「日の入給ふ所は、西方浄土にてあんなり。いつかわれらもかしこに生れて、物を思はで過ぐさむずらん」と、かかるにつけても過にしかたの憂き事共、思ひつづけて唯つきせぬ物は涙なり。たそかれ時も過ぬれば、竹のあみ戸をとぢふさぎ、灯《ともしび》かすかにかき立てて、親子三人念仏してゐたる処に、竹のあみ戸をほとほととうちたたくもの出来たり。其時②尼どもきもを消し、「あはれ是はいふかひなき我等が念仏して居たるを妨んとて、魔縁の来たるにてぞあるらむ。昼だにも人もとひこぬ山里の、柴の庵の内なれば、夜ふけて誰かは尋ぬべき。わづかの竹のあみ戸なれば、あけずともおし破らん事やすかるべし。中なかただあけていれんと思ふなり。それに情をかけずして、命をうしなふものならば、年比頼たてまつる弥陀の本願をつよく信じて、隙《ひま》なく名号をとなへ奉るべし。声を尋て迎へ給ふなる聖主の来迎にてましませば、などか引摂なかるべき。相かまへて念仏おこたり給ふな」と、たがひに心をいましめて、［A］、魔縁にてはなかりけり。仏御前ぞ出来る。

祇王、「あれはいかに、仏御前と見たてまつるは。夢かや、うつつか」と言ひければ、仏御前涙をおさへて、

「か様の事申せば、事あたらしうさぶらへ共、申さずは又思ひ知らぬ身ともなりぬべければ、はじめよりして申なり。もとよりわらはは推参のものにて出されまいらせさぶらひしを、祇王御前の申やうによつてこそ、召しかへされてもさぶらふに、女のはかなきこと、わが身を心にまかせずして、おしとどめられまいらせし事、心憂うこそさぶらひしか。いつぞや又、③召されまいらせて、今様うたひ給ひしにも、思知られてこそさぶらへ。いつかわが身のうへならんと思ひしかば、嬉しとはさらに思はず。障子に又、「いづれか秋にあはではつべき」と、書置給ひし筆の跡、④げにもと思ひさぶらひしぞや。其後は、在所を焉《いづく》とも知りまいらせざりつるに、かやうにさまをかへて、ひと所にとうけ給はつてのちは、あまりに浦山しくて、常は暇を申しかども、入道殿さらに御もちいましまさず。つくづく物を案ずるに、娑婆の栄花は夢のゆめ、楽しみ栄へて何かせむ。人身は請がたく、仏教にはあひがたし。此度泥梨《ないり》に沈みなば、多生《たしやう》曠劫《くはうごう》をばへだつとも、うかびあがらん事かたし。年のわかきをたのむべきにあらず。老少不定のさかいなり。出るいきの入るをもまつべからず。かげろふいなづまよりなをはかなし。一旦の楽みにほこつて、後生を知らざらん事のかなしさに、けさまぎれ出てかくなつてこそ参りたれ」とて、かづきたるきぬをうちのけたるを見れば、あまになつてぞ出来る。

新日本古典文学大系『平家物語』より　（一部表記等を改めた。）

一　①かぢ　とあるが、ここでの意味を二つ記せ。
二　②尼どもきもを消し　とあるが、何に対してきもを消したのか、説明せよ。
三　A　に入る言葉は何か。次のア～エから一つ選び、記号で記せ。
　ア　物を案ずれば
　イ　名号をとなへ奉れば
　ウ　灯かすかにかき消せば
　エ　竹のあみ戸を開けたれば
四　③召されまいらせて、今様うたひ給ひし　とあるが、これは誰の行動か。本文中の言葉を用いて記せ。
五　④げにもと思ひさぶらひしぞや　とあるが、誰が何に対してこのように感じたのか、説明せよ。

（☆☆☆◎◎◎）

【高等学校】

【一】次の文章を読んで、後の問いに答えよ。

現実の社会的な孤独とは関係なく、もっぱら人間の内面の不可解な深みから生まれ、恋愛を含めて人を人恋いしさの行動に駆り立て、しかも、そのあげく充実感よりはむしろ罪悪感を覚えさせる、この異様な「淋しさ」とはいったい何なのだろうか。漱石は主人公の口を借りて、この気分を当時の時代①シチョウと結びつけ、「自由と独立と己れとに充ちた現代に生れた我々は、其犠牲としてみんな此淋しみを味はわなくてはならないでせう」、と述懐している。作者にとって、それはたんに『こゝろ』の主人公の個人的な病弊ではなく、作者自身の不安でもあれば、時代全体の問題でもあり、ひいては、人間そのものの宿命ともいうべき、本質的な精神現象として映っていたように思われるのである。

実際、少し立ち入って『こゝろ』とその先行作品を分析して見ると、ここで「淋しさ」と呼ばれた言葉は意外な内容の拡がりを含んでいて、いわば、これが漱石文学のひとつの中心的な主題を捉え、それを巧みに②ガイカツする言葉になっていることに気づくのである。

ところで、「淋しい人間」であるはずの「先生」と青年の境遇を見ると、興味深いことに、彼らはいずれも孤独であるどころか、逆に③煩瑣な人間関係に追いかけられ、それを憎んでさえいる人物であることが印象に残る。

まず、青年期の「先生」は両親を失い、いわば後見人となった叔父一家の世話を受けるのだが、やがて、その叔父が自分の財産を欺し盗ったと考えて、一家と激しく縁を断った。けれども、事件の内容を仔細に吟味すると、叔父のしたことは本当の詐欺行為というよりは、たんに親族関係というものを前近代的に理解し、個人間のけじめを曖昧にしたにすぎない、ということが明らかになる。要するに、叔父一家は「先生」の生家に移り住み、「先生」と自分たちの娘を結婚させようとし、それをかってに前提したうえで、「先生」の財産の一部を費消していたにすぎないからである。

[A]、「自由と独立と己れとに満ちた現代」に生まれた青年にとって、こうした押しつけがましい人間関係は、それ自体がほとんど犯罪と同じような、自我にたいする攻撃に見えたにちがいない。「先生」はまず従妹との結婚を憤然として拒み、その結果、叔父夫婦の態度が冷たくなるのを見ると、一気に彼らにたいする疑惑を深めて行った。彼には、「善良」な叔父夫婦がにわかに悪党に一変したように見えたのだが、たぶん、本当に変わったのは叔父夫婦の方ではなかったといえるだろう。彼らの「善良」さとは、まさに前近代的な親切さと家族主義にほかならなかったので、それが、「己れ」の観念に目覚めた「先生」の目に、にわかに押しつ

けがましさと、けじめの欠如に見えた、ということにすぎなかったはずである。

一方、この「先生」に惹かれる青年についても、生家の人間関係が、背後から追って来る④桎梏として感じられていることは明らかである。彼は、田舎の父のなかにもはや娯楽の相手をすら見出すことができず、その死をまえにして、早くも兄と家督の責任を押しつけあっている。父から、自分の大学卒業の祝宴を開きたいとの申し出を受けると、彼はそれを両親のためならともかく、「私のため」なら止して貰いたい、と拒絶する。やがて、父の病床に侍しながらも、青年の心にあるものは「先生」の想い出ばかりであり、死に臨んだ父の存在は、もっぱら「先生」との再会を妨げる要素として感じられているのである。

このように見ると、「先生」と青年はともに「家」を憎む人であり、いいかえれば、与えられた、受動的な人間関係を憎む点で共通する人物だといえるだろう。この場合、「家」が彼らに利益をもたらすか、不利益をもたらすかということは問題外であり、彼らはともかく、「家」が生まれながらに彼らを捉え、けじめもなく彼らの内部に浸透して来ることにいらだっている。いかにも、「自由と独立と己れ」の時代に適わしい感情であるが、しかし、ここで注目すべきことは、彼らがけっして、その「自由と独立」を「家」の枠組のなかで確立しようとしていないことだろう。すなわち、⑤彼らはおよそ彼らの「家」のなかに踏みとどまり、家督を奪い取って、家族全体を自由に支配しようとは考えても見ない。※1モーリアックの主人公なら、当然、夢見るような「家」そのものの支配を、彼らはいささかも自我拡張の証しとして感じることができず、ひたすら「家」から脱出することに、「自由と独立」の方向を見出していることは特筆に値いする。
B、彼らの自由は他人を支配する自由ではなく、いかなる他人からも支配と制肘を受けない、という意味での自由にすぎないといえる。じつは、他人を支配するということは、そのための妥協や取引きを含むものであり、その範囲において、逆に他人から支配や制肘を受けることをも意味するのであるが、漱石の主人公は、つねにそうした受動性を潔癖に拒絶しているように見える。はたして、こういう自由が通常の自由であるかどうか、とくに、俗にいう「近代的自我」の自由であるかどうかは疑わしいのであるが、彼らはほとんど病的なまでに、人間関係のなかで純粋な主体であることに徹しようとしている。そのうえで、彼らは友人や異性や先達を自発的に選びとろうとするのであるが、その瞬間、彼らを襲うものは、そうした他人によってもついに癒しがたい奇妙な「淋しさ」である、ということになるのである。

このような主体性についての過度の潔癖さは、物語を読み進むと、やがて、「先生」の過去の恋愛のなかにも現れていたことがわかって来る。彼は、学生時代に下宿していた未亡人の娘に惹かれるのだが、惹かれながらも、たえず、自分が未亡人の手によって操られているのではないか、と疑っている。考えて見ればこれは奇妙な話なのであって、もし彼が娘に強い愛着を持っているなら、たといその母親が策略から二人を結びつけようとしたところで、⑥彼の側が警戒を覚える必要はなかったといえる。彼自身、一面ではこの猜疑心をばかばかしいと思うのだが、彼の心はやはりふたつに引きさかれ、ついには娘その人についても、自分を⑦籠絡しようとしているのではないかと疑い始めることになる。

このことは、「先生」が特別に猜疑心の強い人間であるとか、自他の心理について分析能力の高い人間だ、というようなことで説明し尽せる問題ではないだろう。たしかに、彼がそういう性格を持つことは否定できないとしても、ことが男女の恋愛のなかで起っている以上、この人物の内面にはもうひとつの問題があることを、推定せざるを得ない。すなわち、彼には、女性を愛するにしてもその情念にみずから捉えられ、いわば受動的に身をまかせて、そのなかで燃えあがる能力が不足していると考えられるのである。

この推定の傍証というべきものは、まもなく「K」という「先生」の友人が現れて、娘をめぐって心理的な三角関係が生まれたときに、はっきりと浮びあがって来る。「先生」は、「K」もまた娘に惹かれていることをその口から告白されると、娘にたいするそれまでの猜疑も警戒も捨てて、にわかに激しい嫉妬を覚え始めるからである。興味深いことに、そうなると、彼はもはや自分自身と娘の心理を分析することは忘れ、もっぱら競争相手としての「K」の心理を分析することに没頭する。かつてみずからを嚙んで彼の積極性を妨げた分析能力は、今や内側から外側に向け変えられ、人生の勝負を生きのびるための武器として使われ始めることになる。そして、⑧懊悩のあげくに、ついに「K」の決心を見定めたと思ったとき、「先生」はほとんど発作的に、前後の見さかいもなく、未亡人に向かって娘との結婚の許しを求めるのである。この一瞬だけ、彼はあたかも情念に駆られた人のように行動するのであって、ここではまさに、愛のなし得なかったことを嫉妬が彼のうえになしとげた、というべきであろう。

ちなみに、⑨こうした不思議な恋愛のかたちは、漱石の小説のなかには、早くから執拗なほど反覆して描かれている。

出典は、山崎正和「淋しい人間」(河出書房新社)より

語注

※1　モーリアック……フランソワ・モーリアック。フランスの作家(一八八五年～一九七〇年)。個人と家庭、信仰と欲望の葛藤、エゴイズムと宗教意識の戦いを主なテーマとした。一九五二年にノーベル文学賞を受賞。

問一　空欄 A 、 B に入る最も適当な語句を、それぞれ次の中から選び、記号で答えよ。

ア　たとえば　　イ　いわば　　ウ　また　　エ　しかし　　オ　もしくは

問二　傍線部①、②のカタカナは漢字に改めよ。また、傍線部⑧の漢字は読み方をひらがなで答えよ。

①　シチョウ　②　ガイカツ　⑧　懊悩
問三　傍線部④、⑦の語句の意味を説明せよ。
④　桎梏　⑦　籠絡
問四　傍線部③「煩瑣な人間関係」とあるが、『こゝろ』に登場する「先生」と青年にとって「煩瑣」と感じられる人間関係とは、何に基づいたものか。本文中から十三字で抜き出して答えよ。
問五　傍線部⑤「彼らはおよそ彼らの『家』のなかに踏みとどまり、家督を奪い取って、家族全体を自由に支配しようとは考えても見ない」について
（1）「彼ら」にとって「家」とはどのようなものか。「人間関係」「自我」の二語を用いて説明せよ。
（2）「彼ら」が、「家族全体を自由に支配しようとは考えても見ない」理由を五十字以内で説明せよ。
問六　傍線部⑥「彼の心はやはりふたつに引きさかれ」とあるが、彼の心は何と何に引きさかれたのか。次のア〜エの中から最も適当なものを一つ選び、記号で答えよ。
ア　燃えあがる情念と、奇妙な「淋しさ」
イ　娘への愛着と、未亡人への猜疑心
ウ　娘にたいする猜疑心と、警戒心
エ　娘に惹かれる気持と、「K」への嫉妬
問七　傍線部⑨「こうした不思議な恋愛のかたちは、漱石の小説のなかには、早くから執拗なほど反覆して描かれている」について
（1）「こうした不思議な恋愛のかたち」とはどのようなものか。三十五字以内で説明せよ。
（2）『こゝろ』に先行する夏目漱石の《前期三部作》と呼ばれる作品をすべて答えよ。

問八　本文について説明した文として最も適当なものはどれか。次のア～エの中から一つ選び、記号で答えよ。
ア　人間の内面の不可解な深みについて、『こゝろ』の主題として描かれたエゴイズムと罪悪感を取り上げて述べている。
イ　近代以降の日本人が抱えていた自我の問題について、『こゝろ』とその先行作品から読み取れることを述べている
ウ　「淋しさ」について、人間関係のなかで純粋な主体であろうとする『こゝろ』の主人公の心を分析して述べている。
エ　漱石文学に描かれた孤独について、自他の心理について分析能力の高い『こゝろ』の主人公の内面を例に述べている。

（☆☆☆◎◎◎）

【二】次の古文を読んで、後の問いに答えよ。

※1行《ぎやう》基《ぎ》菩《ぼ》薩《さつ》、まだ若く御座《おは》しける時、※2智光《ちくわう》法師に※3論義に逢ひ給ひたりけるを、智光少し驕慢《けうまん》の心にやありけん、若き敵《かたき》に逢ひたりと思へる①気色なりければ、②歌を詠みかけられける。

真福田《まふくだ》が修行に出で［A］※4片袴《かたばかま》我こそ縫ひ［B］その片袴

かく言はれて、「二生の人にこそ御座しけれ」と、※5帰伏《きぶく》しにけり。この事は、行基菩薩の前《さき》の身に、大和の国なりける長者とぞいひけれど、国の※6大領《だいりやう》などいふものにやありけん。その家の娘のいみじく③かしづきけるが、貌《かたち》などいとをかしかりけるを、門守《かどもり》する女のありけるが、子に真福田といふ童《わらは》ありけり。十七、八ばかりなりけるが、その家の娘をほのかに見て、人知れず病《やまひ》になりて、死ぬべくなりにける時に、母の女その

由を問ひ聞きて、「④我が子生きて給ひてんや」と洩《も》らし言ひたりければ、娘「大方は安かるべきやうなる事なれど、無下にその童ざまにては、⑤さすがなりぬべし。さるべからん寺に行きて、法師になりて、学問よくして、才《ざえ》ある僧になりて来たらん時逢はん」と言は⑥せたりければ、かくと聞きて、急ぎ出で立ちける。「童の着るべかりける袴持て来。我縫ひて取らせん」と言ひければ、母の女喜びながら、忍びて⑦参らせたりけるを、片袴をなん縫ひて取らせたりける。さて、寺に行きて、師につきて学問を夜昼しければ、二、三年ばかりに、殊《こと》の外《ほか》の智者になりにけり。さて、後、来たりければ、「今宵」と言ひて逢ひたりける程に、この娘、にはかに消え入るやうにて亡くなりにけり。法師⑧あさましく悲しく覚えて、寺に帰りて、道心深く起していよいよ尊くなりにけり。されど、我が童名「真福田」といふこと、僧の中には、さしも知らせざりけるを、年経て、行基といふ若き智者の出で来たりけるに、論義にあひたる程に、その昔名をかく言ひて、「我こそ縫ひ B その片袴」と言ひけるに、思ひ続くれば、「我がもと道心起し始めし女は、即ち、この行基にこそ御座しけれど、我が身を尊き僧となさむとて、しばし仮に彼の女と生まれて見えたりける」と⑨心得るに、尊く、めでたくも恥ぢも覚ゆるなり。

出典は、「新編日本古典文学全集　歌論集」(小学館)。
なお、表記等で一部改めたものがある。

語注
※1　行基……奈良時代の高僧。諸国を巡業し、庶民に布教し、道路開拓・橋梁架設などの社会事業によって民衆の心を深くとらえた。
※2　智光……河内国(大阪府南東部)の人。幼名を真福田丸という。元興寺の僧。
※3　論義……法会などで経文の要義を問答したり、論争したりする儀式。これによって、学僧の優劣

を判断し、階級を定めた。
※4　片袴……短い袴のことで、長袴・半袴など日常に着用するものに対して、旅行などに用いたもの。
※5　帰伏……降参すること。
※6　大領……律令制の郡の長官。

問一　空欄［A］、［B］に、過去の助動詞「き」を適当な形に直して入れよ。
問二　本文を内容上三つのまとまりに区切る場合、第二、第三のまとまりに相当する部分の最初の四字を、それぞれ本文中から抜き出して記せ。
問三　傍線部①、⑨の読みを、ひらがな(現代仮名づかい)で答えよ。
①　気色　　⑨　心得(る)
問四　傍線部②「歌を詠みかけられける」の主語は誰か。次のア～エの中から最も適当なものを一つ選び、記号で答えよ。
ア　行基菩薩　　イ　智光法師　　ウ　長者　　エ　国の大領
問五　傍線部③、⑧の意味を答えよ。
③　かしづき　　⑧　あさましく
問六　傍線部④「我が子生きて給ひてんや」、⑤「さすがなりぬべし」を、それぞれ必要な語を補って現代語訳せよ。
問七　傍線部⑥「せ」と同じ意味・用法の「せ」を含むものを、次のア～エの中から一つ選び、記号で答えよ。
ア　恋しき時の思ひ出にせむ

イ　世の中にたえて桜のなかりせば春の心はのどけからまし
ウ　重ねて問はせたまはばいかが申さむ
エ　人々に物語りなど読ませて聞きたまふ

問八　傍線部⑦「参らせ」を、敬意を除いた語に直せ。
問九　波線部「『一生の人にこそ御座しけれ』と帰伏しにけり」とあるが、「帰伏し」た理由を本文の内容に即して具体的に説明せよ。
（☆☆☆☆◎◎◎）

【三】次の漢文を読んで、後の問いに答えよ。（ただし、設問の都合上、訓点を省略した箇所がある）

子※1路※2盛服《シテ》見《ユ》二孔子《ニ》一。孔子曰《ハク》、「由、是《ノ》※3裾裾《タルハ》何《ゾ》也。昔者江《ハ》出《デ》二於岷山《ヨリ》一、其《ノ》始《メテ》出《ヅル》也、其《ノ》源《ハ》①可《シ》二以《テ》濫《うかブ》一レ觴《さかづきヲ》。及《ンデハ》三其《ノ》至《ルニ》二江之津《ニ》一也、不レ放《よラ》レ舟《ニ》、不《レバ》レ避《ケ》レ風《ヲ》、②則不可渉也。非《ズ》二唯《たダ》下流《ノ》水多《キニ》一邪。今汝《ノ》衣服《ハ》既《ニ》盛《ンニシテ》、顔色充※4盈《えいタレバ》、天下且③孰《カ》肯《ヘテ》諫《メン》レ汝《ヲ》矣、由《ヤト》。」子路趨《はしリテ》而出《デ》、改《メテ》レ服《ヲ》而

入《ル》。蓋④猶※5若《タリ》也。孔子曰《ハク》、「由《ヨ》、志《しるセ》レ之《ヲ》。吾語《ラン》レ汝《ニ》。奮《フ》二於言一《ニ》者《ハ》華《ニ》、奮《フ》二於行一《ニ》者《ハ》伐《ほこリ》、色《ニシ》レ A《ヲ》而有《リトスル》レ B 者《ハ》、小人也。故《ニ》君子知《ルヲ》レ之《ヲ》曰《ヒ》レ知《ルト》レ之《ヲ》、不《ルヲ》レ知《ラ》曰《フハ》レ不《ト》レ知《ラ》、言之要也。能《クスルヲ》レ之《ヲ》曰《ヒ》レ能《クスト》レ之《ヲ》、不《ルヲ》レ能《クセ》曰《フハ》レ不《ト》レ能《クセ》、行之至《リ》也。言要《ナレバ》則知《ニシテ》、行至《レバ》則 C《ナリ》。既《ニ》知《ニシテ》且⑤ C《ナレバ》、⑥夫悪有《レ》不《レ》足矣哉。」

出典は、「新釈漢文大系　荀子」(明治書院)。
ただし、表記と訓点を改めた部分がある。

語注

※1　子路……孔子の門人。姓は仲、名は由であるが、由とのみ言う場合が多い。
※2　盛服……盛装すること。
※3　裾裾……きらびやかなこと。
※4　充盈……得意な様子。
※5　猶若……平然とした様子。

問一　空欄A、Bに入る漢字の組み合わせとして最も適当なものを、次のア～エの中から一つ選び、記号で答えよ。
ア　A言B行　イ　A知B行　ウ　A知B能　エ　A言B知
問二　傍線部①「濫觴」の意味として最も適当なものを次のア～エの中から一つ選び、記号で答えよ。
ア　物事の起こり　イ　天賦の才　ウ　人生の浮き沈み　エ　流暢に進むこと
問三　傍線部②「則不可渉也」に、返り点及び送りがなを施せ。
問四　傍線部③「孰肯諫汝矣」について説明した次の文の□に、四十字以内で適当な語を入れよ。
孔子は、子路が着飾って得意げにしている様子に対して、天下の者は誰一人として進んで子路をいさめてくれはしないだろうということを、□にたとえて諭している。
問五　傍線部④「蓋」、⑤「且」の読みを、送りがなも含めて、ひらがな(現代仮名づかい)で答えよ。
問六　傍線部⑥「夫悪有不足矣哉」について
(1)　全文ひらがなで書き下せ。
(2)　現代語訳せよ。
問七　波線部「由、志之。吾語汝。」とあるが、孔子が子路に伝えたかったことは何か、説明せよ。
問八　本文は儒家である荀子の思想を記した書の一節であるが、空欄Cに、儒家の祖である孔子が最も大事にした徳を表す漢字一字を入れよ。

(☆☆☆◎◎◎)

解答・解説

【中学校】

【一】一　c　ひん　d　ほうちゃく　二　a　排除　b　預　三　ウ　四　鈍感　五　いま座ろうとする椅子が安全であるという絶対的な確かさを際限なく問い続けること。(三十九字)　六　物事を取り巻く状況や人物の信頼性などのコンテクストから判断した確かさの程度差を許容し、信じることで、生活している。(五十七字)　七　a　表現の特徴　b　表現の仕方

〈解説〉一・二「常用漢字表」(平成二十二年内閣告示第二号)に示されている漢字の読み、書き、用法などは完璧に習得しておくこと。同音(訓)異義の語にも注意する。　三　空欄Aを含む第五段落は、第一～四段落の内容を簡潔にまとめている。正答のウは「あれこれと無用な心配をすること」という意味で、第四段落までの内容と関係がある故事成語と判断できる。なお、アは「大して役には立たないが、捨てるには惜しいもの」のたとえ、イは「兄弟中で最も優れている者。衆人の中で最も傑出した者」という意味、エは「目上の人の激しい怒り」という意味。　四「疑うのをやめる」という表現と類似する表現を第七段落の前後で探すと、第八段落二文目に「疑いの余地に対してまったく鈍感でもやはり生きられない。」とある。　五　第八段落に、われわれは日常生活で「絶対確実か、まったく不確実か」の二者択一でなく「程度差」を許容して生きていることが示されている。これを今座ろうとする椅子について考えると、それが安全であるという絶対的確実を際限なく意識的に問い続けたら、日常生活全体もかえって不安に包まれ破綻することになる。このことをふまえて、制限字数内にまとめる。　六　傍線部②の「絶対的な確かさ」は、「不安な生」に安心と安定を与えるためのものであるか、われわれは「確かさ」の程度差を物事を取り巻く状況や人物の信頼性を介して判断しながら生

活をしている。それは、われわれが「絶対的な確実さ」を際限なく問い続けて新たな「不確実さ」に逢着してしまい、その試みが挫折するだけでなく、そのためのかえって生の不安が生ずることになるからである。

七　中学校学習指導要領解説「国語編」の各学年における「C読むこと」の指導事項には他に、「語句の意味の理解に関する指導事項」「文章の解釈に関する指導事項」「読書と情報活用に関する指導事項」がある。これらの指導事項についても十分に理解を深めておく必要がある。

【二】一　五臓六腑　二　ア　三　偽の情報にも忠実に反応してしまうオルゴールに対する信頼や愛着を強調する効果。(三十八字)　四　巧妙　五　エ　六　オルゴールの小さな針金のように、脳に直接外界を感知させることで内部状態が遷移する人間の認知の仕組み。(五十字)

〈解説〉一　aの「フ」は、「腑」。この漢字を用いた四字熟語は「五臓六腑」がある。　二　空欄AとBの前後の文と整合するように適切な組み合わせを考えること。空欄Aは直後の「外界の違いを蓋の開閉で判断する機構」という文、空欄Bは「蓋の開閉」で外界の違いを判断したあと、それに応じて「自分の状態を遷移する」という表現をヒントにする。　三「オルゴールの無垢さ」という擬人化された表現は、オルゴールの小さな突起を指で押されると演奏がoffになって止まってしまうオルゴールという機械の従順で忠実なことへの強調表現である。偽の(子供の遊び心による)オルゴールのon／offに忠実に反応する小さな機械に筆者は信頼と愛着を寄せていたことも述べてある。　四　空欄Cには、その前の文の「コンピュータによる外界感知」が容易になったことをふまえ、「できるようになった」の文節をともに修飾する「もっと」との関連で文中の言葉をさがす。第三段落最後の一文に『フに落ちる世の中の巧妙さのひとつ』という表現が出てくる。

五　傍線部②の「知見」を修飾する「アイピローの外の状態の「明るい／暗い」という」、および、そのあとの文に「あの夜、私は、外界を明るいもの「と思い込み、」（略）」の両者をヒントにする。 六 内部状態（意識）の遷移には、直接自分の脳に外界を認知させることが大切であることを、オルゴールの内部の仕組みを例示して述べている。

【三】一 梶（植物）、楫・舵（船） 二 誰も訪れないであろう親子三人が念仏を唱えて暮らしている粗末な家に夕刻来訪者があったこと 三 エ 四 祇王御前 五 仏御前が、いずれ清盛に飽きられて捨てられてしまうことに対して

〈解説〉一 （天の川の瀬戸を渡る船の）「揖」と、初秋の季語である「梶」の葉との掛詞になっている。 二 尼たちの言葉の中に「昼だにも人もとひこぬ山里の、柴の庵の内なれば、夜ふけて誰かは尋ぬべき」（昼でさえも誰も訪ねて来ない山里の粗末な庵の内だから、まして夜ふけに誰が訪ねて来よう。訪ねてこないだろうに）とのべてある。夕刻の来客への尼たちの驚きを表している。 三 空欄Aの後に「魔縁にてはなかりけり」とある。「魔縁」とは仏教用語で「修道を妨げるもの。魔物」のこと。尼たちが互いに心を戒めて「竹の編戸」を開けたのである。 四 「いつぞや又、召されまいらせて、今様うたひ給ひしにも」は「いつでもまたあなた（祇王御前）がお召しを受けて、今様をお歌いになったときにも」と訳す。なお、仏御前は祇王御前とともに平清盛の寵愛を受けた白拍子（歌舞を舞う女）で、清盛は仏御前を迎え入れて祇王御前を追放している。 五 障子（襖）に「いづれか秋にあはではつべき」（いずれ秋にはあなた（仏御前）に会う日が来るでしょう）と書いたのは祇王御前。清盛に仏御前が見捨てられて二人が会う日を祇王は予想していたのである。傍線部④について、「げにも」は「なるほどその通りだ」の意、「思ひさぶらひし」は「思っていました」の意。「ぞや」は感動をもって強く指示する助詞。仏御前が自分の身の上に対しての想定である。

【高等学校】

【一】問一　A　エ　B　イ　問二　①　思潮　②　概括　⑧　おうのう　問三　④　自由な行動を束縛するもの。　⑦　他人を巧みに言いくるめて、自分の思いどおりに操ること。　問四　前近代的な親切さと家族主義　問五　（1）　生まれながらに与えられ、受け入れざるをえない人間関係が、独立して存在するはずの自我を支配するもの。　（2）　家族を自由に支配することは、妥協や取引きを含み、その範囲において、逆に家族から支配を受けるから。（四十八字）　問六　イ　問七　（1）　三角関係における嫉妬によって、はじめて情念に捉えられ燃えあがるもの。（三十四字）　（2）　三四郎、それから、門　問八　ウ

〈解説〉問一　空欄前後の文と整合するように適切な語句を選ぶこと。Aには直前の文とは逆説の関係の接続詞、Bには直前の文を別の表現で説明するための語句が入る。　問二　常用漢字・熟字訓の読み、書き、用法などをおさえた上で、高等学校の国語科教員としては、それ以上（漢字検定2級以上）の漢字の知識も習得しておきたい。　問三　④　「桎梏」（しっこく）は、「手かせと足かせ」が原義で、そこから「行動などの自由を妨げるもの」という意味が生じた。類語に「束縛」「拘束」がある。　⑦　「籠絡」（ろうらく）は、「他の人をうまく手なずけて自分の思いのままに利用する」こと。　問四　「煩瑣な人間関係」とは、「自由と独立と己れとに満ちた現代」のエゴティシズムに対する「前近代的な封鎖的な家族主義」社会での押しつけがましい人間関係をいう。この部分を述べている内容を抜き出す。　問五　（1）　傍線部⑤の「彼ら」は「家」（家父長制度による生活空間）を憎む「近代的自我」に眼覚めた人間たちである。いわば「生まれながらにして縦の人間関係の桎梏の中で受動的に生きる宿命的な生活空間」が彼らの「家」についての認識である。　（2）　「彼ら」は「自由」を享受するが、それは他人を支配する自由を意味するものではない、と筆者はいう。また、他人を支配することは、そのための妥協や取引きを含み、その範囲で逆に他人から支配や制肘を受けることを意味する、とも述

べている。このことが、彼らの自由な家族支配を憚らせる要因となっている。　問六　傍線部⑥の彼の「ふたつ」の心の一面は娘への強い愛着であり、他の一面は娘の母親である未亡人が策略によって彼と娘を結びつけようとしているのではないかという猜疑心である。　問七　(1)　主人公の「彼」は、本来は女性に対する情念が受動的・消極的であるのに、Kという競争相手の出現により娘をめぐる三角関係が生ずるや否や、ほとんど発作的に情念に駆られた人のように嫉妬にかられて行動する。この内容をまとめる。　(2)　一九〇八～一〇年にかけて発表された《前期三部作》に対し、『彼岸過迄』(一九一二年)、『行人』(一九一二年)、『こゝろ』(一九一四年)は《後期三部作》と呼ばれる。　問八　本文は「人間の内面」の不可解な深みを、夏目漱石の『こゝろ』を通して分析し、主人公の近代的自我と「家」制度の中での人間関係や恋愛における複雑な心理、そこから生ずる異様な「淋しさ」を追求している。

【二】問一　A　し　B　しか　問二　第二段落…この事は　第三段落…法師あさ　問三　①　けしき　⑨　こころう〔る〕　問四　ア　問五　③　大切に養い育てて　⑧　意外で驚きあきれて　問六　④　私の子をどうか元の通りに元気にしてくださらないだろうか。　⑤　そうはいうもののやはり、会うわけにはいかないでしょう。　問七　エ　問八　与へ　問九　行基が、智光を立派な僧として導くために、前世の時には国の郡の長官の娘として生まれ、現世においては行基菩薩として生まれてきたということを智光は理解し、そのことが尊く素晴らしく思われ、また、自分自身を恥ずかしく思ったから。

〈解説〉問一　Aは「片袴」に接続し、Bは係助詞「こそ」と呼応している。Aには「き」の連体形「し」、Bには「き」の已然形「しか」が入る。　問二　智光法師が行基菩薩に歌を詠みかけられ降参するまでが一つの区切り。行基菩薩が二生の人と気付く経緯が二つ目の内容になっている。真福田という童が「国の大領」の娘を見初めたことから、娘との約束で真福田が娘に片袴を縫ってもらい修行に出て立派な高僧になり帰ってきたもののその娘はすでに死んでいたことまでが二つ目の区切り。法師である真福田が娘の死によってさらに修行をつみ、その後行基菩薩が娘の生まれかわりと気づくまでが三つ目の区切り。　問三　①「気色」は「様子。有様。態度」のこと。　⑨「心得る」は「納得する」こと。　問四　傍線部②は「歌を詠みかけなさった」と訳す。ここでの「られ」は受け身ではなく尊敬の意。対象は歌を詠んだ行基菩薩。智光法師が行基菩薩に対して「若き敵に逢ひたりと思へる気色」であったために、行基菩薩が智光法師に歌を詠みかけたのである。問五　③「かしづき」は「かしづく」(他カ四)の連用形で、「愛育して。大切に育てて」の意。　⑧「あさましく」は、「あさまし」(形シク)の連用形で、「驚きあきれ」の意。　問六　④「てん(や)」は、可能性に対する推量を表す。「私の子をどうか生かしていただけないでしょうか。」の意。　⑤「さすが」は、「そうはいうものの、そのままにしてはいられない気持ち」を表す。「ぬべし」は確実な推量。「そうはいうものの、あなたの子に会うという希望を叶えることはできないでしょう」と解釈する。　問七　「言はせたりければ」の「せ」は、使役の助動詞「す」の連用形。アは動詞「す」の未然形、イは過去の助動詞「き」の未然形、ウは尊敬の助動詞「す」の連用形、エは使役の助動詞「す」の連用形。　問八　「参らせ」は「参らす」(他サ下二)の連用形で、「与ふ」の謙譲語。よって、「与ふ」の連用形である「与へ」が正答となる。　問九　波線部の「二生の人にこそ御座しけれ」とは、「(行基菩薩は)二世の人であられたのだなあ」の意。「二世の人」とは、前世も現生もともに人間に生まれてきた人」をいう。本文の内容の三つ目のまとまりの中に、智光法師が自分の童名「真福田」を僧の中で行基菩薩がただ一人知っていたことや「我がもと道心起し始めし女」が行基菩薩であったことに気づいたことが述べてある。このことをふまえて智光法師が行基菩薩に帰伏(降参)した理由を説明する。

【三】問一　ウ　問二　ア　問三　則チ不ルレ可カラレ渉ル也

問四　長江の下流では水量が多く、舟を使わず、風をよけずには、わたることができないこと(三十九字)

問五　④　けだし　⑤　かつ　問六　(1)　それいづくんぞたらざることあらんや(と)　(2)　そもそもどうして足りないことがあろうか、いや、もはや十分である。　問七　真に徳のあるものは、言行にいたずらな見栄をはらないということ。　問八　仁

〈解説〉問一　空欄A、Bは、孔子が由(子路)を諭す言葉が入る。「奮於言者華」(言に奮ふ者は華に)とは、「言辞の上で誇り競う心のある者は、表面だけの華美となり」の意。「奮於行者伐」(行に奮ふ者は伐り)とは、「行為の上で誇り競う心のある者は驕慢となり」の意。Aの前の「色」は、「顔色に表すこと」。また、Bの前の「有」は「所有している」意。「色知而有能者、小人也」で「いかにも物知り顔に有能ぶるのは小人である」の意となる。　問二「濫觴」(觴を濫ぶべし)は「(その源は)ようやく杯を浮かべるくらいのわずかなもの(水量)」の意。ここからアの「物事の起こり」をいう。　問三　傍線部②は「則ち渉るべからず」と読み下す。

問四　子路が立派に着飾った堂々たる服装があまりに立派すぎるため、孔子は江(長江)の津(港)の水量や風を引き合いにして戒めている。　問五　④「蓋」は「思うに」の意で、推量の意を表す。　⑤「且」は「そのうえ」の意の接続詞。再読文字を混同しないこと。訓点が施された文では、レ点等の返り点の有無で確かめる。

問六　(1)「夫悪有不足矣哉」は、「悪(安)～哉」(いづクンゾ～ヤ)の反語形。「夫れ悪くんぞ足らざること有らんや」と書き下す。　(2)「(知・仁両者を兼ね備えたならば)もはや何物をもこれに付け加えるものはない」と解釈する。　問七　波線部以下が小人と君子の違いを孔子が子路に諭した内容であり、言辞の要道と行為についての要道をのべている。真実の力ある者は、言行にいたずらな見えを張ることがないことを説いたのであ

る。

問八　「仁」は孔子の理想とした最高の道徳で、人間愛を基本とするものである。孔子の教えは、「仁」の実現を根本とする。

二〇一五年度 実施問題

【中学校】

【一】次の文章を読んで、一～六の問いに答えよ。

日本語のさまざまなaトクチョウが、私たち日本人のものの見方に少なからず影響をあたえても不思議ではありません。たとえば、日本語は主語を言わないでもいい言語であるということが昔からbシテキされています。主語を言わないことが私たちの思考に影響するのでしょうか。

主語を(ほとんど必ず)言う言語には、英語、フランス語、スウェーデン語などがあります。それに対して、主語を省略してよい言語に、スペイン語、イタリア語などがあり、主語も目的語も言わなくてもいい言語に、日本語、中国語、韓国語などがあります。会話では、多くの場合、主語がころころ変わることはありません。ですから多くの場合には、言わないでも主語がわかるわけです。

日本語には、主語を言わないですませるような性質がもうひとつあります。それは、日本語が自動詞を好む、という性質です。主語を言わない、というのは、「誰が」あることをしたか、つまり「〔　A　〕」を言わない、ということにもつながります。ですから、「誰が」何をしたかということを言いたくないときや、言う必要がないときに、自動詞文や受け身の文を使うわけです。

	他動詞文	受け身文	自動詞文
(1)	ジョンはドアを開けた.	ドアが開けられた.	ドアが開いた.
	John opened the door.	The door was opened.	The door opened.
(2)	警察は泥棒をつかまえた.	泥棒がつかまえられた.	泥棒がつかまった.
	The police arrested the thief.	The thief was arrested.	?? The thief arrested.

上の(1)の三つを比べると、他動詞文が一番動作主に注目した文ということになります。ジョンが動作主だということがはっきり表されているからです。一方、自動詞文は、動作主にまったく注目していませんし、動作主がいるかどうかもはっきりしない。そして、受け身文がその中間で、by John(ジョンによって)と動作主を示すこともできます。

そして、面白いのは、日本語では(2)の自動詞文のように、動作主がいるにもかかわらず、自動詞で表すことができる場合がけっこうあるということです。「みつかる」「つかまる」「決まる」「(建物が)建つ」。これらは英語など、動作主を示すのを好む言語では受け身でしか表せないのです。(なお、マラティ語、ヒンディー語などの南アジア言語は、日本語と同様に、動作主を言わない傾向があるということです。)

また、「主語を言わなくてもいい言語」(［　B　］)の話者よりも、「主語が必須の言語」(［　C　］)の話者の方が、まったく同じビデオを見ても動作主をよく覚えている、という実験もあります。いつも言語で表しているものには自然に注意が向けられるというわけです。

主語を言わない言語を理解するときには、推測を使わなければなりません。というのは、私たちはことばを理解するときに、頭の中に「メンタルモデル」と呼ばれるイメージのようなものを作って理解しているのです。主語が言われなくても、コンテクスト(文脈、流れ)から推測して主語が必要だと判断すれば、主語の表す対象のイメージを作って文を理解します。

先日、ある人のことについて知人としばらく話していたのですが、女性のイメージを抱いて会話をしていたのに、ある段階で男性だとわかって意外に思った、ということがありました。読者の皆さんも同様の経験があると思います。これは英語の場合には起こりません。英語はほぼ必ず主語を言うし、二回目以降は代名詞になるので、男性か女性かは代名詞he/sheという形ではっきりと示されるからです。

つまり、主語に関しては、日本語のほうが推測にたよる部分が多いということです。主語を言わないために、誰のことを話しているのかわからない、「今誰の話してたの？」などという場面も日常的におこります。このような言語を日常的に使っている人のほうが、文脈から推測する能力は高いのではないだろうか、という仮説が立てられます。これを直接テストした研究はまだありませんが、関連した研究をつぎに紹介します。

心理学のひとつの研究分野として、「心の理論(theory of mind)」というものがあります。この名前からはわかりにくいのですが、簡単に言うと、人は「他人の心の状態に関する理論」を持っている、という考え方です。つまり、他人が怒っているとか、うれしいとか、自分と同じ考えを持っているとかを意識することができるということです。「こんなことを言ったら、あの人はどう思うだろうか」などと、私たちはいつも考えています。大人にとってはあまりにも当たり前のことですが、実は小さな子どもはこれができません。三歳くらいまではできないのです。また、人間以外の動物には、心の理論がないと考えられています。人間に言話があるのは心の理論があるからだ、という主張もあります。

心の理論が発達したかどうかを調べるのに、「誤った信念課題」というテストをよく使います。次の図のようなストーリーをみせて、最後に質問を出します。

「誤った信念課題」の例(子安増生『子どもが心を理解するとき』に基づいて作成)
①花子がかごに人形を入れて、部屋を出て行く。
②その間に、直美が入って来て、人形をかごから出し、
③となりの箱にいれてしまう。
④さて、部屋に戻ってきた花子は、どこに人形があると思ってさがすでしょうか。

大人は皆、かごと答えるのですが、三歳以下の子どもはそれがわからず、箱と答えます。①つまり、「花子は、かごの中に人形が入っていると思っている」ということがわからないということです。

心の理論の発達にとって、プラスになるのが、言語だと言われています。たとえば、「～と思う」「～と信じる」などの動詞が使えるようになることが、心の理論の発達の必要条件とも言われています。

日本語には、さらに、相手が何を思っているかを表す「文法形式」があります。「ね」「よ」「かな」などの終助詞がそれです。「ね」は相手と自分が同じことを知っている(思っている)ことを示し、「よ」は相手が(よく)知らないことを自分のほうがよく知っていることを示します。「かな」は自分があまりはっきりとした自信がないことを示します。これらの表現は、子どもが小さいときから非常によく使われるので、日本人の子どもは「心の理論」の発達が早いのではないかと考えられました。ドイツ語にはこのような文法形式がないので、ドイツ人と日本人の三歳児を比較して前記の「誤った信念課題」を使って実験をしたところ、日本人の子どもは、使われた言語表現に基づいて登場人物の思っていることをある程度推測できるのに対して、ドイツ人の子どもはそれができない、という結果が出ました。これも、②言語が思考に影響を与えるという説からは納得の

いくことです。

白井恭弘「ことばの力学」より(一部表記等を改めた。)

一　本文中のａ、ｂのカタカナを漢字に直して記せ。(楷書で正確に書くこと。)

ａトクチョウ　ｂシテキ

二　［　Ａ　］に入る最も適当な言葉を本文中からさがし、三字で抜き出して記せ。

三　［　Ｂ　］［　Ｃ　］に入る言葉の組み合わせとして最も適当なものを次のア～エから一つ選び、記号で記せ。

ア　Ｂ　日本語　　Ｃ　英語、イタリア語
イ　Ｂ　日本語　　Ｃ　英語、中国語
ウ　Ｂ　スペイン語、日本語　　Ｃ　英語
エ　Ｂ　フランス語、日本語　　Ｃ　英語

四　①つまり、「花子は、かごの中に人形が入っていると思っている」ということがわからないということです　とあるが、なぜわからないのか。五十一字以上六十字以内で記せ。

五　この文章の表現に関する説明として最も適当なものを次のア～エから一つ選び、記号で記せ。

ア　「他動詞文」の比較など、テキストの内容と重複する関連資料を提示することにより、情報量を増やし、説明を補完している。
イ　「でしょうか」などの問題を提起する文末表現を用いることにより、内容の確認を行い、仮説検証に移ることを明示している。
ウ　「メンタルモデル」や「心の理論」など学術用語の解説を付記することにより、内容を明確にし、論証の妥当性を高めている。

エ　「そして」「つまり」などの接続詞を文頭に配することにより、論理の展開に一貫性をもたせ、読み手の思考を促している。

六　②言語が思考に影響を与える　とあるが、筆者の考えを次の条件に従って記せ。
条件1　日本語の文法的な表現の顕著な例を二点取り上げること。
条件2　四十一字以上五十字以内で書くこと。

（☆☆☆◎◎◎）

【二】次の文章を読んで、一～七の問いに答えよ。

堺の商家に生まれた千利休（一五二二～九一）は、幼名を与四郎、のちに法名を宗易《そうえき》とし、晩年に「利休」（名利ともに休すの意味）の居士号を a勅賜されたことから、千利休と呼ばれています。十代で北向道陳《きたむきどうちん》に入門して書院台子の点前を習い、やがて武野紹鷗《たけのじょうおう》にわび茶を学んだ利休は、茶の湯の三宗匠《そうしょう》として津田宗及、今井宗久とともに織田信長の茶頭《さどう》を務め、信長の死後は豊臣秀吉（一五三六～九八）に b寵遇されて「天下一の茶の湯宗匠」となった人物です。

三宗匠の中でもさほど有力な豪商ではなかった利休が、なぜ信長や秀吉に取り立てられたのか。それは、独自の視点を持ち、常に他の茶人とは違うやり方を試みた点にあるといえます。しかもその試みは、他人の真似をしたくないという天邪鬼《あまのじゃく》的なものではなく、珠光・紹鷗以来、茶の湯の根底に流れる「わび・さび」を追求した非常に精神性の高いものでした。

こんな話が残っています。

天正十年(一五八二)、本能寺の変によって信長が世を去ると、秀吉は宗久と利休に台子(正式の茶の湯で用いる道具一式を飾る棚物《たなもの》)を使った本格的なお点前の腕比べをさせました。それは、紹鷗の娘婿で、紹鷗亡きあとは後継者を自認していた宗久にとっては簡単なことでした。しかし、「わび・さび」を求め、草庵のお茶に徹する利休にとっては苦手そのもの。伝統的な書院台子の点前は、無駄が多いと考えていたのでしょう。また、①並み居る人々も、利休にできるわけがないと高をくくっていたようです。ところが利休は、c煩雑な作法をすべて無視して、さっさとお茶を点ててしまい、

「古流は、事多きにつき、略してござる」

と平然と言い放ったのです。これには秀吉も宗久も驚き、利休のあとでお茶を点てた宗久に至っては、②気が動転して、茶碗に湯を注ぐとき、一滴こぼしてしまったといいます。

この独創性が認められ、以後、利休は秀吉のもとで政治的イベントとしての茶会を演出しながら、名実ともに天下一の宗匠となっていきました。秀吉が関白に任命されたお礼の意味で開かれたとされる禁裏《きんり》茶会では、豪華な新作の名物道具を取り揃え、秀吉が実質的な天下統一を果たした天正十五年(一五八七)には、黄金の茶室をしつらえた北野大茶《きたのおおちゃ》の湯《ゆ》を行います。しかしその一方で、利休は急速に「わび・さび」の茶に傾倒していくことになるのです。それは、六十歳から非業の死を遂げるまでの、わずか十年間のことでした。

「わび・さび」とは、言葉で表現するのは非常に難しい概念です。武野紹鷗は、「わび」の心を③藤原定家の和歌で表しました。また、「さび」は、室町中期に能楽師の世阿弥が能芸の美学を伝えるために使った「寂る」という言葉が最初であろうといわれています。『日本国語大辞典』には、「簡素な中にある落ち着いたさびしい感じ」が「わび」であり、「さび」とは「古びて枯れたあじわいのあること。地味で趣のあること」と説明されていますが、つまるところは[　A　]というのが、一つの姿です。

晩年の利休は、茶の湯の世界から徹底的に装飾性を排していき、最後には二畳の茶室を造ります。部屋には明かり窓もなく、墨跡を掛ける床の間も不要で、壁床《かべどこ》で充分。道具も名物を見せ合うのではなく、茶入は漆黒の真塗《しんぬり》の棗《なつめ》、茶碗は黒い楽《らく》茶碗や割れ茶碗、掛物は紙表具《かみひょうぐ》が理想という境地に達したのです。

また、貴人口と従者口に分かれていた茶室の入口は、小さな躙口《にじりぐち》一つにしてしまい、手水鉢も、貴人が手を洗う背の高い手水鉢を排して、一つだけにしてしまいました。つまり、茶室に入るときは身分上下も関係なし、ということです。

薄暗くて狭い茶室で、地味な道具を使いながら、身分上下を忘れて亭主の点てたお茶を客がいただく。それが、利休が完成させた究極の「わび・さび」の茶の湯でした。しかし、そうなると茶の湯は、利休という④非常に精神性の高い亭主がいてこそ成り立つものであり、誰にでもできるものではなくなってしまいます。茶の湯の極意について利休はこう詠みました。

君ならで誰に伝えんこの道を数寄《すき》をも茶をも知る人ぞ知る

「数寄」とは「道具好き」の意味で、ものに対する強い執着を意味します。「数寄をも茶をも知る人ぞ知る」とは、道具に対する審美眼も、茶の精神も、わかる人だけがわかればいいものであり、誰に伝授できるわけでもなく、一代限りのものだということでしょう。

利休のよき理解者であり、ともに手を携えて下剋上の時代を駆け抜け、天下を取った秀吉が、最後に利休を切腹に追いやったのも、あまりに徹底して理想を追求する利休との間で、お茶に対する考えが少しずつ違ってきたことが大きな要因の一つではなかったかと私は考えています。大徳寺の山門に納めた利休の木像の下を勅使にくぐらせるとは不遜であるとか、天下統一を果たした秀吉にとって町人出身の利休の存在が邪魔になった、朝鮮出兵に反対をしたなど、その死にはさまざまな説があります。しかしそれは、いずれも言いがかりのようなものだったのではないでしょうか。

すべての色を包括し、求心力を持つ黒茶碗を理想とした利休が、わざわざ長次郎に焼かせたとして有名な「赤楽《あからく》」は、秀吉が黒茶碗を嫌ったためと伝えられています。しかし利休は、「黒きは古き心、赤きは雑なる心」と⑤つけ加えることを忘れてはいません。

小堀宗実『茶の湯の不思議』より

一　本文中のa、b、cの漢字の読み方をひらがなで記せ。

a勅賜　b寵遇　c煩雑

二　①並み居る人々　とあるが、どのような人物か。ここでの意味として最も適当なものを次のア～エから一つ選び、記号で記せ。

ア　茶の湯で秀吉のお点前を演出することにより、恩恵を被ろうとする人々。

イ　お茶に対する教養を多少なりとも備え、茶の湯に参加している多くの人々。

ウ　「わび・さび」の高い精神性を追求し、独自の流派の茶頭を務める人々。

エ　利休の考えに反感を抱き、伝統を重視する茶人を集めようとする人々。

三　②気が動転して、茶碗に湯を注ぐとき、一滴こぼしてしまったといいます　とあるが、宗久は何に気が動転したのか。六十一字以上七十字以内で記せ。

四　③藤原定家の和歌で表しました　とあるが、藤原定家の和歌はどれか。次のア～エから一つ選び、記号で記せ。

ア　寂しさはその色としもなかりけり槙立つ山の秋の夕暮

イ　心なき身にもあはれは知られけり鴫立つ沢の秋の夕暮

ウ　村雨の露もまだひぬまきの葉に霧立ちのぼる秋の夕暮

エ　見わたせば花も紅葉もなかりけり浦の苫屋の秋の夕暮

五　【　A　】に当てはまるものとして最も適当なものを次のア～エから一つ選び、記号で記せ。

ア　世俗的なものをすべて取り払い、削れるだけ削ってそれ以上余分なものがない

イ　地味であじわいのある趣をもたせるために、施された丁寧な装飾のみが存在する

ウ　高い精神性を兼ね備えることで、簡素な物の中に落ち着きやあじわいを見い出す

エ　身近にある簡素な道具を日常のままに扱い、本来の枯れたあじわいを醸し出す

六　④非常に精神性の高い　とあるが、利休の精神性の高さとはどのようなものか。本文中の言葉を用いて四十一字以上五十字以内で説明せよ。

七　⑤つけ加えることを忘れてはいません　とあるが、利休はなぜこのようなことを言ったのか。三十一字以上四十字以内で説明せよ。

（☆☆☆◎◎◎）

【三】次の文章を読んで、一～五の問いに答えよ。

前栽の花色々咲き乱れ、おもしろき夕暮れに、海見やらるる廊に出で給て、たたずみ給ふさまの①ゆゆしうきよらなる事、所からはましてこの世のものと見え給はず。白き綾のなよよかなる、紫苑色などたてまつりて、こまやかなる御なをし、帯しどけなくうち乱れ給へる御さまにて、「釈迦牟尼仏弟子」と名のりて②ゆるるかによみ給へる、また世に知らず聞こゆ。沖より舟どものうたひののしりて漕ぎ行くなども聞こゆ。ほのかに、

ただ小さき鳥の浮かべると見やらるるも心ぼそげなるに、［　A　］の連ねて鳴く声、楫のをとにまがへるを、うちながめ給ひて、涙こぼるるをかき払ひたまへる御手つき、黒き御数珠に映え給へる、ふるさとの女恋しき人々、③心みな慰みにけり。

初［　A　］は恋しき人のつらなれや旅の空とぶ声のかなしき

との給へば、良清、

かきつらねむかしのことぞ思ほゆる［　A　］はその世の友ならねども

民部大輔、

こころから常世を捨てて なく［　A　］をくものよそにも思ひけるかな

前の右近の将監、

「常世いでて旅の空なる［　A　］がねもつらにをくれぬほどぞなぐさむ

友まどはしては、いかに侍らまし」と言ふ。親の常陸になりて下りしにも誘はれでまいれるなりけり。下には思ひくだくべかめれど、誇りかにもてなして、④つれなきさまにしありく。

新日本古典文学大系『源氏物語』より（一部表記等を改めた。）

一　［　A　］には共通した言葉が入る。最も適当な言葉を記せ。
二　①ゆゆしうきよらなる　とあるが、現代語訳せよ。
三　②ゆるるかによみ給へる　とあるが、何を読んだのか、答えよ。
四　③心みな慰みにけり　とあるが、何に対してこのように感じたのか、説明せよ。
五　④つれなきさまにしありく　とあるが、だれのどのような様子を表しているのか、説明せよ。

（☆☆☆◎◎◎）

【高等学校】

【一】次の文章を読んで、後の問いに答えよ。

科学はこれまで、「知る」こと、つまり「知識」を①軸に営まれてきました。たとえば今、生きものについて知ろうとしたら、すでに解明されてきた細胞やDNAの知識が必要です。最近で言えば、iPS細胞についての知識です。医療への応用の期待が高く、関心を呼んでいますので、これを例に考えてみます、

私たちの体は多数の多様な細胞からできています。脳、心臓、腸、皮膚など各臓器の細胞にはそれぞれ特有のはたらきがあります。けれどもその元は受精卵というたった一つの細胞であり、それが体のすべての細胞になる、つまり受精卵には②全能性があるのです。

そこで、受精卵が少し分裂したところでできた細胞(胚《はい》性幹細胞＝ES細胞)を用いて、怪我や病気で失われた細胞を補おうという再生医療の考え方が出てきました。受精卵と、そこから生まれてすぐの胚の細胞が分化して多様な細胞になっていくわけですが、たとえばそこでいったん皮膚細胞になったらそれは分裂しても皮膚細胞にしかならず、他の細胞にはなりません。したがって、望みの細胞を手にしたいと思ったらES細胞を使うしかありません。しかしES細胞は、少し分裂を始めた受精卵を壊すことによってしか得られないので、そこにはつねに倫理の問題が生じます。

ところがそこへ、皮膚細胞にたった四つの遺伝子(名前は省略します)を入れたら、全能性を獲得したというのですから、皆が驚きました。この全能性を獲得した細胞を、iPS細胞と呼びます。

私たちの細胞の持つDNAは全部で三二億塩基対、その中に二万三〇〇〇個の遺伝子があることがわかっています。これだけの数の遺伝子のはたらき方によって細胞の性質がきまるのですから、さまざまな遺伝子が複

雑にはたらき合っていることは容易に想像できるでしょう。その現象を解こうと、発生、つまり受精卵から体ができていく過程を解明する研究が盛んに行なわれてきました。そこへたった四つの遺伝子のはたらきで、発生の全過程を取り戻すというのですから、③驚いたのは当然です。

その後、四つの遺伝子のうち一つががん遺伝子(c-Myc)であることがわかり、それを別のものにするなどの工夫がなされています。別のものに替えられるということは、この四つの遺伝子でなければダメというわけではなく、他にも方法はあるということです。ますます驚きます。生きものってなんていい加減なんだろうと思い、またこのいい加減さが④生きものらしさなのだろうなと思うのです。とにかく、少数の遺伝子で全体の性質を動かせるということがわかり、研究は急展開しました。細胞のはたらき方の本質を知る手がかりとして興味深いことこのうえないものです。

ここでの遺伝子のはたらきをどのように解明していくか。まだこれからの研究を待たなければなりません。私たちはとても興味深い事実を知ったのですが、まだこの全能性を持つ細胞についてすべてがわかったわけではありませんし、それがはっきりするのはまだ先のことでしょう。

［　A　］、この細胞に対する社会の期待は、細胞とはなにかの解明とは別のところにあります。たとえば心筋梗塞ではたらかなくなった細胞の代わりにｉＰＳ細胞からつくった心筋細胞を入れることで機能が⑤カイフクできないか、脊髄損傷を起こしたらそこで神経細胞が新たにできるようにすればよいのではないか、つまり再生医療への期待です。ＥＳ細胞のような倫理の問題がないうえに、自分自身の細胞を用いることができるところが魅力です。

かつて遺伝子の解明が進んだ時にも、その能力を使って遺伝子治療が行なえるという期待がふくらみましたが、遺伝子を外から入れてもなかなか望み通りにはたらいてはくれず、治療につなげる難しさがあります。それに比べて細胞はまとまったはたらきを持っていますから、うまくはたらく可能性は大きいわけです。しかし、思い通りにいく⑥ホショウはまだありません。

［　B　］、まだ少しの知識が得られたばかりなのに、社会はそれを活用してアルツハイマーやＡＬＳ（筋萎縮性側索硬化症）など、原因がまだ明確にはわからず治療法がない病気の治療をすることを期待します。⑦知識を「科学技術」として活用することが急がれるのです。

患者さんの立場からは、一刻も早い治療を求める気持はよくわかりますし、求められた研究者がそれに応えようとするのは当然です。しかし、この細胞について私たちが知っていることは、まだほんの一部なのです。あまりにも治療へ向けての思いが強くなると、なんでもできるはずという気持になり、知らないことがあるなかで行なっているという⑧ケンキョさを欠く危険があります。

どんな細胞にもなれるという性質は、がん化の危険を含んでいます。最初にｉＰＳ細胞生成の時用いた四つの遺伝子のうちc-Mycは、がん遺伝子なので除くことになったのですが、それでもこの細胞の本来の性質として「分裂を続ける能力」があるということは、本質的に、人工遺伝子を組みこんだことによるがん化の危険性を抱えこんでいることになります。私たちの体の中にある幹細胞(stem cell)だってその危険性を持っているのです。

私たちにはまだ、ｉＰＳ細胞を思い通りに操作することはできません。あえて言うなら、私たちはｉＰＳ細胞について、多少のことを「知って」はいるけれども、まだ「わかって」はいないと言ってもよいと思います。この段階では、むしろ、⑨細胞にお願いするくらいの気持が必要だと思うのです。先日、童話を書く方に、ｉＰＳ細胞について、「このすばらしい発見を他の生きものも喜んでいるでしょうね」と言われたのですが、「トカゲはシッポを切って逃げてもまた生えますし、アジサイはさし木をしておけば新しい木になりますでしょう」と答えました。生物界を見渡せば私たちが再生能力の乏しい弱い存在であり、だからこそこのような技術を求めるのだということになります。もちろん、私たちの体にも幹細胞はそれなりに存在していることがわかってきています。⑩生きていることを広く見る眼を失わないよう気をつけなければなりません。

出典は、中村桂子「科学者が人間であること」(岩波新書)。
なお、表記等で一部改めたところがある。

問一　空欄［　A　］、［　B　］に入る最も適当な語句を、それぞれ次の中から選び、記号で答えよ。
ア　なぜなら　イ　ところで　ウ　つまり　エ　あるいは　オ　ところが
問二　傍線部⑤、⑥、⑧のカタカナを漢字に改めよ。
⑤　カイフク　⑥　ホショウ　⑧　ケンキョ
問三　傍線部①「軸に」の意味を簡潔に説明せよ。
問四　傍線部②「全能性」とはどういうことか。本文中から十五字で抜き出して答えよ。
問五　傍線部③「驚いたのは当然です」とあるが、それはなぜか。七十五字以上九十字以内で説明せよ。
問六　傍線部④「生きものらしさ」とはどういうことか。次のア～エの中から最も適当なものを一つ選び、記号で答えよ。
ア　生きものの体が、それぞれ特有のはたらきを持つ細胞からできていること。
イ　遺伝子のはたらきは中途半端だが、細胞のはたらきは十分な可能性があること。
ウ　遺伝子の組み合わせには融通がきき、様々なはたらき方の可能性があること。
エ　再生能力を持つ幹細胞は、それぞれの生きものにそれなりに存在していること。
問七　傍線部⑦「知識を『科学技術』として活用する」ということについて、ｉＰＳ細胞を例に挙げ、本文中の語を用いて四十字以内で説明せよ。

問八　傍線部⑨「細胞にお願いするくらいの気持」と対比的に用いられている言葉を、本文中から抜き出して答えよ。

問九　傍線部⑩「生きていることを広く見る眼を失わないよう気をつけなければなりません」とあるが、どういうことか。「童話を書く方」と筆者とのやりとりをふまえて説明した次の文の［　］に、十五字以内で適当な言葉を補え。

　生命現象を考える時に、［　］という視点で生物界を見渡すようにすること。

問十　平成二十一年三月に告示された「高等学校学習指導要領」の「国語総合」の「内容」C読むこと(1)オに「幅広く本や文章を読み、情報を得て用いたり、ものの見方、感じ方、考え方を豊かにしたりすること」という指導事項がある。右の文章を、「読み比べを通じて評論文の論理性を評価しよう」という単元において教材として扱うと想定した場合、この指導事項に関して、あなたは、単元を構成する授業をどのように組み立てるか。学校図書館を活用し、情報の用い方に留意させながら、生徒が自分自身の考えの深まりを実感できるような、単元の指導方法を述べよ。

(☆☆☆◎◎◎)

【二】次の古文を読んで、後の問いに答えよ。

※1後徳大寺左大臣《ごとくだいじのさだいじん》、※2小侍従《こじじゅう》と聞えし歌よみに通ひ給ひけり。ある夜、ものがたりして、暁帰りけるほどに、この人の供なりける①蔵人といふものに、「いまだ入りもやらで、見送りたるが、ふり捨てがたきに、立ち帰

りて、なにごとにても、いひて②来」とのたまひければ、「③ゆゆしき大事かな」と思へど、程《ほど》④経べきことならねば、やがて走り入りて、車寄《くるまよ》せに、女の立ちたる前につい⑤ゐて、「⑥申せと候ふ」とは、左右《さう》なくいひ出《い》でたれど、なにともいふべしともおぼえぬに、をりしも里の鶏《にはとり》、声々鳴き出でたりければ、

※3ものかはと君がいひけむ鳥の音《ね》のけさしもなどか悲しかるらむ

とばかりいひかけて、やがて走りつきて、「車寄せにて、かくこそ⑦申して候ひつれ」と⑧申しければ、⑨いみじくめでられけり。「⑩さてこそ、使にははからひつれ」とて、後に⑪しる所などたびたりけるとなむ。

※4上東門院《じやうとうもんゐん》の※5伊勢大輔《いせのたいふ》が墨《すみ》するほどに、「※6けふ⑫九重に」といふ歌を案じ得《え》、一間《ひとま》を居《ゐ》ざり出づるあひだに、

※7こはえもいはぬ花の色かな

の[A]の句を付けたりける、心のはやさにも、劣らずこそ聞《きこ》ゆれ。

かの蔵人は、内裏《うち》の六位などへて、「⑬やさしき蔵人」といはれけり。

出典は、「新編日本古典文学全集　十訓抄」(小学館)。
なお、表記等で一部改めたものがある。

語注

※1　後徳大寺左大臣…藤原実定。平安後期の公卿。
※2　小侍従…平安後期の女流歌人。
※3　ものかはと君がいひけむ鳥の音の…小侍従の歌「待つ宵に更けゆく鐘の声聞けばあかぬ別れの鳥はものかは」
※4　上東門院…藤原彰子。一条天皇の中宮。道長の子。
※5　伊勢大輔…平安中期の女流歌人。上東門院彰子に仕え、速詠の歌才で有名。

※6　「けふ九重に」といふ歌…「いにしへの奈良の都の八重桜けふ九重ににほひぬるかな」
※7　こはえもいはぬ花の色かな…藤原道信が山吹の花を持って、黙って局の前を通りすぎると、女房たちに声をかけられ、「口なしにちしほやちほ染めてけり(私は口無しですから、くちなしの実で染めた山吹の黄色い花を持っているのですよ)」と詠んで、花をさし入れた。それにすぐさま伊勢大輔はこの句をつけた。

問一　空欄【　A　】に適当な漢字一字を入れよ。
問二　傍線部①、②の読みを、ひらがな(現代仮名づかい)で答えよ。
①　蔵人　②　来
問三　傍線部③、⑫の意味を答えよ。
③　ゆゆしき　⑫　九重
問四　傍線部④、⑤の動詞について、それぞれ活用の種類を答えよ。
④　経　⑤　ゐ
問五　傍線部⑥「申せ」、⑦「申し」、⑧「申し」の敬意の対象は誰か。次のア〜オの中から最も適当なものをそれぞれ一つずつ選び、記号で答えよ。
ア　後徳大寺左大臣　イ　小侍従　ウ　蔵人　エ　上東門院　オ　伊勢大輔
問六　傍線部⑨「いみじくめでられけり」、⑪「しる所などたびたりける」を、それぞれ必要な語を補って現代語訳せよ。
問七　傍線部⑩「さてこそ、使にははからひつれ」とあるが、蔵人がお使いに選ばれたのは、蔵人のどのような点が認められていたからか。本文中より抜き出して答えよ。

問八　傍線部⑬「『やさしき蔵人』といはれけり」とあるが、蔵人がこのように呼ばれたのはなぜか。簡潔に説明せよ。

（☆☆☆◎◎◎）

【三】次の漢文を読んで、後の問いに答えよ。（ただし、設問の都合上、訓点を省略した箇所がある）

※1楚ノ荘王賜フ二群臣ニ酒ヲ一。日暮レレ酒酣《たけなは》ニシテ燈燭滅ス。①乃有リ下人ノ引ク二美人之衣ヲ一者上。美人援《ひ》キテ絶チ二其ノ冠ノ※2纓《えい》ヲ一、告ゲテレ王ニ曰ク、「今者燭滅スルニ、有リ下引ク二妾ノ衣ヲ一者上。妾援キテ得テ二其ノ冠ノ纓ヲ一持スレ之ヲ。趣《うなが》シレ火ヲ来《きたり》上ゲ、視ヨ二絶テルレ纓ヲ者ヲ一。」王曰ク、「賜ヒテ二人ニ酒ヲ一、②使二酔失一レ礼。③奈何欲顕婦人之節、而辱士乎。」乃命ジテ二左右ニ一曰ク、「今日与ニ二④寡人一飲ム、不ルレ絶タ二冠ノ纓ヲ一者、不トレ歓バ。」群臣百有余人、皆絶チ二｜去リテ其ノ冠ノ纓ヲ一而上グレ火ヲ。卒ニ尽クシテレ歓ヲ而罷《や》ム。居ルコト三年、※3晋与レ楚戦フ。有リ二⑤一臣一常ニ在リレ前ニ、五タビ合ヒテ五タビ奪《とり》首ヲ、却《しりぞ》ケテレ敵ヲ卒ニ得タリレ勝ツヲレ之ニ。荘王怪シミテ而問ヒテ曰ク、「寡人徳薄シ、又⑥未嘗異子、⑦子何故出レ死不レ疑如レ是。」対ヘテ曰ク、「臣ハ当ニシレ死ス。往《さ》者《き》ニ酔ヒテ失セシニレ礼ヲ、王隠忍シテ不リキレ加ヘレ誅ヲ也。臣⑧終ニ不ル下

敢テ以テシテ二隠蔽之徳ヲ一而不ンバアラ中顕ニ報ゼ上レ王ニ也。常ニ願下フコト肝脳塗《まみ》レレ地ニ、
用ツテ二頸血ヲ一湔《そそ》ガンコトヲ上レ敵ニ久シ矣。臣ハ乃夜絶タレシレ纓ヲ者也ト。」遂ニ敗リテ二晋
軍ヲ一、楚得タリ二以テ強キコトヲ一。此レ有ル二⑨陰徳一者ハ必ズ有ル二陽報一也。

出典は、「説苑」（有朋堂）。
ただし、表記と訓点を改めた部分がある。

語注
※1　楚荘王…春秋時代の楚国の君主。
※2　纓…冠のひも。
※3　晋…国名。

問一　へりくだって用いる自称の語を、本文中から二つ抜き出せ。それぞれ一字で答えよ。
問二　傍線部①「乃」の読みを、送りがなも含めて、ひらがな（現代仮名づかい）で答えよ。
問三　傍線部②「使酔失礼。」を書き下せ。
問四　傍線部③「奈何欲顕婦人之節、而辱士乎。」を現代語訳せよ。
問五　傍線部④「寡人」は誰か、本文中から三字で抜き出せ。
問六　傍線部⑤「一臣」は誰か、本文中から三字で抜き出せ。
問七　傍線部⑥「未嘗異子」について
（1）返り点及び送りがなを施せ。
（2）現代語訳せよ。

問八　傍線部⑦「子何故出死不疑如是。」の答えはどのようなものか、次のア～エの中から最も適当なものを一つ選び、記号で答えよ。

ア　私は徳のない人間であり、死ぬのが当然であると考えていたからである。

イ　私は酔って迷惑をかけながら、罰を恐れて王に隠すような人間だからである。

ウ　私はひそかに王のために行動し、王に良い報告をしたかったからである。

エ　私は王の恩義に報いるため、晋を破って楚を強くしようと思ったからである。

問九　傍線部⑧「終」と同義の語を、本文中から二つ抜き出せ。

問十　傍線部⑨「陰徳」とは、誰が、どのような行動をとったことを指しているか、具体的に説明せよ。

（☆☆☆◎◎◎）

解答・解説

【中学校】

【一】一　a　特徴　b　指摘　二　動作主　三　ウ　四　三歳以下の子どもは推測する力が身に付いておらず、人形が移されていることを知らない花子の立場で考えることができないから。　五　ア

六　主語の省略が文脈から推測する力を高め、終助詞の文法形式が他人の心の状態を理解する力の発達を早める。

〈解説〉一　国語科の教員を志すにあたり、「常用漢字表」(平成二十二年内閣告示第二号)に示されている漢字の読み書きは完璧にしておきたい。　二　空欄Aの前の「つまり」は、前の文の内容を以下の文で説明するときに用いる接続詞である。したがって、「[誰が]あることをしたか」の「誰」に該当する別の表現で示した内容が入る。　三　第二段落に示された分類にしたがって適当なものを選択すればよい。　四　「心の理論」(他人の心の状態に関する理論)では、人は他人の感情や考えを意識し、推測する力を持っているのだが、三歳以下の子どもにはこの能力が備わっていない。第十段落で述べられていることをふまえ、設問に答える。三歳以下の子どもは、人形が他者(直美)によってとなりの箱に移されたことを知らない第三者(花子)の立場には立てず、図を視覚的にしか把握できないのである。　五　筆者は主語を言わないでもいい日本語と主語を必要とする英語とを対比させながら、前者を理解するために推測する能力が必要なことや、それに関連して日本語が自動詞に親しむ言語であることを論証している。その際、自動詞文と他動詞文との比較を通じて多くの情報を示し自説を補完している。　六　筆者は、第一段落で、「主語を言わないことが私たちの思考に影響するか」の疑問を呈している。そして主語を言わない言語使用者の方が文脈から推測する能力が高いのではないかと仮説を立て、その例証として、「心の理論」を紹介し、言語と推測能力が密接な関係があることをのべている。また、日本語の終助詞の文法形式が「心の理論」の発達を早めているという実験報告を示している。以上の内容を条件2にしたがってまとめる。

【二】一　a　ちょくし　b　ちょうぐう　c　はんざつ　二　イ　三　秀吉の面前で、利休の苦手とする台子の点前は難しいであろうと高をくくっていたが、全ての作法を無視して自分なりの作法で茶を点てたことに動揺した。　四　エ　五　ア　六　身分の上下や道具の豪華さなどを排除し、皆に理解してもらえずとも徹底して茶の湯の理想を追求する姿勢。　七　主君である秀吉に対しても、決して譲ることなく自分の茶の湯の理想を貫き通したから。

〈解説〉一　日常ではあまり使われない熟語の読みに注意すること。なお、cの「煩」は、「煩悩」など「ボン」と読む熟語もある。　二　伝統的な書院台子の点前に参加する人々であるから、茶道にある程度心得のある人々が集まったことが推測できる。　三　利休は茶の湯の本質である精神性の高い「わび・さび」を追求している。そのため利休にとって伝統的な書院台子の点前は、格式にこだわりすぎていて無駄(煩雑な作法)が多いのである。その作法を利休がすべて略したため、台子の点前を重視する宗久は気が動転してしまったのである。
四　アとウは寂蓮法師、イは西行法師の和歌である。なお、ア、イ、エは、三夕の歌として有名である。
五　Aは「わび・さび」の説明のまとめが入る。この内容を受けて直後の段落には「わび・さび」を追求した晩年の利休について、「茶の湯の世界から徹底的に装飾性を排していき、最後には二畳の茶室を造る」とある。この反世俗的な利休の生き方を説明したものを選ぶ。　六　利休の精神性の高さは、茶の湯に対する彼の姿勢である。地味な道具を使いながら、身分上下を忘れて亭主(利休)が茶を点てる「わび・さび」の茶の湯。本文中の利休の歌にある「数寄をも茶をも知る人ぞ知る」は、茶の精神も分かる人だけ分かればいいという達観である。この内容をまとめる。　七　茶道具について、黒い楽茶碗に理想を求めた利休は、それを「わび・さび」を象徴するものとしてとらえ「黒きは古き心」と表現し、「赤楽」を「雑」と表現して嫌忌している。利休が自分の理想とする茶の湯の根底に流れる「わび・さび」の茶の世界に生きる姿をまとめる。

【三】一　雁　二　大変美しく　三　お経　四　沖の舟の様子などを見て故郷を思い涙する光源氏の姿の美しさ。　五　右近の将監の心中では悔しい思いをしながらも上辺は元気よく何事もないかのような素振り。

〈解説〉一　解答は「かり」と書いてもよいと思われる。一つめの空欄の直後の「連ねて鳴く声」と、前の右近の将監がよんだ歌の中の空欄の直後の「がね」がヒントになる。「雁(かり)」は現代ではガンと呼ばれる水鳥の総称で、冬に飛来する渡り鳥。「初雁」は「秋になって北から初めて渡ってくる雁」、「雁がね」は「雁の鳴く声」の意味で、ともに秋の季語。　二　「ゆゆしう」は、「ゆゆし」(形容詞・シク)の連用形「ゆゆしく」のウ音便で、「不吉なほどに」の意。「きよらなる」は、「きよらなり」(形動・ナリ)の連体形で「美しいこと」の意。容姿の美しい人は、神などが魅入ったり早逝したりするので不吉に思われるのである。　三　「ゆるかによみ給へる」は、「ゆっくりと(お経)をお読みになる」と訳す。「釈迦牟尼」は、「仏陀」(仏教の開祖)のこと。願文などの冒頭には「釈迦牟尼仏弟子、某、帰命頂礼、仏に白(もう)シテ云ハク～」と書く。　四　「心みな慰みにけり」(心がすっかり慰められるのであった)とあるのは、文中の「沖より舟ども～黒き御数珠に映え給へる(御さま)」に対しての「ふるさとの女恋しき人々」の思いである。源氏は都では見られない風景をながめて寂しさがつのり、望郷の念をかりたてられて涙を流した。その涙をかき払う手つきが黒い数珠に映える様子に、源氏の供人たちも心が慰められたのである。　五　「つれなきさま」は、「平気な様子」のこと。その前の文に「親の常陸になりて下りしに誘はれでまいれるなりけり」(親が常陸介になって任国に下っていったのにもついて行かないで源氏のお供をしてまいったのであった)とある。内心は悩んでいるが表面は意気盛んなふうを装っている前の右近の将監の姿である。なお、「常世いでて」の歌意は、「常世を出て旅の途中にいる雁も、仲間と一緒にいる間は心が慰みます」である。

【高等学校】

【一】問一　A　イ　B　オ　問二　⑤　回復　⑥　保証　⑧　謙虚　問三　最も大切なものと考えて　問四　どんな細胞にもなれるという性質　問五　細胞の性質は、膨大な数の遺伝子が複雑にはたらき合って決まると考えて発生の過程を解明しようとしていたところ、たった四つの遺伝子のはたらきだけで発生の全過程を取り戻せるとわかったから。　問六　ウ　問七　iPS細胞の全能性についてわかっていることを再生医療に応用し、病気の治療をする。　問八　なんでもできるはずという気持　問九　人間も生きものの一つにすぎない　問十　図書館での調べ学習の時間を設定して、知識を「科学技術」として活用した(しようと試みている)例に関する文章をはじめ、他の科学者の著作、また、「知る」ことと「わかる」ことの違いに関することについて考察した文章等を、各自で集めて読み比べをさせる。その際、情報提供の母体や著者の経歴等を確認させ、情報の論理性、文章の構成等を評価させる。教師とともに授業で読み進めた時の自分自身の考え方と、他の情報を比較読みしたあとの自分自身の考え方とをそれぞれノートに記録させ、自分の考えがどのように変化したか、自己評価させ、その内容をクラスで発表させる。

〈解説〉問一　A　空欄の前の段落は、iPS細胞の全能性について解明の途中であることがのべてある。一方、空欄以降の文は、話題の内容が変わっている点をとらえ、転換の接続詞を選ぶ。　B　空欄の前の段落は、遺伝子治療の困難についてのべてある。空欄以降の文は、それにもかかわらず社会は原因不明の病気の治療に遺伝子による治療を期待している。前件の内容に反する事柄をのべる逆接の接続詞を選ぶ。　問二　同音異義語や類似の字形に注意すること。たとえば⑥の「ホショウ」は、「保障」「保証」「補償」の三つがある。

問三　「軸」は「物事の中心となるもの」であり、「知識」を「軸にする」とは、知識があらゆる課題を解決するうえで、必要不可欠な大切なものであることをいう。　問四　傍線部②の直前で、受精卵という一つの細胞が体のすべての細胞になることを説明している。また、第十二段落にも、「どんな細胞にもなれるという性質」とある。　問五　第四段落に、皮膚細胞にたった四つの遺伝子を入れることで全能性を獲得したiPS細胞の登場に「皆が驚いた」とある。その具体的な理由をのべているのが傍線部③を含む第五段落なので、第五段落の内容を要約すればよい。　問六　第六段落の内容のまとめである。四つの遺伝子のうちの一つ(がん遺伝子)を別の遺伝子に替えられるという遺伝子の組み合わせの工夫ができ、少数の遺伝子で全体の性質を動かせる融通性やはたらきに着目する。　問七　「知識を「科学技術」として活用する」ことへの社会の期待は、第八段落のｉＰＳ細胞による「再生医療」への期待である。原因不明の病気をｉＰＳ細胞を活用して治療することを望んでいることをまとめる。　問八　傍線部⑨は、細胞のもつ機能(はたらき)への謙虚な姿勢の比喩表現である。これに対比する表現は、ｉＰＳ細胞の全能性への過信を示す言葉であり、第十一段落の患者の「なんでもできるはずという気持」という言葉である。　問九　童話作家は、ｉＰＳ細胞の発見を人間の研究の成果であり、他の生きものへも活用できるということをのべ、筆者は、人間以外の生きものたちの再生能力について説明し、再生能力の乏しい生きものである人間は生きるために再生技術を求めていることをのべている。このことをふまえて十五字以内にまとめる。　問十　「国語総合」の「内容」を読むこと(1)オは、「読書をして考えを深めることに関する指導事項である。また、言語活動例エに「読み比べたことについて、感想を述べたり批評したりする言語活動が示してある。この課題文を教材として扱うことを想定しての指導の際、学校図書館の活用と情報の用い方を留意することが求められているが、学校図書館の計画的な利用および情報活用は、「高等学校学習指導要領」の「指導計画の作成と内容の取扱い」の「内容の取扱いについての事項」(2)「学校図書館の計画的な利用、情報活用」に示してある。これらの事項をふまえ、生徒たちに、自分の考えをもち、話し合いを通して主体的に社会とかかわり、自立的に生き、社会における様々な活動に参画する基礎づくりを行う授業づくりを立案する。グループ学習やペア学習の導入も考えてみよう。

【二】問一　末(下)　問二　①　くろうど　②　こ　問三　③　大変な(容易でない)　⑫　宮中
問四　④　(ハ行)下二段活用　⑤　(ワ行)上一段活用　問五　⑥　イ　⑦　イ　⑧　ア
問六　⑨　後徳大寺左大臣は(蔵人を)たいそうおほめになった。　⑪　後徳大寺左大臣は(蔵人に)領地などをお与えになったということだ。　問七　心のはやさ　問八　明け方の鶏の鳴き声とそれを用いた小侍従の歌を使いながら、(返歌の形をとって)即座に見事な歌を詠んだから。

〈解説〉問一　空欄Aは、和歌の形式五七五七七の上の句五七五(語注7の藤原道信の「口なしにちしほやちほ染めてけり」)に対する下(末)の句七七(こはえもいはぬ花の色かな)をふまえて、「下(末)」が入る。
問二　①　「蔵人」は「天皇の近習の職員」のこと。　②　「来」は、ここでは命令形が用いられているために「こ」と読む。　問三　③　「ゆゆしき」は、「ゆゆし」(形容詞・シク)の連体形で「はなはだしい。大変な。」の意。　⑫　「九重」は、門が幾重にも重なった奥という意味から「宮中」の異称となった。
問四　④　「経」(ふ)は、「へ・へ・ふ・ふる・ふれ・へよ」と活用するハ行下二段活用動詞で、ここでは直後に活用語の終止形につく助動詞「べし」の連体形「べき」があるので終止形。　⑤　「ゐ」は、「ゐ・ゐ・ゐる・ゐる・ゐれ・ゐよ」と活用するワ行上一段活用動詞で、ここでは連用形。　問五　「申す」は、「言ふ」の謙譲語で、地の文では、作者が動作主を低め、動作の受け手への敬意を表す。⑥は、後徳大寺左大臣の小侍従への敬意。⑦は、蔵人の小侍従への敬意。⑧は、作者の後徳大寺左大臣への敬意。　問六　⑨　主語は、後徳大寺左大臣。「いみじく」は、「いみじ」(形・シク)の連用形で、「大変に、非常に」の意。「めでられけり」は、「めで」(動詞「めづ」の未然形で、「ほめる」意」＋「られ」(尊敬の助動詞「らる」の連用形)＋「けり」(伝聞推定の助動詞)。　⑪　主語は後徳大寺左大臣。「しる所」の「しる」(他ラ四)は、「領有する」意。「たびたりける」の「たび」は、「たぶ」(他バ四)の連用形で、「与ふ」の尊敬語。「下さる。お与えになる。」意。

問七　「さてこそ、使にははからひつれ」は、「そういう和歌の挨拶ができると思ったからこそ、お前を使いに選んだのだよ」の意。「さてこそ」は、蔵人の当意即妙な和歌の挨拶ができる(伊勢大輔にもひけをとらない)「心のはやさ」が後徳大寺左大臣に認められたのである。　問八　語注3の小侍従の和歌の「ものかは」を意識しながら、小侍従への返歌をするそのタイミングで鶏の鳴く声を耳にして、即座にそのことを織り込んだ歌をよんだ蔵人の機転が人々に評価されたのである。一方、小侍従はこの歌でのちに「待宵の小侍従」といわれた。

【三】問一　妾、臣　問二　すなわち　問三　酔ひて礼を失はしむ。　問四　どうして婦人の貞節を示そうとして、武人(立派な男子)を辱めようか。いや、そんなことはできない。　問五　楚荘王　問六　絶纓者

問七　(1)

未ダ二嘗テ異ニセ一レ子ヲ

(2)　私はまだ一度もあなたに特別なことをした覚えはない。　問八　エ　問九　卒、遂　問十　楚の荘王が、美人の衣を引いた者が誰であるかをわからないようにするために、冠の紐を引きちぎっていない者は酒宴を十分楽しんでいないものとみなすと告げたこと。

〈解説〉問一　「妾」は、婦人の謙遜の自称。「臣」は、家来の君主に対する謙遜の自称。　問二　「乃」は「そこで」の意。　問三　使役形「使A B(AヲシテBセシム)」が使われている。　問四　「奈何」は「いかん」と当て読みする疑問詞で、「奈何～乎」は反語。「欲顕婦人之節」は、「婦人の節操のあるところを見せようとし

て」、「辱士」は、「武人を辱める」の意として、整合性に注意して訳す。　問五　「寡人」(かじん)とは、諸侯の自称。ここは、楚荘王の自称。　問六　「一臣」(家臣の一人)は、「常在前、五合五奪首」(いつも先頭に立ち五回戦闘をまじえて五回とも敵の首を手に入れた)とある。この家臣に荘王が不審に思い尋ねたとき、彼は「臣乃夜絶纓者也」と答えている。　問七　(1)　再読文字「未(いまダ～セず)」(まだ～でない)に気をつけること。「未だかつて子を異にせず」と書き下す。　(2)　「異」は「特別にする。」注意を払う」の意、「子」は第二人称の代名詞で「あなた」の意。　問八　「出死」は「死力を尽くす」の意。「不疑」は「ひるまないこと。尻込みしない」意。「如是」は「かくのごとし」と読み、「このようである」と訳す。「おまえは、どうして尻込みをしないでこんなに死力を尽くすことができるのか」という荘王の家臣への問いである。家臣の答えは「臣当死～常願肝脳塗地、用頸血湔敵久矣。臣乃夜絶纓者也」までの内容に合致するものを選ぶ。自分の無礼な行為を隠忍して死罪から救った王に対し、恩返しをするために戦地に臓腑をさらけだし、自分の首から吹き出る血を敵にあびせ、晋を敗北させるという強い意思を表明した「一臣」の答えをまとめる。

問九　「終」は、「つい(に)」と読む。本文中にはない同義語としては「竟」や「迄」などがある。

問十　「陰徳」とは、「かくれて施した恩徳」をいう。美人に失礼な行為をし冠の纓を切られた者に恥ずかしい思いをさせないために、荘王が「今日与寡人飲、不絶冠纓者、不歓」と告げ、群臣百有余人に冠の纓を切りすてさせた行為を指す。

二〇一四年度　実施問題

【中学校】

【一】次の文章を読んで、一～六の問いに答えよ。

言語による認識の違い(あるいはズレ、歪み)を理解することは、外国語を学ぶ上でとても大事なことである。鈴木孝夫氏は、『日本語と外国語』の中で、以下のようなエピソードを書いておられる。鈴木氏は、英語のorangeという色のことばを日本語の「オレンジ色」と思い込んでいた。その結果、レンタカーを借りたとき、orange carが来る、と言われ、ずっと待っていたのにいくら待っても車は来ない。かわりにこちらの様子をうかがっている①茶色(と鈴木氏には思われた)の車がホテルの前に停まっていた。それが、鈴木氏が待っていた車だったのだ。鈴木氏が運転手に「『オレンジ色の車』と言われたからオレンジ色の車を探していたのだ」と言ったところ、「これがオレンジ色の車ではないか」と言い返されて、はじめて英語話者の意味するorangeと私たち日本語話者の意味する「オレンジ色」には認識にズレがあるということに気がついた。

鈴木氏のような英語の達人にして、様々な言語を比較分析することを専門とされている人でさえ、一見、母語と外国語の間で対応するように思われることばが存在すると、二つのことばの指す範囲、つまりカテゴリーの境界が同じであるかのように思い込んでしまうことを、このエピソードは如実に示している。私たちの認識は母語のフィルターを通した認識であり、別の言語のフィルターを通した認識は自分の認識とズレているかもしれない、ということを理解することはとても重要なことであるが、実際には、これはそんなに容易なことではない。今まで述べてきたように、私たちの認識は言語と切り離せない関係にあり、母語での世界の切り分け方があまりにも自然に思えるので、その切り分け方が唯一無二の切り分け方ではないことになかなか気がつかないのである。

実際、言語による世界の切り分け方の差違に気づかず、自分の認識が世界の標準だと思い込むと、外国語のことばの意味を「正しく」理解することを著しく妨げる。（ここで「正しく」というのはその外国語を母語とする人たちが持つことばの意味を共有する、ということである。）

「モノを持つ」に関係した中国語の動詞群を、日本語を母語とする人たちがどのように学習しているか、筆者は学生の佐治伸郎さんといっしょに調べてみた。すると、学習者は日本語が区別する「抱える」「背負う」「担ぐ」に対応することばは覚えていたが、日本語ではすべて「持つ」としか言わない、手で持つ持ち方を表す一連の動詞(両手で容器の上から持つ、手を上にして手のひらを支えにして持つ、片手を下にしてモノをぶら下げて持つ、片手を上にして指で持つ)に対応する動詞はほとんど覚えず、全部「拿《ナ》」という比較的意味の広い動詞ですべて代用していた。学習者は母語で区別しない切り分けに対して、それが中国語で重要な区別であるにもかかわらず、その重要性に気づかないため、母語話者がその状況で使うことばに注意を向けず、②一見対応しそうに見えることばを、過剰に使い続けてしまうのだ。

私たちが英語を学ぶときも同じことがいえそうだ。日本語で「歩く」という動詞でしか表せない人の動きに対して、英語では、非常に細かく動詞を使い分ける。実際、語同士の相互の関係を表す"WordNet"という検索システムでは、walkの下位分類として、八〇ほどの動詞が挙げられていた。個人的な経験の話で恐縮だが、筆者はこれらの様々な歩き方に使われる動詞を覚えるのに非常に苦労し、いまでも数個の動詞しか思い出すことができない。これは、これらの動詞が使われるのを聞く度に、「よちよち歩く」(waddle)、「よろめきながら歩く」(stagger)など、無意識に日本語に直してしまい、日本語に直した時点で、「歩く」としてしか記憶に残らないせいではないかと思う。

外国語を学習するとき、③外国語での世界の切り分け方は母語の切り分け方とちがい、それが認識の違いにつながる、ということを知り、認識の違いを理解してギャップを調整することは、とても大事なことなのである。

外国語と母語での世界の切り分け方を［　A　］に理解することは、外国語の熟達にとって重要だ。しかし、言語を聞いて理解し、話すためには、語の意味や文法の知識などのほかに、自動的に行う情報処理がとても大事である。私たちは、聞こえてくる言語の音声を理解するとき、入って来る言語の音の音素を聞き分け、音の一つひとつを同定し、それをまとめ上げて音素の塊を作り、さらにそれをまとめて単語として認識する。さらに、それぞれの単語の文法上の役割を同定し、脳内にある単語の意味辞書にアクセスし、さらに単語を句にまとめ、句の意味処理をし、さらに句を文にまとめて、文としての意味を理解する、という一連のプロセスがある。これらは、母語の場合には、意識的に立ち止まって考えるのではなく、自動的に非常に素早く行われる必要があり、母語話者は、そのためにそれぞれの言語に特化した情報処理システムを持っている。

この、母語の情報処理を最大限に効率化するためにつくられたシステムは、必ずしも、外国語の音声処理や文法処理に最適なものとは言えない場合が多い。それどころかむしろ、外国語の情報処理にとって、必要な情報に注意を向けず、排除してしまう原因にもなっている。先ほど述べた、母語と外国語における語の非対応に気づかない、ということのほか、外国語で必要な情報に自動的な注意が向けられないことが、外国語学習の難しさの原因になっている。

いずれにせよ、「思考」の定義に、意識化できる知識や意識的に行われる推論、意思決定に限らず、認知活動すべてを含めて考えるのなら、言語の学習や言語の処理に必要な情報処理システムという観点からも、④異なる言語の話者の思考は違うといってよいだろう。

今井むつみ『ことばと思考』より（一部表記等を改めた。）

一　［　A　］に入る最も適当な言葉を本文中からさがし、三字で抜き出して記せ。

二　①茶色とあるが、鈴木孝夫氏がレンタカーを茶色だと思ったことの要因は何か。文章中から十四字でさがし、抜き出して記せ。

三　②一見対応しそうに見えることばを、過剰に使い続けてしまうとあるが、日本語を母語とする人たちが中国語の動詞群を学習するときの例では具体的にどの言葉を指しているか。本文中からさがし、抜き出して記せ。

四　③外国語での世界の切り分け方は母語の切り分け方とちがい、それが認識の違いにつながるとあるが、なぜ認識の違いにつながるといえるのか。中国語を学ぶ場合の例を用いて、六十字以上七十字以内で記せ。

五　④異なる言語の話者の思考は違うといってよいだろうとあるが、筆者がこのように判断したのはなぜか。次の条件1～3に従って記せ。

条件1　「母語話者が持っている母語に特化した情報処理システムは、」という書き出しに続くように書くこと。

条件2　「世界の切り分け方」という語を用いて書くこと。

条件3　七十字以上八十字以内で書くこと。

六　次の表は、中学校学習指導要領解説「国語編」の、第二学年「C読むこと」の指導事項及び言語活動例をまとめたものである。表の［　a　］～［　c　］にあてはまる言葉を記せ。

中学校第二学年「C読むこと」の指導事項

語句の意味の理解に関する指導事項	ア　抽象的な概念を表す語句や心情を表す語句などに注意して読むこと。
文章の解釈に関する指導事項	イ　文章全体と部分との関係、［ a ］や描写の効果、登場人物の言動の意味などを考え、内容の理解に役立てること。
自分の考えの形成に関する指導事項	ウ　文章の［ b ］や展開、表現の仕方について、根拠を明確にして自分の考えをまとめること。 エ　文章に表れているものの見方や考え方について、知識や体験と関連付けて自分の考えをもつこと。
読書と情報活用に関する指導事項	オ　多様な方法で選んだ本や文章などから適切な情報を得て、自分の考えをまとめること。

中学校第二学年「C読むこと」の言語活動例

ア　詩歌や物語などを読み、内容や表現の仕方について感想を交流すること。
イ　説明や評論などの文章を読み、内容や表現の仕方について自分の考えを述べること。
ウ　新聞やインターネット、学校図書館等の施設などを活用して得た情報を［　c　］すること。

（☆☆☆◎◎◎）

【二】次の文章を読んで、一～七の問いに答えよ。

人生は不安とaアセりの連続であるのかもしれない。いつも誰かと競争をbヨギなくされ、得体の知れない何かに不安感を抱いて生きているのが人の世の常なのであろう。

「疲れたら休め。彼らもそう遠くへは行くまい」とこれまでの人生で何度こころの中で唱えてきたか知れない。このことばを繰り返していると、何となくこころが落ち着くような気がして、今のこのままでいいんだよ、少し休んでいいんだよと自分を安心させてこられたように思う。

このことばに出あったのは、高校三年生の冬であった。当時の私は心身不調のため休学中で田舎の家で将来のあてのない不安な日々を送っていた。四月になれば復学しようと思っていたが、一年間のブランクは想像していた以上のものであった。それなりに独習はしていたけれども学力の遅れは相当のもので、果たしてみんなについて行けるかどうか心もとないものがあったし、盆地の冬はやりきれないほど暗鬱な日々が続く。

雪の降る日、離れの座敷で寝ているとこのまま日が過ぎていくことがたまらなく不安であった。あと三か月もすれば桜の花が咲いて春が来ることが理屈ではわかっていても、その日はもう決して来ないような絶望的な気持ちになることがあった。今思い返してみても私の人生であんなに気持ちが暗く、生きていく力をなくしてしまった時期はない。私は毎日死ぬ方法を考えて生きていた。そういう自分を語れる人は傍に居なかったし、自分を表現できる方法も持っていなかった。短歌は中学生の頃から作っていたけれども、こころの隅々まで表現できる技術をまだ自分のものにしてはいなかった。①それでも私は歌を作り何かを書かずにはいられなかった。

挫けずに生きていけよと言ふごとく枯れ草のなかにいぬふぐり咲けり

というような②幼稚な歌を作っては日記帳に書きつけていたが、四十年たった今読み返してみると歌を作ることによって、精一杯の自己励起をしていた十八歳の私を健気であったとも不憫であったとも思う。

いぬふぐりは春にさきがけて咲くちいさな空色の花である。無粋ななまえが可哀想になってくるほど可憐な花で指先でちょっと触れただけで、ほろほろと零れてしまう。そんな花なのだが、タンポポよりスミレより早く咲き、土があればどんな所にでも育つ。枯れ草のなかに咲いているいぬふぐりの花をみるたびに自然にこの歌を口遊《くちずさ》んでしまうのは、出来の良し悪しは別にしてこの歌が私の心身に深く沁みこんでしまっているからなのであろう。

日記帳はふかみどり色の布製のカバーがついていて厚紙を使ったかなり丈夫な作りの本であった。実家の

c納屋のどこかに残してあるはずだが出てきても今はもう開けて読みたい気はしない。しかし、当時のわたしにとってその日記帳は一日一日をやっと生きていける命綱のようなもので、新聞の切り抜きを貼ったり、歌を書いたりしながら自分を慰められる唯一のものだったのである。

「疲れたら休め。彼らもそう遠くへは行くまい」というフレーズもこの日記帳に書き写したものである。出典が何なのか誰のことばなのかよく覚えていないが、その頃の私はこのことばに強くd惹かれるものを感じたのであろう。おぼろげな記憶をたどってみるとロシアの小説家の誰かのことばだったような気がするが、当時の私はロシア文学は、ガルシンの短篇を少し読んだくらいだったから何かの文章からの［　A　］引きのような気がする。

休学してe寄辺ないひとりぼっちの身にはこころ安らぐことばであった。人はいつ誰に出会うか、どんなことばに出会うかによって人生の方向が決まることがあるが、このことばは復学後の私を支え続けてくれた。休学している間に同級生たちは進学したりそれぞれの道に進んだりしていた。大学に行った同級生に会うのが一番辛かった。入試を前にしながら友だちもなく、落ちてしまった学力を必死に取り戻そうとあせっていたとき、このことばはお守りになってくれた。

それにしても、原典からこのような見事な日本語に翻訳したのは誰なのだろう。「疲れたら休め。③彼らもそう遠くへは行くまい」。さり気なく見えるフレーズだが傍点をつけた部分の日本語の微妙なニュアンスは他のどんなことばにも置きかえられない。詩的なfインリツを持ったことばである。これが別のことばに翻訳されていたなら、若い日の私にあんなに働きかけてはくれなかっただろう。

河野裕子『わたしはここよ』より（一部表記を改めた。）

一　本文中のc、d、eの漢字の読み方をひらがなで記せ。
c納屋　d惹(かれる)　e寄辺

二　本文中のa、b、fのカタカナを漢字に直して記せ。(楷書で正確に書くこと)
aアセ(り)　bヨギ　fインリツ

三　[　A　]引きとあるが、この言葉の意味が「直接に原典から引くのではなく、間接的に他の本に引用されたものを用いること」となるように[　A　]に入る漢字を一字で記せ。

四　①それでも私は歌を作り何かを書かずにはいられなかったとあるが、「私」は何のためにそうしていたのか。それを表している言葉を本文中からさがし、四字で抜き出して記せ。

五　②幼稚な歌を作っては日記帳に書きつけていたとあるが、当時の私にとって歌や日記帳はどのような存在であったのか。そのことを比喩で表現している言葉を本文中からさがし、抜き出して記せ。

六　筆者はどのような気持ちを込めて本文中の短歌を作ったのか。次のア～エの中から、最も適当なものを一つ選び、記号で記せ。

ア　自分は辛い状況の中で生きているが、もっと辛い状況で弱々しく咲いているいぬふぐりに同情している。

イ　いぬふぐりのように無粋な名前は好きではないが、辛い状況でも生きていけるのだと自分を安心させている。

ウ　私は小さく弱々しいが、いぬふぐりのように辛い状況の中でも負けてはいけないと自分を元気づけている。

エ　いぬふぐりのように私は不憫だが、辛い状況の中でも可憐で健気に生きているのだと自分を慰めている。

七　③彼らもそう遠くへは行くまい　とあるが、このことばの傍点を付けた部分の「日本語の微妙なニュアンス」とはどのようなものか。また、このことばが若い日の筆者にどのように働きかけたのか。次の条件1・2に従って記せ。

条件1　「日本語の微妙なニュアンス」については、傍点をつけた部分のうち二語以上について書くこと。

条件2　百字以上百二十字以内で書くこと。

（☆☆☆◎◎◎）

【三】次の文章を読んで、一～五の問いに答えよ。

次は、中宮定子と筆者とのやりとりを記した段である。

御かたがた、君達《だち》、上人《うへ》など、御前に人のいとおほくさぶらへば、廂《ひさし》の柱に①よりかかりて、女房と物語などしてゐたるに、物を投げ賜はせたる、あけて見れば、「②思ふべしや、いなや。人、第一ならずはいかに」と書かせたまへり。

御前にて物語などするついでにも、「すべて、人に一に思はれずは、なににかはせん。ただ③いみじう、なかなかにくまれ、あしうせられてあらん。二三にては死ぬともあらじ。一にてをあらん」など言へば、「＊一乗の法ななり」など、人々も笑ふことのすぢなめり。

筆、紙など賜はせたれば、「＊九品蓮台《くほんれんだい》の間には、下品《げぼん》といふとも」など、書きてまゐらせたれば、「むげに思ひくんじにけり。いとわろし。言ひとぢめつることは、さてこそあらめ」とのたまはす。「人にしたがひてこそ」と申せば、「そがわろきぞかし。第一の人に、また一に思はれんとこそ思は④む」と仰せらるるも⑤をかし。

（『枕草子』九五段）

＊一乗の法…『法華経』のこと。多くの仏典の中で一番重要な経典の意。
＊九品蓮台《くほんれんだい》…極楽浄土に往生するときに座る蓮台。九種の別があるとする。

一　①よりかかりて　とあるが、これはだれの行為か、記せ。

二　②思ふべしや、いなや。人、第一ならずはいかに　とあるが、これに対する筆者の答えにはどのような意味があるか。後のア～エの中から最も適当なものを一つ選び、記号で記せ。

ア　定子から大事に思われるのなら、一番目でなくては意味がない。
イ　定子から大事に思われるのなら、何番目であってもよい。
ウ　定子から一番に思われないのなら、死んだほうがいい。
エ　定子から一番に思われないのなら、憎まれたほうがいい。

三　③いみじう　とあるが、この言葉の意味を現代語で記せ。

四　④む　とあるが、この助動詞を古文の文法規則に従い、正しい形に変えて記せ。

五　⑤をかし　とあるが、筆者はだれのどのような言葉に対して、なぜ「をかし」と感じたのか。すべて現代語で記せ。

（☆☆☆◎◎◎）

【高等学校】

【一】次の文章を読んで、後の問いに答えよ。

[Ⅰ] 自分の老いに気づくのは、あれができなくなった、これもできなくなったと思い知らされることがどんどん増えてゆくときである。ふと気がつけば、新聞を眼から遠ざけている、徹夜ができなくなった、脚がよろつくようになった……。しかし、衰えというのは何も肉体に訪れるだけではない。定年を迎え、とたんに自分のもとを訪れるひとがぐっと減って、ひとは、ああ自分の実力だと思ってきたものがじつのところ会社の看板の力だったのだと思い知り、愕然となって気力をなくしてしまいもする。

そんななかで、自分とはいったい何だったのだろうかと、考えるともなく考えはじめる。勤労者、夫／妻、父／母、息子／娘、さらには嫁／婿といった役割から解かれ、ひとりのむきだしの〈個〉として、自分の存在と対面しなければならなくなるからだ。社会のなかに住むひとりの役柄をもった存在として、しなければならないこと、させられることに①かまけられているあいだはまだいい。②そういうごまかしがきかなくなるのが老いという時期だ。

これを言いかえると、老いとともにひとは、人生を「できる」ことからでなく、「できない」こと、もしくは「できなかった」ことから見据えるようになるということだ。そして「できなくなる」こと、「できなかった」ことのほうから自分を見つめるようになるということは、何をするか(あるいは、してきたか)というよりも、自分が何であるか(あるいは、あったか)という問いに、より差し迫ったかたちでさらされるようになるということだ。

とはいえ、考えてみれば、これは老いの時期にかぎったことではない。少なからぬ若者もまた、社会生活の入口のところですでに、傷とかあきらめといったひりひりするような痛みを深くため込み、力なく佇んでいる。

人生のあらゆる類型がすでに出そろっているところに生まれてきて、これからの道のりが、その終焉の姿までほとんど「見えちゃって」いて、彼／彼女らは「人生の盛り」を「もう済んだ」ものとしてしか受けとめられなくなっているらしい。

［Ⅱ］　③「強者」と「弱者」といった区分けがあたりまえのようになされている。自己決定ができ、自己責任をとることのできる「強い」人間像と、だれかに支えられなければ生きようがない「弱い」人間像とである。けれども、「強い」「弱い」はそんなにかんたんに言えることなのか。そして、「できない」ということは、他者の支えや介添えなしに動けない受け身の存在でしかないということなのか。

できない(disable)ということを、何か身体を見舞う事実として実体的にとらえてはいけない。「できない」というのは、たしかに肉体的な制限によってできないこともあるが、ある社会的・時代的な条件のもとでそうであるにすぎない場合や、ある「できる」ことの基準があってそこから「できない」とされるにすぎないことが多い。

老いにおいて、できないということをひとは問題とは考えない。それは遅れでもなければ、不適応でもなく、なおさら矯正されるべきものでもない。その意味では、同じことが〈障害〉についても言える。できないことを「できる」ことの埋め合わせるべき欠如と考えるのではなく、「できない」ことそのことの意味を考え、そこからあえて言えば、「できなくなることでできるようになること」というか、かならずしも「できる」ことをめざさない、そういう生のあり方をこそ考えねばならないであろう。ノーマライゼーション(ノーマル化)ではなく、ノーマル(普通・正常)という④キハン的な概念そのものを、限られた概念として相対化してゆくときに、批判的にもはたらく視点としてである。

［Ⅲ］　⑤こういう視点に立つことを教えてくれたのは、ピアニスト・舘野泉《たてのいずみ》さんのコンサートだった。

長年お住まいになっているフィンランドでのリサイタルで、最後の曲を弾き終わろうかというときに、右手が利かなくなった。かろうじて弾き終え、お辞儀をしてステージを去ろうとして昏倒《こんとう》した。しばらくしてあらためて見ると、「隆々と盛り上がっていた腕の筋肉はなくなって、その付け根から、干された烏賊のように皮膚がぶら下がっていた」。脳出血が舘野さんを襲ったのだった。

数年後、日本で開かれた「復帰リサイタル」に行った。左手だけによる演奏は、バッハの無伴奏バイオリン曲をブラームスが編曲した「シャコンヌ」から始まった。正直を言えば、はじめはおそるおそる凝視していた。指さばき、ペダルを踏む足先の動き、右手の位置、そして表情を、である。単音が打ち鳴らされ、厚いその音色に引き込まれそうになりながら、それでもまだ訝《いぶか》っていた。ひきつるような指の苦悶が、その面もちにふとよぎるのではないか、低音から高音まで一気に旋律を走るなかわずかに音の隙間ができるのではないか、その音の隙間を、聴いているわたしが想像力でつないでいるのではないか……と怪しんでいた。が、そんな生意気は数分でぶっ飛ばされた。鉄線のような緊張感が漂っているのに、どこかおおらかな、まろみのある音、ふくらみのある音色。幻の右手が連弾しているとしか思えない。⑥カンキュウのきいたどっしりした曲想、ときにその枝葉が涼風にそよぐような心地よさである。

ふたたび弾こうと気を立てなおすまでの悔しさと悲しみは、想像を絶する。残された手で弾くというよりは、からだ全体の動きをそっくり入れ換える必要があっただろう。弦楽器のように旋律をふくらませたり、⑦しなを作ったりということもできない。弾くだけ、叩くだけ、ふれるだけの鍵盤に、ごまかしはきかない。左から新たな楽音を⑧ツムぎだすその仕方を手に入れるまで、いったいどれほど長いトンネルをくぐったことだろう。

【Ⅳ】五本の指しか使えないというのは、たしかに制約である。だが、十本の指しか使えないというのも制約である。ひとが不断に息を継がねばならないのと、ついに空を舞うのができないのと、同じように。問題はそこで何をつきつめるかだ。そこに何が訪れるかだ。そのとき、制約はもはや限界ではなく、⑨ひととその歴史を超えたある新しい価値のかたちとなる。ある時代、ある場所、ある両親の下に生まれたことが、そのひとが生みだす「作品」に厚みをあたえこそすれ、もはや「制約」でもなんでもないように。

このように、ひとはdisableな状態のなかで、⑩人間であるということの条件により深く向きあっている。

出典は、鷲田清一「わかりやすいはわかりにくい？」（筑摩書房）。なお、表記等で一部改めたところがある。

問一　傍線部④、⑥、⑧のカタカナを漢字に改めよ。

④　キハン　⑥　カンキュウ　⑧　ツムぎだす

問二　傍線部①と⑦の語句の意味を簡潔に説明せよ。

①　かまけられている　⑦　しなを作ったり

問三　傍線部②「そういうごまかし」とはどういうことか。次の文の［　　］に入る適当な部分を、本文中から二十字で抜き出して答えよ。

［（二十字）］として自分を考えることで、ひとりのむきだしの〈個〉として、自分の存在と対面しなければならない状況を避けること。

問四　傍線部③「『強者』と『弱者』といった区分けがあたりまえのようになされている」とあるが、「区分け」は何によってなされているのか。「肉体的な制限の有無」の他に二つ挙げよ。

問五　傍線部⑤「こういう視点に立つことを教えてくれたのは、ピアニスト・舘野泉《たてのいずみ》さんのコンサートだった」とあるが、筆者は舘野さんのコンサートで、偏見を持っていた自分自身のことをどのように評しているか。本文中から三字で抜き出して答えよ。

問六　舘野泉さんの例について述べている段落には、様々な比喩表現が用いられている。舘野さんの復帰までの過程は比喩でどのように表現されているか。本文中から六字で抜き出して答えよ。

問七　傍線部⑨「ひととその歴史を超えたある新しい価値のかたち」とあるが、舘野泉さんの例において「新しい価値のかたち」とは何か。本文中から五字で抜き出して答えよ。

問八　傍線部⑩「人間であるということの条件」とは何か。次のア～エの中から最も適当なものを一つ選び、記号で答えよ。

ア　「できない」ことから人生を見据え、その道のりの終焉の姿までを見通し、受けとめること。

イ　自分とはいったい何であるのかと考える中で、その人にしかない価値を見出していくこと。

ウ　自分はだれかに支えられなければ生きようがない「弱い」受け身の存在であると自覚すること。

エ　「できない」ことは、「できる」ことの埋め合わせるべき欠如だと、批判的な視点を持つこと。

問九　次の文は[Ⅰ]～[Ⅳ]の段落の論の進め方を整理したものである。適当な言葉を使って空欄を補え。

[Ⅰ]　「老い」を話題に取り上げながら、キーワードを使い、本論のテーマを提示している。

[Ⅱ]　[Ⅰ]で示したテーマに対して、「強い」「弱い」の意味を問い直しながら、筆者独自の視点で論を展開している。

[Ⅲ]（　　　　　　　　　　）、まとめに向かって論を進めている。

[Ⅳ]　[Ⅰ]で示したテーマに対する筆者の考えを、[Ⅰ]～[Ⅲ]の流れを踏まえて結論として述べている。

（☆☆◎◎◎）

【二】次の古文を読んで、後の問いに答えよ。

なかごろ、片田舎に男ありけり。としごろこころざし深くて相ひ具したりける妻、子を生みて後、重く煩《わづら》ひければ、夫そひゐてあつかひけり。限りなりける時、髪の暑げに乱れたりけるを、結《ゆ》ひ付けんとて、かたはらに［ A ］のありけるを、片端を引き破《や》りてなむ結びたりける。

かくて、程なく息絶え①にければ、泣く泣くとかくの沙汰などして、はかなく雲烟《くもけぶり》となしつ。その後、あとのわざ懇《ねんご》ろにいとなむにつけて、なぐさむ方もなく恋しく②わりなく、覚ゆる事尽きせず。「③いかで今一度ありしながらの姿を見ん」と涙にむせびつつ明し暮す間に、ある時、夜いたう更けて、この女寝所《ねどころ》へ来たりぬ。夢かと思へど、④さすがにうつつなり。うれしさに、先づ涙こぼれて、「さても、命つきて生を隔てつるにはあらずや。⑤いかにして来たり給へるぞ」と問ふ。「しかなり。うつつにてかやうに帰り来たる事は、ことわりもなく、ためしも聞かず。されど、今一度見まほしく覚えたるこころざしの深きによりて、ありがたき事を⑥わりなくして来たれるなり」と語る。その外の心の中、書きつくすべからず。枕をかはす事、ありし世につゆかはらず。

暁起きて、⑦出でさまに物を落したるけしきにて、寝所をここかしこさぐり求むれど、何とも思ひ分かず。明けはてて後、跡を見るに、元結《もとゆ》ひ一つ落ちたり。取りてこまかに見れば、限りなりし時、髪結《ゆ》ひたりし反故《ほんぐ》の破《や》れにつゆもかはらず。この元結ひは、さながら焼きはふりて、きとあるべき故もなし。⑧いとあやしく覚えて、ありしやり残しの文のありけるにつぎて見るに、いささかもたがはずその破れにて［ B ］ありける。

「これは、近き世の不思議なり。更にうきたる事にあらず」とて、※1澄憲《ちょうけん》法師の人に⑨語られ侍りしなり。

出典は、「新潮日本古典集成　方丈記・発心集」(新潮社)。なお、表記等で一部改めたものがある。

語注
※1 澄憲法師・・・藤原信西の子で、僧侶。平安末期から鎌倉初期にかけての説法唱導の名手。

問一 空欄［ A ］に本文中より適当な漢字一文字を抜き出して入れよ。
問二 空欄［ B ］に、適当なひらがな一文字を入れよ。
問三 傍線部①の助動詞について、この助動詞の終止形を含む一文節を抜き出せ。
問四 傍線部②、⑥「わりなく」のそれぞれの意味を、違いがわかるように答えよ。
問五 傍線部③「いかで今一度ありしながらの姿を見ん」、④「さすがにうつつなり」を現代語訳せよ。
問六 傍線部⑤「いかにして来たり給へるぞ」とあるが、この問いに対する答えはどのようなものであったか。本文中より二十字の部分を抜き出し、次の文に続く形で現代語で答えよ。
［（抜き出した二十字の部分の現代語訳）］から。
問七 傍線部⑦の主語は何か。次のア～エの中から最も適当なものを一つ選び、記号で答えよ。
ア 女　イ 男　ウ 澄憲法師　エ 作者
問八 傍線部⑧「いとあやしく覚えて」とあるが、男がこのように感じたのはなぜか。簡潔に説明せよ。
問九 傍線部⑨「語られ侍りしなり」について、ここに用いられている尊敬語を抜き出せ。
問十 次の文章は、本文の作者について説明した文章である。後の問いに答えよ。
歌人としても知られる［ X ］は晩年、京都郊外日野山に方丈の庵を構え、隠者文学の名にふさわしい随筆『方丈記』を記した。中古から中世への転換期を生きた作者は、社会的な動乱と、そのころ相次いだ天災を身をもって体験しており、格調高い［ Y ］で記された『方丈記』の冒頭の一節には、中世文学に共通ともいえる［ Z ］が示されている。

(1)【　X　】に作者名を入れよ。
(2)【　Y　】に入るものはどれか。次のア～エの中から最も適当なものを一つ選び、記号で答えよ。
ア　擬古文体　　イ　宣命体　　ウ　雅俗折衷文体　　エ　和漢混交文体
(3)【　Z　】に入る言葉を、漢字三文字で答えよ。

(☆☆☆◎◎◎)

【三】次の漢文を読んで、後の問いに答えよ。(ただし、設問の都合上、訓点を省略した箇所がある)

※1斉侯問《ヒテ》二於晏※2子《ニ》一曰《ク》、「①忠臣之事《フル》レ君《ニ》也何若。」《ト》対《ヘテ》曰《ク》、「有《リトモ》レ難※3不レ死《セ》、出亡《ストモ》不レ送《ラ》。」《ト》君曰《ク》、「裂《キテ》レ地《ヲ》而与《ヘ》レ之《ニ》、疏《シテ》※4レ爵《ヲ》而貴《クスルモ》レ之《ヲ》、君《ニ》有《リトモ》レ難不レ死《セ》、出亡《ストモ》不《ルハ》レ送《ラ》、②可謂忠乎。」《ト》対《ヘテ》曰《ク》、「言《ヒテ》而③見《ルレバ》レ用《ヒ》、終《ルマデ》レ身《ヲ》無《シ》レ難。④臣奚死焉。諫《メテ》而見《レバ》レ従《ハ》、終《ルマデ》レ身《ヲ》不レ亡《セ》。臣奚《ゾ》送《ラン》焉。若《シ》言《ヒテ》不レ見《レ》レ用《ヒ》、有《リテ》レ難而死《セバ》、是《レ》妄死

也。 A 出亡《シテ》而送《ルハ》、是《レ》詐為也。故《ニ》忠臣也者《ハ》、能⑤尽《クシテ》レ善《ヲ》、与《ニストモ》レ君《ト》⑥而不レ能⑦三与《ニ》陥《ル》二於難《ニト》一。」

出典は、「新序」(有朋堂)。
ただし、表記と訓点を改めた部分がある。

語注
※1 斉侯・・・・春秋時代の斉の景侯。
※2 晏子・・・・春秋時代の斉の大夫。
※3 難・・・・・危難。
※4 疏爵・・・・爵位を分け与えること。

問一 傍線部①「忠臣之事君也何若」には、「何若」という疑問を表す語が用いられている。「何若」の場合と、この疑問を表す語を「若何」に変えた場合との解釈の違いを、それぞれ現代語訳することで示せ。(傍線部①全体を口語訳すること)

問二 傍線部②「可謂忠乎」について、
(1) 返り点及び送りがなを施せ。
(2) 現代語訳せよ。

問三 傍線部③「見」と同じ意味を持つ文字はどれか。次のア〜エの傍線部の文字の中から最も適当なものを一つ選び、記号で答えよ。

ア　使役　イ　如実　ウ　未来　エ　被告

問四　傍線部④「臣奚死焉」について、

（1）すべてひらがなで書き下せ。

（2）傍線部④のように晏子が考える理由は何か。傍線部④より前の部分を用いて説明せよ。

問五　空欄［A］に適切な漢字四文字を入れよ。（返り点と送りがなは不要）

問六　傍線部⑤、⑦「能」の読みを、送りがなが省略されている場合は、その省略されている送りがなも含めて、ひらがな（現代仮名づかい）で答えよ。

問七　傍線部⑥「而」の接続の働きを答えよ。

問八　晏子の考える「忠臣」とはどのようなものか。次のア～エの中から最も適当なものを一つ選び、記号で答えよ。

ア　主君が危難に陥った時、共に命を投げ出して尽くすもの。

イ　主君を善なる方向に導くために、進言に耳を傾けさせるもの。

ウ　主君が危難に陥った時、主君を危難から救出するもの。

エ　主君とともに善を尽くし、主君の恩義に応えるもの。

問九　春秋戦国時代に書かれた書物は次のうちどれか。次のア～エの中から最も適当なものを一つ選び、記号で答えよ。

ア　史記　イ　文選　ウ　墨子　エ　三国志演義

（☆☆☆☆◎◎◎）

解答・解説

【中学校】

【一】一　意識的　二　母語のフィルターを通した認識　三　拿(ナ)　四　日本語では「持つ」としか区別しない、手で持つ持ち方を表す一連の動詞の切り分け方が、中国語では重要な区別であることに学習者が気づかないから。　五　母語話者が持っている母語に特化した情報処理システムは、外国語の情報処理にとって必要な情報を排除してしまう原因となり、言語による世界の切り分け方の差異による、母語話者と外国語話者との認識の違いにもつながるから。　六　a　例示　b　構成　c　比較

〈解説〉一　前文で、「外国語と母語の認識のフィルターが異なることを理解してギャップを調整することが、とても大事」と示していることを踏まえて考える。　二　筆者は日本語のフィルターを通して認識したため、英語の「オレンジ色」を「茶色」だと思ったのである。　三　前文で、「拿」という比較的意味の広い動詞ですべて代用していたことがわかればよい。　四　母語と外国語では認識が共有されていないことに気づかないことを、本文の中国語の例にして説明する。第一段落にあるオレンジ色の例も同様である。　五　最後の三段落に示されている内容を、情報処理システムを中心にまとめればよい。　六　各学年の指導事項と言語活動について、学年ごとの相違点を意識しながら学習するとよい。

【二】一　c　なや　d　ひ　e　よるべ　二　a　焦　b　余儀　f　韻律　三　孫　四　自己励起　五　命綱のような(命綱、命綱のようなもの)　六　ウ　七　「も」という語を使うことで自分だけではないという意味を表し、「そう」という語を使うことで思うほど遠くないという意味を表して

いる。辛いのは自分だけではなく同級生達も同じで、彼らにもまだ追いつくから安心していいと励ますように働きかけている。

〈解説〉四　励起とは、理科用語で「もとのエネルギーの低い安定した状態からエネルギーの高い状態へと移ること」であるが、本文では自己励起で、自分で自分を励ますといった意味で使われていると考えられる。当時どんな思いで歌を作っていたかを考える。　五　後で、日記帳そのものについての詳しい説明がされている。「〜のような」という比喩表現にも注目したい。　六　小さく、ちょっと触れただけで、ほろほろと零れてしまう可憐な「いぬふぐり」と、心身不調により絶望的な気持ちで毎日を送る「自分」とを重ね合わせて詠んだ歌であることが窺える。そのような辛い状況の中でも、「いぬふぐり」は懸命に花を咲かせている。自分も辛い状況に負けず、強く生きていかなければならない、そのような気持ちが込められた歌である。　七　その他、「は」という語を使うことで、「遠く」の対比語である「近く」を意識させており、「まい」を使うことで、「彼らが遠くへ行く」ことはないという、弱いながらも否定的な断定を含む表現になっている。

【三】一　筆者　二　イ　三　たいそう(「とても」、「ひどく」なども可)　四　め　五　定子の「一番に思っている人から、一番深く愛されようと思うのがよい」という言葉に対して、定子の筆者に対する優しさを感じ取ったから。

〈解説〉一　敬意が示されていないため、筆者の行為である。　二　文中に「九品蓮台の間には、下品といふとも」(九品蓮台の間に入れるなら、たとえ下品であっても結構でございます)が筆者の答えである。九品蓮台とは、注にあるように、極楽浄土に往生するときに座る蓮台のことで、浄土は上品・中品・下品の三つに分かれ、それぞれがさらに上・中・下の生に分かれる。　三　「いみじ」は、「善悪どちらでも、程度の甚だしいさま」

が原義である。　四　文中に「こそ」が用いられているため、係り結びの法則により、文末は已然形で結ぶ。
五　中宮に第一番にかわいがられたいと強く望む筆者は、「それはどうやら『一乗の法』といったところね」などと他の女房から笑われている。「大事に思われるならば、一番目でなくてもよい」と弱気になる筆者に対し、「一番に思っている人から、一番深く愛されたいと思うのがよい」と定子は言う。筆者を励ますこの言葉に、定子の筆者に対する優しさが窺える。

【高等学校】

【一】問一　④　規範(軌範)　⑥　緩急　⑧　紡(ぎだす)　問二　①　そのことだけに心をとらわれ、他のことをしないでいられる　⑦　なまめかしい様子を見せたり　問三　社会のなかに住むひとりの役柄をもった存在　問四　・社会的・時代的な条件　・(ある)「できる」ことの基準　問五　生意気
問六　長いトンネル　問七　新たな楽音　問八　イ　問九　具体例を用いて、[Ⅰ][Ⅱ]で述べた筆者の考えを分かりやすく示し
〈解説〉問二　⑦「しな(科)」は「ちょっとした身ぶり・しぐさ。特にこびるときの色っぽいしぐさ」といった意味である。　問三　筆者は「老い」の一つの例として、「会社の看板の力」が、自分という存在を「ごまかし」ていることをあげている。「そういう」が用いられているため、前の部分から空欄に適する語を抜き出せばよい。　問四　筆者は「区分けがあたりまえのようになされている」ことに否定的であり、「できない」ということに問題意識をもっていることを捉える必要がある。次段落で「肉体的な制限によってできないこともあるが」と続いているのだから、その後半部分に書かれている内容を、設問に合うようにまとめればよい。
問五　筆者が舘野泉さんの左手一本の演奏に対して抱いていた気持ちは、「わずかに音の隙間ができるのではないか、その音の隙間を、聴いているわたしが想像力でつないでいるのではないか…と怪しんでいた」といっ

たことであり、それを「生意気」という言葉でまとめて表現している。　問六　舘野泉さんの復帰までの過程が描かれているのは、【Ⅲ】の最終段落である。　問七　ピアノは一般的に十本の指を使って演奏されるという歴史があったが、舘野泉さんの演奏は五本の指しか用いていない。それを「新たな楽音」としている。
問九　舘野泉さんの例をあげていること、その例が前内容の説明になっていることに触れればよい。

【二】問一　文　問二　ぞ　問三　来たりぬ　問四　②　耐え難く　⑥　道理をこえて
問五　③　何とかしてもう一度生きていた時の姿を見たい　④　そうはいうもののやはり現実である
問六　もう一度会いたいと思われた思いが深かった(から)。　問七　ア　問八　女が落としていった元結いは、妻が臨終の時にしていたものと全く同じものであり、妻を火葬した際に一緒に焼いてしまったので、あるはずがないから。　問九　れ　問十　(1)　鴨長明　(2)　エ　(3)　無常観
〈解説〉問一　妻が去った後の寝所の様子について、第三段落に記述がある。「ありしやり残しの文」から、文を破って元結いにしたことがわかる。　問二　文末が連体形であることから、係り結びの法則が成立することが分かる。また、「少しも違わずその破れであった」の意であり、疑問や反語の意味は含まれていない。以上の条件を満たすのは、強調の係助詞「ぞ」である。　問三　「に」は、完了の助動詞「ぬ」の連用形である。終止形の形で用いられているのは「この女寝所へ来たりぬ」の箇所であり、文節で区切ると「この女・寝所へ・来たりぬ」となる。　問四　②　「わりなく」はク活用の形容詞「わりなし」の連用形である。「わりなし」は「道理に合わないこと」が原義であり、ここでは「道理に合わないほどの不条理に直面したときの苦痛」の意である。　⑥　ここでの「わりなくして」は「道理に合わないことを無理に実現させて」の意。
問五　③　ここでの「いかで」は「どうにかして、何とかして」という願望の副詞、「ありし」は「生前」、

「ながら」は「～のままで」という意味である。「ん」は意志の助動詞。④「さすがに」は「そうはいうもののやはり」という意味の副詞で、「うつつなり」は「現実である」の意味。亡き妻との再会を念じていた結果か、男は期待通りに妻と再会できたのである。 問六 傍線部⑤は会話部分であるから、その後の妻の答えの中から適する部分を抜き出せばよい。抜き出す部分は「今一度見まほしく覚えたるこころざしの深き」である。「まほし」は希望の助動詞で、「覚え」は自発の意味を含んだ動詞であり、「(自然に)思われる」という意味。 問七 「さまに」は動詞の連用形に付き、「～のときに・～がけに」の意。傍線部⑦は「(男の家からの)帰りがけに物を落とした様子で」といった意味である。 問八 妻が落としていったと思われる元結いだが、妻を火葬した際に同時に燃やしているはずであるから、男は「いとあやしく覚え」たのである。 問九 「れ」は尊敬の助動詞「る」の連用形であり、澄憲法師に対する敬意を示している。なお、「侍り」は丁寧語であり、聞き手に対する敬意を示している。

【三】問一 何若の場合…忠義に厚い家臣が主君に仕えるということは、どのようなことか。 若何の場合…忠義に厚い家臣が主君に仕えるにはどうしたらいいか。 問二 (1) 可ケンレ謂フレ忠ト乎 (2) 忠と言うことができるか。いや、できない。 問三 エ 問四 (1) しん なんぞ しせん(や)。 (2) 自分がした進言が採用されれば、生涯、主君が危難に遭遇することは考えられないから。 問五 諫不見従 問六 ⑤ よく ⑦ あたわ 問七 逆接 問八 イ 問九 ウ

〈解説〉問一 「何若(いかん)」はどのようであるか(状態・程度)を表し、「若何(～をいかん)」はどうするか、どうしたらよいか(方法・処置)という意味である。 問二 (1) 不可能を表す反語形。文末の「乎」を「や」と訓読するか「ンや」と訓読するかで意味が分かれる。ここでは忠義でない行動を強調しているため、反語の

意味をとる。　問三　「見」は受身形で、「被」には「他からある動作・行為を受ける」という意味がある。問四　(1)　直前部分で「危難が無い」という記述があるため、危難に遭遇しなければ死ぬことはない。つまり、死ぬことがないことが分かっているため、「奚」は反語形であり、「なんゾ…ンや」の形になる。問六　「能」には副詞・動詞・名詞の用法がある。肯定文または疑問文では副詞の「よク」、否定文では動詞の「あたフ」が用いられる。　問七　「善を尽くして主君と共にするけれども、共に危難に陥ることはできない」という意味である。　問八　アについて、忠臣の条件として、本文中では「危難があっても死なない」ことがあげられている。ウ、エは本文中に記述がない。

●書籍内容の訂正等について

弊社では教員採用試験対策シリーズ（参考書，過去問，全国まるごと過去問題集），公務員試験対策シリーズ，公立幼稚園・保育士試験対策シリーズ，会社別就職試験対策シリーズについて，正誤表をホームページ（https://www.kyodo-s.jp）に掲載いたします。内容に訂正等，疑問点がございましたら，まずホームページをご確認ください。もし，正誤表に掲載されていない訂正等，疑問点がございましたら，下記項目をご記入の上，以下の送付先までお送りいただくようお願いいたします。

① **書籍名，都道府県（学校）名，年度**
（例：教員採用試験過去問シリーズ　小学校教諭 過去問　2025 年度版）
② **ページ数**（書籍に記載されているページ数をご記入ください。）
③ **訂正等，疑問点**（内容は具体的にご記入ください。）
（例：問題文では“ア～オの中から選べ”とあるが，選択肢はエまでしかない）

〔ご注意〕
○ 電話での質問や相談等につきましては，受付けておりません。ご注意ください。
○ 正誤表の更新は適宜行います。
○ いただいた疑問点につきましては，当社編集制作部で検討の上，正誤表への反映を決定させていただきます（個別回答は，原則行いませんのであしからずご了承ください）。

●情報提供のお願い

協同教育研究会では，これから教員採用試験を受験される方々に，より正確な問題を，より多くご提供できるよう情報の収集を行っております。つきましては，教員採用試験に関する次の項目の情報を，以下の送付先までお送りいただけますと幸いでございます。お送りいただきました方には謝礼を差し上げます。
（情報量があまりに少ない場合は，謝礼をご用意できかねる場合があります）。

◆あなたの受験された面接試験，論作文試験の実施方法や質問内容
◆教員採用試験の受験体験記

送付先	○電子メール：edit@kyodo-s.jp ○FAX：03-3233-1233（協同出版株式会社　編集制作部 行） ○郵送：〒101-0054　東京都千代田区神田錦町2-5 協同出版株式会社　編集制作部 行 ○HP：https://kyodo-s.jp/provision（右記のQRコードからもアクセスできます）

※謝礼をお送りする関係から，いずれの方法でお送りいただく際にも，「お名前」「ご住所」は，必ず明記いただきますよう，よろしくお願い申し上げます。

教員採用試験「過去問」シリーズ

山梨県の
国語科 過去問

編　集	© 協同教育研究会
発　行	令和6年1月25日
発行者	小貫　輝雄
発行所	協同出版株式会社
	〒101-0054　東京都千代田区神田錦町2-5
	電話　03−3295−1341
	振替　東京00190−4−94061
印刷所	協同出版・POD工場

落丁・乱丁はお取り替えいたします。